AF821165

Prendre au sérieux le droit à une alimentation saine et durable

L'Europe Alimentaire

Vol. 17

Le développement des rendements agricoles et la croissance de puissantes industries agroalimentaires ont focalisé l'attention depuis plusieurs décennies. Dans le processus de construction européenne, l'adoption du Codex alimentarius (1963), la Food law (2002) et la reconnaissance des IGP sur de nombreux produits contribuent désormais à unifier un espace alimentaire communautaire. Les Européens disposent de moyens d'approvisionnement et de distribution variés pour constituer leur alimentation. Cette situation procède d'évolutions plurielles, liant l'économique et le technique, et s'inscrit en fait dans la longue durée. Des enjeux culturels y sont associés, qu'il s'agisse de transmissions culinaires générationnelles ou de l'offre de restauration très diversifiée. Des choix politiques y contribuent également, par la mise en place de normalisations et de règlements. Traditions et ruptures, nouveautés et continuités bouleversent en permanence l'alimentation des Européens. Par des recueils de sources, des thèses, des actes de colloques, des monographies érudites et des témoignages, cette collection interroge les évolutions historiques et sociétales, par pays ou plus globalement dans une perspective transnationale. Elle souhaite apporter une connaissance sur des processus d'innovations alimentaires qui constituent de puissants facteurs de différences et d'identités mêlées de l'Europe contemporaine.

Tous les volumes de cette collection sont publiés après double révision à l'aveugle par des pairs.

Directeurs de collection

Antonella CAMPANINI, Alma Mater Studiorum - Università di Bologna (Italie)
Peter SCHOLLIERS, Vrije Universiteit Brussel (België);
Jean-Pierre WILLIOT, Sorbonne Université, Paris (France)

Comité scientifique

Virginie AMILIEN, SIFO, Oslo (Norge); Peter ATKINS, Durham University (UK); Alberto CAPATTI, Università degli Studi di Scienze Gastronomiche, Pollenzo (Italia); Jesús CONTRERAS, Universitat de Barcelona (España); Jean-Pierre DEVROEY, Université Libre de Bruxelles (Belgique); Henry NOTAKER, Bergen (Norge); Massimo MONTANARI, Alma Mater Studiorum – Università di Bologna (Italia); Jean-Robert PITTE, Sorbonne Université, Paris (France)

Elisabeth Lambert

Avec la collaboration de
Aziliz Le Bourhis et Lise Étienne

Prendre au sérieux le droit à une alimentation saine et durable

Analyse comparée d'une histoire contemporaine
et prospective juridique

PETER LANG

Lausanne – Berlin – Bruxelles – Chennai – New York – Oxford

Information bibliographique publiée par *Die Deutsche Nationalbibliothek*.
Die Deutsche Nationalbibliothek répertorie cette publication dans la *Deutsche Nationalbibliografie*; les données bibliographiques détaillées sont disponibles sur le site http://dnb.d-nb.de.

Illustration de couverture : Illustration de couverture: Depositphotos.
Cerveau fait de fruits et légumes — Image de h_vahram.

ISSN 2033-7892
ISBN 978-2-87574-881-2 (Print)
E-ISBN 978-2-87574-882-9 (EPDF)
E-ISBN 978-2-87574-929-1 (EPUB)
DOI 10.3726/b21243
D/2024/5678/49

© 2024 Peter Lang Group AG, Lausanne
Publié par Peter Lang Éditions Scientifiques Internationales - P.I.E. SA, Bruxelles, Belgique

info@peterlang.com - http://www.peterlang.com/

Tous droits réservés.
Cette publication, toutes parties incluses, est protégée par le droit d'auteur. Toute utilisation sans l'autorisation de la maison d'édition, en dehors des limites strictes de la loi sur le droit d'auteur, est passible de poursuites. Ceci s'applique en particulier aux reproductions, traductions, microfilms, ainsi qu'au stockage et au traitement dans des systèmes d'extraction électroniques.

Cette publication a fait l'objet d'une évaluation par les pairs.

LISTE DES ABBRÉVIATIONS

AGNU:	Assemblée Générale des Nations Unies
AN:	Assemblée Nationale (France)
ANSES:	Agence Nationale de sécurité sanitaire de l'alimentation, de l'environnement et du travail
APCE:	Assemblée Parlementaire du Conseil de l'Europe
BEUC:	Bureau Européen des Unions de Consommateurs
CC:	Conseil Constitutionnel (France)
CEDH:	Convention Européenne de sauvegarde des Droits de l'Homme et des libertés fondamentales
CEE:	Communauté Économique Européenne
CNAMTS:	Caisse Nationale d'Assurance Maladie des Travailleurs Salariés (France)
CGAAER:	Conseil Général de l'Alimentation, de l'Agriculture et des Espaces Ruraux (France)
CGEDD:	Conseil Général de l'Environnement et du Développement Durable (France)
CNUCED:	Conférence des Nations Unies sur le Commerce et le Développement
CJUE:	Cour de Justice de l'Union Européenne
CM:	Comité des Ministres (du Conseil de l'Europe)
CPT:	Comité européen pour la Prévention de la Torture et des peines ou traitements inhumains ou dégradants
DUDH:	Déclaration Universelle des Droits de l'Homme
EFSA:	European Food Safety Authority
FAO:	Food and Agriculture Organization
FSA:	Food Standards Agency (Royaume-Uni)
JO:	Journal Officiel (France)
OCDE:	Organisation for Economic Co-operation and Development

OFAG:	Office Fédéral de l'Agriculture (Suisse)
OFEV:	Office fédéral de l'environnement (Suisse)
OFSP:	Office Fédéral Suisse de la Santé Publique
OGMs:	Organismes Génétiquement Modifiés
OIT:	Organisation Internationale du Travail
OMC:	Organisation Mondiale du Commerce
OMS:	Organisation Mondiale de la Santé
ONG:	Organisation Non Gouvernementale
ONU:	Organisation des Nations Unies
PHE:	Public Health England
RSPO:	Roundtable on Sustainable Palm Oil
RU:	Royaume-Uni
P-SP-NU:	Committee of experts on Nutrition, Food and Consumer Health (Council of Europe)
SG:	Secrétaire Général
UE:	Union Européenne
UNICEF:	United Nations International Children's Emergency Fund
WHO:	World Health Organization

SOMMAIRE

INTRODUCTION GÉNÉRALE[1]

Cet ouvrage offre une analyse socio-politico-juridique des tentatives récentes dans les Etats européens de reconnaitre le droit à une alimentation saine et durable. Il propose d'explorer de façon empirique les développements récents aux niveaux constitutionnel et législatif.

La méthodologie combine l'analyse textuelle classique en droit à des entretiens semi-directifs menés avec des acteurs nationaux et internationaux[2]. Le cadre théorique se fonde sur l'approche par les droits fondamentaux qui devrait apporter une valeur ajoutée en permettant aux individus d'opposer aux Etats et aux acteurs privés des obligations positives et/ou négatives en la matière.

Contrairement à la grande majorité des études précédentes qui couvrent le droit à une alimentation dans le cadre international[3] ou strictement en droit français ou dans un droit national[4], il s'agit de mettre l'accent ici sur les balbutiements d'un droit fondamental à une alimentation saine et durable sur le continent européen selon une perspective comparée, afin d'explorer les obstacles et leviers pour des propositions de refonte de nos droits. C'est pourquoi, il nous semble également important, par exemple dans la 2ème partie, de montrer la position timorée en Europe compte tenu du paysage plus large qui tient compte des développements existant sur d'autres continents.

L'énoncé du constat s'impose avant de préciser en quoi une approche par les droits fondamentaux peut permettre de renouveler la réflexion sur cette thématique et de définir les contours de cette étude.

---

1 Écrite par Elisabeth Lambert.

2 Le détail des entretiens réalisés figure en annexe. Il sera fait référence de façon anonyme à leurs auteurs.

3 Par exemple, l'étude de Christophe Golay, *Droit à l'alimentation et accès à la justice*, Bruylant, 2011. Voir aussi la thèse récente publiée de Benjamin Clémenceau, *Le droit à l'alimentation*, L'Harmattan, décembre 2021.

4 M. Ramel, *Le droit à l'alimentation et la lutte contre la précarité alimentaire en France*, Thèse en droit, Université de Tours, 2022.

I. Le Constat

Le droit à l'alimentation, comme nouveau droit autonome, est formulé très tardivement sur la scène internationale avec le Sommet mondial de l'alimentation organisé par la FAO en 1996[5]. C'est à cette même date que les qualificatifs de « sain » et « nutritif » font leur apparition selon une approche physiologique et biologique fortement imprégnée des exigences de santé publique[6]. A cette occasion, les Etats adoptent la Déclaration de Rome sur la sécurité alimentaire mondiale et le Plan d'action par lesquels ils reconnaissent « le droit de chaque être humain d'avoir accès à une nourriture saine et nutritive conformément au droit à une nourriture adéquate et au droit fondamental de chacun d'être à l'abri de la faim »[7]. 1996 marque effectivement le début de l'approche par les droits fondamentaux à la FAO concernant le droit à l'alimentation; auparavant, les Etats « ne voulaient pas en entendre parler », notamment « parce qu'ils ne savaient pas ce que c'était »[8]. L'année 2004, avec l'adoption des Directives volontaires sur le droit à l'alimentation par le Conseil de la FAO, marque l'entrée dans une nouvelle période de réflexion sur la mise en œuvre de ce droit, et non plus tant sur sa définition qui serait désormais stabilisée. Pourtant, le droit à l'alimentation, comme relevé à juste titre par certains auteurs[9], est « un droit aux multiples facettes »[10], aux « contours évolutifs et fluctuants »[11].

---

5 Sur l'historique, cf la thèse de Ramel, *Le droit à l'alimentation et la lutte contre la précarité alimentaire en France*, op. cit., pp. 49–54.

6 M., P. F. Giuggioli, « Right to Food in International Law », in *International Food Law, How food law can balance health, Environment and Animal Welfare*, C. Caporale, I. Richard Pavone & M. P. Ragionieri (eds), Wolters Kluwer, 2021, pp. 41–56.

7 FAO, Déclaration de Rome sur la sécurité alimentaire mondiale, 13–17 Novembre 1996, para.1. Ce qui est réaffirmé cinq ans plus tard : FAO, Déclaration du Sommet mondial de l'alimentation : cinq ans après, 10–13 Juin 2002, para. 4, réaffirmant « le droit de chacun d'avoir accès à une nourriture saine et nutritive ».

8 Entretien n°4.

9 C. Golay, *Droit à l'alimentation et accès à la justice*, op. cit., p. 47.

10 M. Cuq, *L'alimentation en droit international*, Thèse en droit, Université Paris-Nanterre, 2016, p. 418.

11 D. Gadbin, « Droit à l'alimentation », in *La Constitution, l'Europe et le Droit : Mélanges en l'honneur de Jean-Claude Masclet*, C. Boutayeb (éd.), Publications de la Sorbonne, 2013, pp. 617–637.

Parce qu'il s'agit d'un « droit aux contours particulièrement larges et à la mise en œuvre dépendant d'un environnement économique et social favorable »[12], nous avons fait le choix de nous focaliser sur les enjeux récents en lien à la santé entendue *lato sensu* (santé humaine et du Vivant en référence à l'approche onusienne One Health) et de restreindre l'étude au continent européen, même si, comme précisé auparavant, quelques détours sur d'autres continents seront faits pour mieux saisir le caractère unique de l'approche européenne. Comme l'écrit Magali Ramel, « le contenu du droit à l'alimentation s'articule entre un socle minimal protégé par le droit fondamental d'être à l'abri de la faim et un contenu maximal englobant l'ensemble des enjeux en présence autour de la protection de l'accès à l'alimentation des personnes »[13]; ce sont certains de ces enjeux, considérés comme les plus novateurs, que nous nous proposons de couvrir dans cet ouvrage. Nous écartons donc la question du droit à l'alimentation entendu au sens minimal comme le droit à être à l'abri de la sous-nutrition.

En effet, le sujet d'un droit à une alimentation saine et durable, selon les précisions terminologiques qui seront précisées ci-dessous, est évoqué plus régulièrement au sein de la société civile et dans les médias depuis les années 2000, et particulièrement depuis le confinement et l'augmentation du prix des denrées alimentaires[14]. Il n'est encore abordé que trop rarement par les pouvoirs publics. Depuis 2017, en France, l'idée d'une sécurité sociale de l'alimentation a été suggérée sous forme d'un chèque alimentaire utilisable auprès de producteurs conventionnés, afin de permettre aux plus pauvres d'avoir accès à des aliments sains tout en permettant une rémunération appropriée des agriculteurs[15]. En Belgique en 2020, « Une enquête menée auprès de 1153 personnes interrogées en Flandre et en Wallonie a révélé que 97% des Belges sont fortement d'accord sur le fait qu'une alimentation saine devrait être reconnue comme un droit humain fondamental pour un pays développé comme la

[12] M. Cuq, *L'alimentation en droit international*, op. cit., 2016, p. 418.

[13] M. Ramel, *Le droit à l'alimentation*, op. cit., p. 249.

[14] Par exemple, L. Fontaine, « Pour la création d'un droit inaliénable d'accès aux produits bio et locaux! », *Libération*, 14 Octobre 2020, pp. 3–4.

[15] S. Barbier, « Faire connaître le projet de Sécurité sociale de l'alimentation », *MidiLibre*, 9 février 2021, Europresse, p. 3.

Belgique »[16]; l'autre donnée intéressante de cette enquête est apportée par le fait que 86% de ce même échantillon considère que l'Etat doit être le garant de ce droit fondamental.

Par ailleurs, la doctrine juridique francophone demeure clairsemée. L'explication semble assez aisée à saisir; si le droit de l'alimentation s'enrichit du droit de l'Union européenne construit autour de la préoccupation de la stricte sécurité sanitaire (et moins d'une alimentation de qualité[17]), un droit fondamental à l'alimentation (et encore moins à une alimentation saine et durable) n'est pas fermement affirmé en droit français comme dans d'autres Etats européens et est dès lors difficilement invocable en justice. Le droit à l'alimentation a été relégué, dans nos sociétés capitalistes occidentales, à un rang subalterne, comme beaucoup d'autres droits économiques, culturels et sociaux, accusés de grever le budget de l'Etat, d'entraver la liberté économique, de gêner le fonctionnement des marchés[18] et, donc globalement d'imposer à l'Etat des obligations positives trop contraignantes. Depuis une vingtaine d'années, de plus en plus de publications scientifiques tentent de revaloriser la cause des droits économiques, sociaux et culturels[19]. Olivier De Schutter, rapporteur spécial à l'alimentation, appelait ainsi à un traitement égal de tous les droits fondamentaux et à faire évoluer la logique de « charité » concernant l'aide alimentaire vers une logique d'obligation[20]:

> Au fond, une approche fondée sur les droits de l'homme transforme la relation bilatérale existant entre le donateur et le partenaire en une relation

---

16 « PRpro: 97% des belges considèrent que l'accès à des aliments sains est un droit humain fondamental », *Belga News Agency*, 16 juillet 2020, pp. 3–4.

17 G. Bazzan, « Effective Governance of Food Safety Regulation Across EU Member States: Towards Operationalization », 8 *Eur. J. Risk Reg* 2017(8), p. 565.

18 O. De Schutter, « La cage et le labyrinthe : S'évader de la religion de la croissance », *R.I.E.J.*, 2016(77), pp. 113–130. A. B. Lichtenberger, « Toward a just food regime: consumption, ideology and democratic strategy », (2014) 10, *J. Food L. & Pol'y*, pp. 173–174.

19 Parmi tant d'autres: M. Robinson, « Advancing Economic, Social, and Cultural Rights: The Way Forward », *Human Rights Quarterly*, vol. 26, n°4 (2004), pp. 866–872.

20 AGNU, Olivier De Schutter, Promotion et protection de tous les droits de l'homme, civils, politiques, économiques, sociaux et culturels, y compris le droit au développement, « Le rôle de la coopération en faveur du développement et de l'aide alimentaire dans la réalisation du droit à une alimentation suffisante: de la charité à l'obligation », A/HRC/10/5, 11 février 2009.

triangulaire, dans laquelle les bénéficiaires ultimes de ces stratégies jouent un rôle actif. Envisager l'aide extérieure comme un moyen de réaliser le droit fondamental à une alimentation suffisante comporte des implications concrètes, qui supposent que les gouvernements donateurs et partenaires sont débiteurs d'une obligation et que les bénéficiaires sont titulaires de droits[21].

Cet ouvrage part du constat selon lequel il est urgemment besoin de déconstruire l'opposition entre « droits-libertés » (que seraient les droits de la première génération) et « droits-créances » (que seraient les droits économiques, sociaux et culturels ou dits de la deuxième génération). Cette distinction, si elle conserve un intérêt de présentation chronologique, parce que teintée d'une idéologisation excessive emprunte de la guerre froide, s'est accompagnée de la croyance selon laquelle il serait peu coûteux d'instituer des droits civils et politiques qui ne supposeraient rien d'autre qu'une absence d'interférence de la puissance publique alors que les droits économiques et sociaux impliqueraient une capacité d'agir et des moyens financiers. D'une part, il faut contester l'affirmation selon laquelle le respect des droits civils et politiques ne suppose qu'une non-ingérence de l'Etat; il suffit de citer le droit à la vie qui comporte de fortes obligations procédurales; ainsi, les droits-libertés sont également des droits-créances, ce que même des défenseurs de l'Etat minimal ont fini par reconnaitre. D'autre part, tous les droits impliquent un certain « coût », qui n'est pas nécessairement financier. Les droits économiques et sociaux n'ont d'ailleurs pas nécessairement un coût financier puisqu'il s'agit surtout d'imposer à l'Etat de réglementer les activités économiques, en l'espèce de mieux encadrer le marché de la production, transformation et distribution alimentaires. Enfin, il est devenu évident que le PIB ne doit plus être le seul indicateur de développement d'un Etat mais que des indicateurs de bien-être par exemple devraient être pris en compte.

Cette opposition exagérée entre droits de la première et droits de la deuxième génération, pourrait être dépassée en faisant appel au concept de « droits-buts » introduit par Sen[22]: les droits y sont appréhendés

---

21 AGNU, Olivier De Schutter, Promotion et protection de tous les droits de l'homme, civils, politiques, économiques, sociaux et culturels, y compris le droit au développement, « Le rôle de la coopération en faveur du développement et de l'aide alimentaire dans la réalisation du droit à une alimentation suffisante: de la charité à l'obligation », A/HRC/10/5, 11 février 2009, p. 2.

22 A. Sen, *L'idée de justice*, Flammarion, 2010.

comme des buts à réaliser, comme des exigences morales avant d'être des impératifs légaux et surtout ils sont définis comme des capacités d'accès et des modalités d'actions des individus (*right as goals and as capabilities*), et non pas seulement comme des normes juridiques. Ainsi, selon Sen, les droits-libertés comportent des créances aussi. Ce qui est intéressant aussi dans la théorie de valeur de Sen, c'est le lien opéré entre droits et le concept de bien-être et la référence au concept de « vie digne ».

L'ultime critique contre les droits économiques, sociaux et culturels selon lesquels ces droits seraient vagues, fait figure également de prétexte; le contenu du droit à une alimentation saine et durable peut être parfaitement précisé, comme nous le verrons plus tard; les concepts flous ont également l'avantage de pouvoir évoluer avec l'évolution des exigences sociales et d'être parfaitement concrétisés par le juge. Selon Dworkin[23], il faut croire en la potentialité du rôle interprétatif du juge spécialement pour asseoir un nouveau droit, ce qui est le cas du droit à une alimentation saine et durable revendiqué dans cet ouvrage. Parce que le juge peut trancher entre plusieurs interprétations possibles, la dimension interprétative et évolutive du droit est centrale. Aussi, le juge n'est pas un arbitre qui choisirait entre deux règles, puisqu'il joue un rôle majeur dans la définition du droit. Le droit n'est pas un territoire aux frontières immuables. Cette faculté du juge fait appel, selon Dworkin, à des principes (qu'il distingue des règles juridiques proprement dites et des arguments de pure politique); la séparation stricte entre le droit et la morale doit être dépassée en ce que tout ordre juridique s'appuie sur des valeurs morales. Pour Dworkin, le principe de dignité est essentiel, et nous aurons l'occasion de considérer comment il peut utilement faciliter l'émergence d'un droit à une alimentation saine et durable.

L'exemple du contentieux climatique mérite ici d'être cité. Diane Roman, dans son ouvrage de 2021, concluait ainsi que les actions en justice emportent de nombreuses mutations:

> Le passage d'un anthropomorphisme à une approche écocentrée, tendant à la reconnaissance de droits au profit de la Nature ; d'un individualisme à une approche plus solidaire, combinant justice environnementale et progrès social ; le déplacement d'une obligation de l'Etat, autrefois débiteur exclusif d'une obligation de protection des droits humains, vers une responsabilité de chaque acteur juridique, individus, entreprises ou organisations

[23] R. Dworkin, *Prendre les droits au sérieux*, trad. M.-J. Rossignol et F. Limare, PUF, coll. Léviathan, 1995.

internationales ; mais aussi les prémices d'une redéfinition des droits dits de la première génération, qui seraient réalignés autour de l'urgence sociale et climatique[24].

De surcroît, des collègues en France, à l'origine du programme européen de recherche Lascaux[25], ont clairement mis en évidence le fait que l'alimentation, faussement appréhendée comme une marchandise ordinaire, selon une logique économique de marché, n'a pas pu voir émerger un régime juridique particulier et un droit à l'alimentation. « Ainsi le droit alimentaire n'existe pas de façon autonome, construit, comme les disciplines canoniques du droit, sur un mode logico-déductif à partir d'un principe général qui pourrait être le droit de chaque homme à l'alimentation. Il est le produit du droit général qui s'applique aux marchandises ordinaires et d'une réglementation technique à objectif sanitaire et commercial. Il ne vise pas à assurer la sécurité alimentaire, encore moins à donner corps à un droit de l'homme à l'alimentation »[26]. « Pour la FAO comme pour l'Union européenne, le droit à l'alimentation est donc concrétisé par des marchés concurrentiels, complétés par un système d'aide humanitaire »[27]. Le même constat d'une politique commerciale ignorant les droits de la personne a été formulé par les Rapporteurs spéciaux des Nations Unies à l'alimentation[28]. Également, pour Antonio Guterres, Secrétaire Général des Nations Unies, l'alimentation n'est pas un bien, c'est un droit fondamental[29].

Aussi, outre des travaux juridiques publiés ces vingt dernières années dénonçant la mise en œuvre insatisfaisante et la pauvre justiciabilité

---

24 D. Roman, *La cause des droits. Ecologie, progrès social et droits humains*, Dalloz, 2021, p. 294.

25 https://lascaux.hypotheses.org/. Le programme a été créé en 2009 par François Collart-Dutilleul et est poursuivi sous l'appellation du CELT (Centre Lascaux sur les Transitions).

26 A. Bernard, F. Collart-Dutilleul, F. Riem, « Penser autrement le rapport du droit et de l'alimentation. Présentation du dossier », RIEJ, 2019/1 N° 101, pages 11 à 20, p. 15.

27 F. Collart-Dutilleul, « Le droit à l'alimentation dans la perspective de l'économie sociale et solidaire », *RECMA* (2022/2), n°364, pp. 98–109.

28 AGNU, A/75/219, Le droit à l'alimentation dans le contexte du droit et de la politique du commerce international, Rapport d'étape du Rapporteur spécial sur le droit à l'alimentation Michael Fakri, 22 juillet 2020, Para.5.

29 Cité par: A. Kuljay, J.-M. Louvin, M. Anderson, N. Jaffer, T. Ferrando, « From Food as Commodity to Food as Liberation », *Development* 64, 245–251 (2021) https://doi.org/10.1057/s41301-021-00311-2, 13 October 2021.

du droit à l'alimentation comme plus globalement des droits sociaux[30], un certain nombre de recherches, selon une perspective cette fois interdisciplinaire, ont été réalisées plus récemment afin d'argumenter l'idée selon laquelle l'alimentation et l'agriculture doivent faire l'objet d'un traitement juridique particulier, d'une « exception agricole »[31]. Puisque les aliments ne sont pas des « biens »[32], il importe de changer le paradigme dominant[33]. En effet, comme affirmé par Jose Luis Vivero Pol, si l'alimentation fut régulée par les pouvoirs publics pendant des siècles, ce n'est qu'aux 19° et 20° siècles que dans certains Etats, le système industriel alimentaire est passé sous le contrôle du Marché et des acteurs privés, créant une dualité de régime entre la nourriture à l'état sauvage et la nourriture cultivée[34]. Pour ce même auteur, la qualification des aliments comme une « pure marchandise », qui est une réalité somme toute récente, est une construction sociale « radicalement opposée » à sa qualification de droit humain ou de (bien) commun[35]. Cet auteur fait également le constat de la faillite de la régulation par le privé et du besoin de bifurcation face à l'épidémie d'obésité, de malbouffe et de famine et en appelle à une nouvelle gouvernance alimentaire basée sur une approche par les communs. La question des communs met l'accent avant tout sur la gestion publique de ces biens spécifiques (y compris l'eau) ou à tout le moins à l'application de règles économiques

---

30 Par exemple, C. Nivard, « Le droit à l'alimentation », *La Revue des droits de l'homme*, n°1, 2012, pp. 245–260. D. Roman, *La cause des droits,* op. cit., Dalloz, 2021, 291 p..

31 Selon la terminologie introduite par Michel Serres.

32 Notamment, J. L. Vivero Pol, T. Ferrando, O. De Schutter, U. Mattei, *Routledge Handbook of food as commons*, Routledge, 2019, 1st ed.. A. Kuljay, et al., « From Food as Commodity to Food as Liberation », op. cit.

33 A. Kuljay, et al., « From Food as Commodity to Food as Liberation », op. cit.

34 J. L. Vivero Pol, « What if food is considered a common good? The essential narrative for the food and nutrition transition », *Speaker's Corner* (40), SCN News, pp. 87–91.

35 J. L. Vivero Pol, « What if food is considered a common good?, op. cit., p. 89.

spécifiques à ce « bien social » auquel correspond un « droit social »[36] ; il s'agit également de revendiquer pour ces auteurs une réappropriation par les communautés citoyennes d'une partie au moins de la gestion de ce bien social. Si nous ne sommes pas nécessairement convaincues de la pertinence de la qualification de « commun » pour l'alimentation, l'intérêt de ces développements est de justifier l'importance d'un régime juridique spécifique, les aliments n'étant pas des marchandises ordinaires, en ce qu'ils sont intimement liés à la condition d'une vie digne et au respect de l'approche One Health.

Plus globalement, la doctrine a montré combien les outils juridiques ont accompagné et même facilité l'exploitation extensive des ressources dans nos sociétés capitalistes selon une approche anthropocentrée[37]. L'urgence de la transition socioécologique appelle assurément à un dépassement, voire à une bifurcation avec ce régime antérieur.

La présente étude s'inscrit dans la continuité de ces apports doctrinaux et propose d'approfondir un aspect de ce régime juridique spécifique à construire par la réflexion sur un droit à une alimentation saine et durable. Nous revendiquons l'importance de « prendre au sérieux » la reconnaissance d'un nouveau droit, le droit à une alimentation saine et durable sur le continent européen. La pertinence de l'approche par les droits fondamentaux sera précisée ci-dessous.

Au vu des actions en justice, sur le fondement du droit à un environnement sain et/ou de l'Accord de Paris sur le climat de 2015 comportant des objectifs chiffrés, qui illustrent cette capacité transformatrice de telles mobilisations, nous sommes donc venues à nous interroger sur l'impact potentiel de l'émergence ou de la consolidation d'un droit complémentaire ou parallèle à une alimentation saine et durable. Peut-on, au même titre que nous possédons un droit à un environnement sain, tel que reconnu désormais par de plus en plus d'Etats et d'instruments internationaux et régionaux et désormais invoqué en justice, revendiquer un nouveau droit à une alimentation

---

36 A. Gusmai, « Right to food and 'Tragedy' of the Commons », in *Food diversity between rights, Duties and Autonomies, Legal Perspectives for a scientific, cultural and social debate on the right to food and agroecology*, A. Isoni, M. Troisi & M. Pierri (eds), Springer (2018), 243–263, p. 257. Pour cet auteur, un régime différencié entre l'eau (approchée comme un commun en Italie) et les aliments (appréhendés comme un bien ordinaire du Marché) n'est pas tenable (p. 260).

37 P. Burdon, *Earth Jurisprudence : Private property and the Environment*, Routledge, 2014.

saine et durable? Voilà la question de départ qui fut à l'origine d'une recherche financée par l'Institut d'études avancées de Strasbourg comme fellow[38] et intitulée: « Prendre au sérieux le droit à une alimentation saine et durable: perspectives européennes ».

A ce stade, *une clarification terminologique* s'impose. Que signifie une alimentation saine et durable, concepts qui seront mobilisés tout au long de cette étude? L'alimentation saine et durable s'entend comme une composante de l'alimentation adéquate, comme rappelé notamment en 1996: « le droit de chaque être humain d'avoir accès à une nourriture saine et nutritive conformément à une nourriture adéquate et au droit fondamental de chacun d'être à l'abri de la faim »[39]. En 1999, par l'observation générale n°12, le Comité des droits économiques, sociaux et culturels donnait une définition très complète incluant la quantité, la variété, l'absence de nocivité, l'acceptabilité et donc la dimension culturelle ainsi que l'élément de durabilité (disponibilité et accessibilité pour les générations présentes et futures). Selon le Comité,

> Le contenu essentiel du droit à une nourriture suffisante comprend les éléments suivants : la disponibilité de nourriture exempte de substances nocives et acceptable dans une culture déterminée, en quantité suffisante et d'une qualité propre à satisfaire les besoins alimentaires de l'individu ; l'accessibilité ou possibilité d'obtenir cette nourriture d'une manière durable et qui n'entrave pas la jouissance des autres droits de l'homme[40].

Les critères de quantité, qualité et acceptabilité sont stabilisés depuis deux décennies au niveau international. Selon une définition récente du Comité de la sécurité alimentaire mondiale, organisme de la FAO,

> Une alimentation saine est composée d'aliments en quantité et de qualité suffisantes pour assurer une croissance et un développement optimaux de tous les individus, garantir le bon fonctionnement de l'organisme et le bien-être physique, mental et social à tous les stades de la vie, et satisfaire les besoins physiologiques. Une alimentation saine est une alimentation sûre, diversifiée, équilibrée et fondée sur des aliments nutritifs[41].

---

[38] https://www.usias.fr/fellows/fellows-2020/elisabeth-lambert/.

[39] Déclaration de Rome sur la sécurité alimentaire mondiale, Rome, 13 novembre 1996.

[40] NU, Conseil économique et social, Comité des droits économiques, sociaux et culturels, Observation générale n°12, « Le droit à une nourriture suffisante (art. 11) », E/C.12/1999/5, 12 mai 1999, Para.8.

[41] CSA, « Directives Volontaires du CSA sur Les Systèmes Alimentaires et La Nutrition », CFS 2021/47/7/Rev.1, 8–11 février 2021, para.17.

L'alimentation saine assure donc une protection tant contre la malnutrition, dénutrition, obésité que contre les maladies non transmissibles.

La dimension de durabilité a été surtout mise en avant ces dernières années. Ainsi, les travaux réalisés au sein de la FAO et de l'OMS ont permis de stabiliser une définition inclusive autour du concept de la durabilité qui engloberait même la dimension saine:

> Les régimes durables sont des régimes à faible impact environnemental qui contribuent à la sécurité alimentaire et nutritionnelle et à une vie saine pour les générations actuelles et futures. Les régimes alimentaires durables sont protecteurs et respectueux de la biodiversité et des écosystèmes, culturellement acceptables, accessibles, économiquement équitables et abordables, nutritionnellement adéquats, sûrs et sains, tout en optimisant les ressources naturelles et humaines[42].

Si dans les politiques publiques, comme nous le verrons, l'approche en vase clos persiste majoritairement (les politiques adressant soit l'alimentation saine d'une part, soit la dimension de durabilité ou soutenabilité d'autre part), le lien entre les deux aspects semble de plus en plus admis. Ainsi, selon le Rapporteur spécial au droit à l'alimentation, « l'agroécologie est le meilleur moyen d'utiliser rationnellement et efficacement les ressources naturelles pour réaliser le droit à l'alimentation »[43]. Au niveau français, l'avis n°91 du Conseil National de l'Alimentation fait également le lien entre ces deux aspects[44].

Une fois stabilisé le concept d'alimentation saine et durable, il importe de préciser en quoi l'approche par les droits fondamentaux est

---

42 Traduction non officielle. « Sustainable Diets are those diets with low environmental impacts which contribute to food and nutrition security and to healthy life for present and future generations. Sustainable diets are protective and respectful of biodiversity and ecosystems, culturally acceptable, accessible, economically fair and affordable »: FAO, B. Burlingame, S. Dernini (eds), *Sustainable Diets and Biodiversity, Directions and Solutions for policy, research and action*, Final Document, Rome, 2010, p. 294.

43 UNGA, Le droit à l'alimentation, Rapport d'activité du rapporteur spécial sur le droit à l'alimentation, A/76/237, 27 juillet 2021, para.58.

44 CNA, Prévenir et lutter contre la précarité alimentaire, Avis n°91, octobre 2022.

importante. Comment prendre au sérieux le droit à une alimentation saine et durable en Europe?

II. La valeur ajoutée d'une approche par les droits fondamentaux

L'approche par les droits fondamentaux consiste en la reconnaissance de droits individuels ou collectifs, de « droits à » (ou « droits de »), opposables à titre prioritaire aux Etats, secondairement ou indirectement à des acteurs privés. Une telle approche porte en son centre l'attribution de droits à des titulaires qui deviennent acteurs de la sanction de leur non-Respect.

Les débiteurs d'un tel droit doivent demeurer les acteurs publics en ultime ressort. D'ailleurs, l'attribution d'une responsabilité centrale de l'Etat en matière d'accès à une alimentation saine et adéquate est inscrite clairement dans les divers instruments de droits de l'Homme élaborés depuis 1948, ainsi que dans les textes produits par les Nations Unies. Ainsi, selon la Déclaration mondiale et le plan d'action sur la nutrition de 1992, est admise (para.16) la responsabilité « au premier chef » de chaque gouvernement non seulement de protéger et promouvoir la sécurité alimentaire mais aussi le « bien-être nutritionnel de sa population »[45], tout en admettant que « l'objectif fondamental – qui est de préserver et de promouvoir le bien-être nutritionnel pour tous – ne peut être atteint que par un ensemble de politiques intéressant plusieurs secteurs à différents niveaux de responsabilité »[46]. Cette responsabilité centrale de l'Etat et la possibilité pour les individus d'invoquer cette responsabilité ont clairement été admises en 1999 par le rapporteur de l'Assemblée parlementaire du Conseil de l'Europe à propos de la crise de la dioxine: dans la première version de la recommandation, il propose la formulation suivante: « Au-delà de l'auto-régulation des entreprises et des secteurs économiques concernés, les pouvoirs publics sont les ultimes responsables et garants de la sécurité alimentaire et ils doivent en rendre

---

[45] Conférence internationale sur la nutrition, FAO et OMS, *Déclaration mondiale* sur la *nutrition* et *Plan d'action,* Rome, décembre 1992, para.16.

[46] Idem, para.25.

compte au citoyen »[47]. De même, selon un autre membre de cette même assemblée, en charge d'un rapport sur la « Sécurité des consommateurs et qualité des produits alimentaires » en 1998, « Les Etats sont les garants de la santé publique et, en tant que tels, sont les derniers responsables de la sécurité alimentaire »[48]; cette responsabilité ultime découle, selon ce parlementaire du rôle de garant de l'Etat en matière de santé publique. A la suite de ce rapport, l'Assemblée Parlementaire avait recommandé au Comité des Ministres d'inviter les Etats à adopter une réglementation assurant que seuls des produits « sains » soient autorisés sur le marché[49]. La responsabilité de l'Etat (à côté de celle des individus eux-mêmes responsables de leurs comportements alimentaires et de celle de l'Industrie) est tout autant admise en matière aujourd'hui d'obésité; ainsi, selon la Charte européenne sur la lutte contre l'obésité adoptée en novembre 2006, « Il faut trouver un équilibre entre la responsabilité des personnes et celle des autorités publiques et de la société. Il ne devrait pas être acceptable de considérer les personnes comme seules responsables de leur obésité »[50]. Plus globalement en 2011, par une Déclaration politique, les chefs d'Etat et de gouvernement à l'Assemblée générale des Nations Unies admettent « le rôle primordial des gouvernements et la responsabilité qui leur incombe de faire face au défi des maladies non transmissibles »[51]. Ils reconnaissent tout autant

> « qu'il importe au plus haut point de réduire le degré d'exposition de l'individu et des populations aux facteurs de risque modifiables courants des maladies non transmissibles, à savoir le tabagisme, l'alimentation malsaine, le manque d'exercice physique et l'abus d'alcool, ainsi que les déterminants de ces maladies tout en renforçant la capacité de l'individu et

---

47 APCE, Crise de la dioxine et sécurité alimentaire, Doc. 8453, 22 juin 1999, M. Bill Etherington ; Recommandation 1417 (1999).

48 APCE, Sécurité des consommateurs et qualité des produits alimentaires, Doc. 8194, 14 Septembre 1998, Point 2/c.

49 APCE, Sécurité des consommateurs et qualité des produits alimentaires, Rec. 1389, para. 9.3.

50 Conférence ministérielle européenne de l'OMS, Charte européenne sur la lutte contre l'obésité, EUR/06/5062700/8, 16 novembre 2006, point 2.3.3.

51 AGNU, Déclaration politique de la réunion de haut niveau de l'Assemblée générale sur la prévention et la maîtrise des maladies non transmissibles, point 3 du Préambule.

des populations de faire des choix plus sains et d'adopter un mode de vie permettant de rester en bonne santé »[52].

« L'alimentation malsaine » est ainsi admise, à côté du tabagisme, de l'abus d'alcool et du manque d'exercice comme un facteur d'exposition et l'Etat a la responsabilité de réduire l'exposition à des aliments malsains. La responsabilité ultime de l'Etat ne fait point disparaitre la part incombant aux industriels et mangeurs.

Un détour par la théorie du droit est indispensable afin d'apprécier sous quelles conditions un nouveau droit fondamental peut être admis. Ainsi, nous partageons l'idée selon laquelle des droits fondamentaux nouveaux peuvent et doivent être reconnus en fonction de l'évolution des besoins sociaux, à condition que certains critères soient remplis. Selon J. W. Nickel, quatre critères permettent de comprendre pourquoi un nouveau droit de l'Homme peut émerger:

> Premièrement, les partisans doivent démontrer que les détenteurs de droits proposés ont une forte revendication de la liberté, de la protection ou de l'avantage en question en montrant que cette liberté, cette protection ou cet avantage a une grande valeur pour les individus et la société, et en montrant que ces valeurs sont fréquemment menacées par des abus sociaux et politiques. Deuxièmement, ils doivent montrer que cette revendication ne peut être satisfaite de manière adéquate que si nous accordons aux gens des droits plutôt que des formes de protection plus faibles. Les droits sont des normes puissantes et exigeantes qui ne devraient être utilisées pour formuler des revendications morales que lorsque des normes plus faibles sont inadéquates. Troisièmement, les promoteurs doivent démontrer que les destinataires proposés, les parties qui ont des obligations en vertu du droit, peuvent légitimement être soumis aux obligations négatives et positives requises pour le respect et la mise en œuvre du droit. Enfin, le droit proposé doit être réalisable compte tenu des ressources institutionnelles et économiques actuelles[53].

Les trois premiers critères sont assez largement partagés en doctrine[54]. Le premier critère consiste à identifier des intérêts ou besoins dignes d'une protection élevée, que ces besoins soient primaires (droit à la vie,

---

[52] AGNU, Déclaration politique de la réunion de haut niveau de l'Assemblée générale..., op. cit., point 35.

[53] J. W. Nickel, « The Human Right to a Safe Environment: Philosophical Perspectives on Its Scope and Justification », *Yale J. Int'l L.* 1993, p. 18.

[54] S. Deutch, « Are consumer rights Human rights ? », *Osgoode Hall Law Journal* 1994(3), 32, pp. (3) 548–550, note 11, and academics referred by Deutch.

droit à ne pas souffrir de sous-nutrition) ou secondaires (droit à la santé, droit à une vie digne).

Selon une approche plus récente développée par A. Sen, les droits fondamentaux sont des exigences éthiques en lien à « l'importance des libertés qui font l'objet » de ces exigences, dont les conditions de seuil sont liées à une priorité et influençabilité sociales[55]. Les agences des Nations Unies ont proposé un cadre conceptuel mettant l'accent davantage sur la faisabilité d'une mise en œuvre concrète de ces droits. Ainsi,

> Une approche basée sur les droits comprend quatre éléments essentiels : l'évaluation des revendications des détenteurs de droits et des obligations correspondantes des détenteurs de devoirs ; le développement de stratégies pour renforcer la capacité des détenteurs de droits à revendiquer leurs droits et des détenteurs de devoirs à remplir leurs obligations ; le suivi et l'évaluation des résultats et des processus en utilisant les principes et les normes des droits de l'homme ; et enfin, l'intégration des recommandations des organes internationaux des droits de l'homme pour informer chaque étape du processus[56].

Le concept de « capacité d'action » dans la lignée de Sen fut repris également par le rapporteur spécial au droit à l'alimentation qui « veut notamment que l'on tienne compte de la capacité des personnes concernées à participer aux processus qui façonnent les politiques relatives aux systèmes alimentaires et la gouvernance de ceux-ci »[57]. Être titulaire d'un droit fondamental signifie se voir doté des capacités de défendre ses besoins et intérêts de rang primaire ou secondaire, comme ici avoir les capacités (cognitives – par l'information donnée -, financières -par une politique de taxation-, etc...) d'avoir accès à des aliments sains et durables. Nous pensons notamment à des aliments pour lesquels la présence, même sous forme de résidus, de substances chimiques nocives (pour la santé globale, humaine, animale, des sols et de tout le vivant) devrait être exclue.

---

[55] A. Sen, « Elements of a theory of human rights », *Phil. & Pub. Aff.*, 2004(32), pp. 315, 319.

[56] United Nations, *The Human Rights Based Approach to Development Cooperation: Towards a Common Understanding Among the U.N. Agencies* [May 2003], p. 3.

[57] AGNU, Le droit à l'alimentation, Rapport d'activité du rapporteur spécial sur le droit à l'alimentation, Michael Fakhri, A/76/237, 27 juillet 2021, para.87.

Le dernier critère est davantage problématique en ce qu'il apporte une confusion entre l'approche politique et l'approche humaniste des droits humains. Selon la conception humaniste à laquelle nous nous rallions, les individus sont titulaires de droits en raison de leur qualité d'Humains pour lesquels un traitement également digne est requis. A l'opposé, la conception politique défend le point de vue selon lequel nous possédons des droits en qualité de membre d'une communauté politique, étant placés sous l'autorité de l'Etat. Or, ces deux approches se complètent plutôt qu'elles ne s'opposent en se plaçant sur un terrain différent: le terrain de la demande pour la première, le terrain de l'offre pour la seconde[58]. Toutefois, elles ne doivent pas se confondre: afin de répondre à la question de savoir si des Humains ont droit à de nouveaux droits, la question qui doit se poser est la suivante: il s'agit d'examiner les conditions nécessaires à l'existence d'une vie digne. Ainsi, le lien entre Droits fondamentaux et Etat concerne la question d'allocation de la responsabilité et d'imputabilité des destinataires des obligations, non la nature et le fondement des droits. Notre thèse développée dans cet ouvrage consiste précisément à démontrer qu'une vie digne aujourd'hui exige de reconnaitre un droit fondamental à des aliments sains et durables.

Notre hypothèse est que l'approche des droits humains (par les droits subjectifs mais aussi les devoirs) avec la reconnaissance d'un droit à une alimentation saine et durable est utile pour contribuer à une transformation du régime de l'accès aux aliments selon des conditions qu'il s'agira précisément d'explorer dans cet ouvrage[59]. Cette approche comporte déjà les deux avantages suivants: celui de mettre l'accent sur la valeur éthique des normes supérieures à faire prévaloir sur des enjeux concurrents. De la sorte, il est question de « redonner une substance éthique au droit, une légitimité fondée sur des idéaux communs »[60], à condition de réussir à s'entendre sur ces idéaux. La protection du Vivant selon le critère de santé globale peut-elle servir de boussole, de méta-principe et d'idéal commun à défendre? Ensuite, il s'agit de relever son « caractère instrumental pour guider l'orientation et la mise en œuvre des mesures », en lien à « sa portée opérationnelle et transformatrice

58 C. Lafont, « Are Human Rights Associative Rights? The Debate between Humanist and Political Conceptions of Human Rights Revisited », *Critical Review of International Social and Political Philosophy*, 2022, vol.25, issue 1.

59 Le parallèle avec l'émergence d'un droit à un environnement sain est instructif: J. W. Nickel, « The Human Right to a Safe Environment », op. cit.

60 A. Tamion, *Droits fondamentaux et valeurs, La question d'une fondation axiologique du droit*, L'Harmattan, 2021, p. 163.

au sein des politiques publiques »[61]. L'alimentation adéquate, condition de la réalisation d'une vie digne et d'une bonne santé globale justifie une telle démarche: « Les droits de l'homme sont le signe d'un ordre public de dignité humaine (dont le bien-être environnemental est une composante essentielle) et, par conséquent, ils remettent en question [...] la souveraineté de l'État et les agendas particuliers des élites privées »[62]. Cela ne signifie pas pour autant que le discours sur les droits de l'Homme soit la seule réponse à la lutte contre la malbouffe, à la malnutrition et sous-nutrition, car cette approche entend se combiner à d'autres outils juridiques et politiques.

L'approche par les droits humains comporte ainsi des avantages juridiques et politiques majeurs. Elle consiste à élever la question de l'accès à une alimentation saine et durable au rang de besoin fondamental, et pas seulement de choix ni d'assistanat (par l'approche par l'aide alimentaire). Symboliquement, elle permet de participer à la prise de conscience de l'importance d'aliments sains et durables à l'heure de cette nouvelle ère d'Anthropocène. Elle autorise de « prendre au sérieux » la responsabilité des Etats et des acteurs non étatiques en cas d'atteinte aux valeurs One Health. En effet, elle permet d'identifier des obligations, des titulaires et débiteurs et pose un fondement juridique contraignant pour imposer à l'Etat un encadrement des activités de la production, transformation et distribution alimentaires conformément aux exigences des critères « sains » et « soutenables ». Si reconnue au niveau national et européen, elle pourrait faciliter l'harmonisation des politiques nationales et impulser une dynamique au niveau de l'Union Européenne, y compris dans la façon de faire évoluer la Politique Agricole Commune.

Au-delà de ce terrain bien balisé, en reprenant le critère de *capabilités*, l'approche par les droits Humains permet de comprendre le droit à une alimentation saine et durable comme une revendication de l'agir en commun et ainsi de se rapprocher d'une conception politique des droits fondamentaux[63]. Il est question ici de donner les capacités aux organisations et groupements d'individus de s'organiser au niveau de

---

61 M. Ramel, *Le droit à l'alimentation*, op. cit., p. 468.

62 B. H. Weston, D. Bollier, *Green Governance, ecological survival, human rights, and the law of the commons*, CUP, 2014, p. 29.

63 Au sens de Claude Lefort, Samuel Moyn and Elisabeth Lefort, « Prendre les droits de l'homme au sérieux », *Esprit*, Janvier-février 2019, No. 451 (Janvier-février 2019), pp. 62–74.

leurs territoires pour co-construire des politiques alimentaires saines et durables. Cette perspective permet de dépasser la stratégie défensive et de victimisation des droits fondamentaux selon laquelle les citoyens, individuellement, agiraient en justice afin d'obtenir réparation pour une atteinte à leurs droits. Le système de la Convention européenne des droits de l'homme, basé sur le droit de recours individuel et la compensation des victimes, a grandement participé au renforcement de cette approche défensive et individualiste. Ce serait oublier la fonction préventive du droit, par laquelle il s'agit, y compris lors de recours en justice, de prévenir des atteintes ultérieures[64] et de s'assurer d'une adéquation des normes en vigueur aux nouveaux besoins socio-culturels.

L'approche par les droits humains s'impose aujourd'hui comme une nécessité face à l'appauvrissement du politique sur ces thématiques. Comme nous le verrons dans la 3ème partie, les pouvoirs publics ont montré leur incapacité à réguler convenablement le marché alimentaire en vue de protéger la santé des consommateurs. Cette faillite partielle justifie de s'équiper d'outils plus performants et complémentaires comme celui reposant sur la reconnaissance d'un nouveau droit fondamental. A l'heure de l'urgence écologique, cette faiblesse du politique à bifurquer et à prendre des mesures fortes fondées sur la valeur éthique de défense prioritaire du Vivant, n'est que plus évidente.

L'approche par les droits humains, qui est clairement revendiquée par le Rapporteur spécial au droit à l'alimentation, peine toujours à s'affirmer aux Nations Unies plus globalement, probablement parce qu'il s'agit d'une approche exigeante non sans conséquences sur les autres politiques publiques. Lors du Sommet mondial sur les systèmes alimentaires de septembre 2021, le Haut-Commissariat des Nations Unies aux Droits de l'Homme n'a été invité que tardivement et à titre limité à prendre part en avril 2021 aux préparatifs. In fine, le Sommet mondial n'a pas pris au sérieux cette approche par les droits humains.

Prendre au sérieux l'approche par les droits humains doit aussi nous inciter à *prendre au sérieux la critique contemporaine des droits fondamentaux*[65]. La critique moderne porte moins sur les droits en tant

---

64 R. Kress Weisbord, « The advisory function of law », *Tulane Law Review*, Nov. 2015 (90), pp. 129 et s.

65 L'ouvrage de référence est ici : J. Lacroix, J.-Y. Pranchère, *Le procès des droits de l'homme. Généalogie du scepticisme démocratique,* Paris : Seuil, coll. « La couleur des idées », 2016, 352 p.

que tels que sur leurs usages comme pratique sociale. Cette critique est pertinente ici sous deux volets principaux: le risque d'hyper-individualisme d'une part, la dimension étato-centrée d'autre part.

La critique d'un risque d'hyper-individualisme, portée par le mouvement communautaire, met l'accent sur le risque d'inflation de revendications individuelles, voire égoïstes, avec pour conséquence de rejaillir négativement sur les liens sociaux. A ce stade, deux éléments de réponse nous semblent devoir être formulés: premièrement, tout dépend de la façon dont les titulaires du nouveau droit sont délimités; si le droit à un environnement sain comporte selon nous tant un volet individuel qu'un volet collectif[66], le droit à une alimentation saine et durable ne pourrait selon nous être reconnu que comme un droit collectif. Nous y reviendrons plus tard. Par ailleurs, en présence d'un droit individuel, la mise en œuvre de la responsabilité étatique peut engendrer, comme le révèlent les systèmes régionaux de droits Humains et spécialement le système de la Convention européenne des droits de l'homme, des conséquences beaucoup plus importantes en termes d'adoption de mesures générales du fait de l'obligation de non-répétition de l'illicite en droit de la responsabilité internationale. L'exercice du droit de recours individuel est mis au service de la transformation des obligations juridiques et de la mise en conformité des ordres internes avec les standards du droit européen de la CEDH.

La critique issue du mouvement radical dénonce le caractère étato-centré de l'approche par les droits humains. Selon l'approche occidentale, la vision politique vise les droits humains des individus contre l'Etat et cristallise la relation binaire entre Etat et individus, faisant fi d'autre dominations par des acteurs privés (comme l'Industrie). La critique raisonne avec d'autant plus d'intensité que, comme rappelé par le rapporteur spécial sur le droit à l'alimentation,

> « dans le domaine des systèmes alimentaires, le monde est dominé par des sociétés qui utilisent leurs richesses pour produire plus de richesses au lieu d'utiliser la vie pour produire plus de vie. La concentration de pouvoir par l'intermédiaire des sociétés à l'échelon mondial est symptomatique d'un système politico-économique sous-jacent reposant sur des inégalités »[67].

---

[66] E. Lambert, « Comment concilier protection de la Nature et approche par les droits fondamentaux dans le cadre du Conseil de l'Europe », *Revue Juridique de l'Environnement*, numéro spécial (2021, n°3), septembre 2021, 503–525.

[67] AGNU, Le droit à l'alimentation, Michael Fakhri, op. cit., para. 26.

Une double réponse peut être ici opposée à cette critique: premièrement, il est clairement admis en droits national et européen que l'Etat reste le débiteur prioritaire du droit à une alimentation saine et durable, ce qui découle de la reconnaissance d'intérêts supérieurs des individus en lien à leurs besoins vitaux (à mener une vie digne) d'avoir accès à des aliments sains et produits durablement. Il peut sembler également plus facile pour les individus de poursuivre la responsabilité de l'Etat plutôt que celle des industriels. De surcroit, en droits international et européen des droits de l'homme, l'Etat a le devoir de protéger les individus contre les atteintes par les industriels de leurs droits fondamentaux, par exemple du droit à un environnement sain. Devant la Cour européenne des droits de l'homme, il n'est ainsi pas rare que l'affaire concerne des faits imputables à des acteurs privés. Deuxièmement, cette priorité donnée à l'Etat ne doit pas faire obstacle à l'élaboration d'instruments plus contraignants et de mise en place de systèmes de plaintes contre les entreprises multinationales. Si Dworkin peut être critiqué pour être resté très étato- et judiciaro-centré, des voies plus nombreuses s'élèvent pour défendre une approche autre. Pour Jean de Munck, « Tant la séparation Etat/société civile par la philosophie politique libérale que la défense de la clôture du droit par les multiples formes de positivisme juridique sont devenus des obstacles épistémologiques majeurs pour la compréhension et l'action du droit »[68]. Beitz[69] propose un modèle à deux degrés avec une responsabilité de secours des acteurs privés.

III. L'objet et les méthodes de l'étude

Cette étude se propose d'explorer, selon une étude empirique de droit comparé, les leviers et freins à l'émergence d'un droit fondamental à une alimentation saine et/ou durable, en examinant notamment les tentatives normatives récentes en Europe. L'approche combine une perspective historique à une dimension socio-politico-juridique. *In fine*, il s'agit de proposer des pistes afin de susciter une mutation de nos droits.

---

[68] J. de Munck, « Vers un nouveau paradigme du droit », in *L'économie des conventions, méthodes et résultats*, tome 1, François Eymard-Duvernay (dir.) pp. 258–259.

[69] Ch. Beitz, *The Idea of Human Rights*, OUP, 2009.

Très rapidement, nous est apparu le constat selon lequel les deux dimensions, « saine » et « durable » de l'alimentation, telles deux faces d'une même médaille, devaient être traitées dans cet ouvrage. En effet, mettre l'accent seulement sur une alimentation « saine » reviendrait à prolonger cette séparation artificielle entre santé humaine et santé environnementale et animale, plus largement entre Nature et culture, en faisant primer les intérêts humains sur l'ensemble des composantes du vivant. Nous avons été contraintes de séparer ces deux dimensions, ce qui nous apparait comme les deux faces d'une même médaille, dans les parties 2, 3 et 4 en raison du fait que les normes ont encore été pensées en silos dans les Etats européens.

Parallèlement à ce constat, nous avons dû également nous rendre à l'évidence que questionner un droit humain à une alimentation saine et durable impliquait d'approcher quelque peu de multiples aspects et pans du droit connexes, qu'il s'agisse du droit des consommateurs, du droit rural, du droit du commerce international, de l'accès aux terres, etc...Ces aspects ne seront qu'effleurés dans la mesure où ils entrent en collision, en concurrence ou en synergie avec la question centrale de cette étude d'un droit subjectif à une alimentation saine et durable. Il serait prétentieux et irréaliste de vouloir embrasser ces thèmes aussi larges que complexes dans cette modeste contribution. Les aspects de gouvernance parcourent également l'étude, sans être centraux[70], d'autant que notre approche se veut socio-légale.

En effet, la méthodologie utilisée combine la recherche documentaire traditionnelle propre à la discipline juridique à des entretiens semi-directifs afin de permettre une analyse critique d'une étude empirique comparative. Etant donné que nous nous focalisons avant tout sur la fabrique du droit fondamental à une alimentation saine et durable, une approche socio-juridico-politique imprègne l'ensemble de la démarche. La législation et les constitutions étrangères ont été principalement sélectionnées à partir de la base de données FAOLEX[71]. Une approche comparative large est adoptée dans la 2ème partie afin de mieux resserrer

---

70 J. L. Vivero Pol et al., *Routledge Handbook of food as a Commons*, op. cit.

71 FAOLEX Database (http://www.fao.org/faolex/en/). Nous avons également utilisé certaines données disponibles dans cette étude : E. D. Kinney, B. A. Clark, « Provisions for health and health care in the Constitutions of the Countries of the world », *Cornell International Law Journal*, (2004) 37, p. 285.

ensuite l'analyse sur les Etats européens et de procéder à une analyse du droit dans son contexte. Nous avons également largement mobilisé les matériaux disponibles sur les sites des organisations régionales et internationales (notamment du Conseil de l'Europe, de la FAO et de l'OMS). En coopération avec Lise Etienne, Aziliz Le Bourhis et Isabelle Fergusson[72], une quinzaine d'entretiens ont été réalisés entre fin 2020 et mi-2022 avec des acteurs socio-professionnels, décideurs publics et juristes aux niveau national et international.

De plus, cette étude doit se comprendre par l'attachement à deux courants doctrinaux fondamentaux. Premièrement, et ceci ressort explicitement des propos introductifs antérieurs, nous sommes sensibles au courant de l'activisme développé par Ronald Dworkin qui défend le principe selon lequel le droit, loin d'être gravé dans le marbre, doit refléter l'évolution de la morale politique en prenant au sérieux[73] les valeurs fondamentales sous-tendant le système juridique; l'une de ces valeurs fondamentales est celle du principe de dignité humaine, qui, comme nous le verrons, est au cœur du droit à une alimentation saine et durable. De telles valeurs imprègnent fortement les *hard cases*, les cas difficiles qui, pour Dworkin, sont fréquents. Selon Dworkin, la vérité juridique, nécessairement relative, ne résulte pas d'un examen empirique. Surtout, le juriste doit « privilégier une lecture dynamique des données juridiques qui tend à réaliser les idéaux sous-jacents du droit »[74]. Un autre aspect de la conception défendue par Dworkin nous intéresse ici particulièrement: les normes juridiques, évolutives par essence, doivent émerger d'une entreprise collective, d'une pratique sociale fluide et créatrice ou constructive associant divers acteurs, y compris des citoyens. Deuxièmement, la thèse défendue par Dworkin peut être critiquée pour reproduire une morale dominante à un moment donné. En cela, l'apport du mouvement de l'analyse critique du droit (*Critical Legal Studies*) issu du courant nord-américain autour de Duncan Kennedy[75], a le mérite de

---

72 Diplômée d'un M2 en droit comparé, Lise a travaillé comme assistante de recherche et prépare actuellement une thèse sur l'exception agricole. Aziliz et Isabelle ont réalisé un stage à mes côtés.

73 R. Dworkin, *Prendre les droits au sérieux*, op. cit.

74 W. Zagorski, *Introduction aux doctrines juridiques du XX° siècle*, PUF, Collection droit fondamental, 2022, para.151.

75 D. Kennedy, « Legal formality », *Journal of Legal Studies*, 1973, vol.2, n°2, p. 351.

décortiquer le droit non comme un langage de la raison mais comme un langage du pouvoir, ce qui présente l'intérêt de mettre l'accent sur l'appréciation subjective des interprètes de la norme selon des préférences inavouées et moins selon des méthodes argumentatives rigoureuses, tel que le syllogisme judiciaire. Loin d'être une science neutre et objective, le droit est la résultante de forces socio-politiques à un moment donné. Ainsi « le matériel juridique est malléable et il peut être façonné au moyen de procédés d'interprétation et d'argumentation »[76]. Selon une perspective optimiste, il y a lieu de croire qu'un droit à une alimentation saine et durable, tout comme le droit à un environnement sain actuellement mobilisé en justice, peut donc parfaitement être façonné dans l'objectif de promotion d'une vie digne et du respect de la santé globale, y compris du vivant. Selon une vision plus pessimiste, il est réaliste d'appréhender les normes relatives au *droit de* et au *droit à* l'alimentation en Europe comme le reflet d'une domination des acteurs néo-libéraux. En cela, la première partie, qui retrace l'histoire européenne de la lutte autour d'une approche par les droits humains de l'alimentation, permet d'éclairer les enjeux politiques et économiques à l'œuvre.

La question sous-jacente à celle de l'émergence ou non d'un nouveau droit, est ainsi de savoir comment une approche par un droit subjectif fondamental peut contribuer à bifurquer vers des systèmes alimentaires sains et durables. Ce qui comporte les sous-questions suivantes: à partir des obligations positives actuelles, peut-on déduire un droit individuel ou collectif à une alimentation saine et/ou durable? Quels sont les leviers et obstacles à la fabrique, à l'émergence de ce (nouveau) droit? Quelles sont/seraient les composantes d'un tel droit au niveau européen, pour quels titulaires et quels débiteurs? Quelles en seraient les limites? Comment en garantir la mise en œuvre? Comment les deux dimensions (nutritive, durable), longtemps séparées, peuvent-elles se concilier?

Cette étude se structure autour de quatre temps: le premier temps est celui de l'histoire et comment, entre le Conseil de l'Europe et l'Union européenne, la question de l'alimentation saine et celle de la protection des consommateurs ont été posées et ont durablement gravé dans le marbre une approche autre que celle des droits fondamentaux à des aliments

---

[76] W. Zagorski, *Introduction aux doctrines juridiques du XX° siècle*, op. cit.

sains et durables; le deuxième temps est celui de la reconnaissance d'un droit à une alimentation saine ou nutritive en droit comparé; ce qui nous conduira, dans un troisième temps, à scruter les stratégies ponctuelles de quelques Etats à réglementer des substances malsaines (gras, sucres) afin de comprendre comment l'approche par les droits humains est justifiée et contournée. Enfin, nous évaluerons les tentatives plus récentes de trajectoires plurielles vers la prise en compte de la dimension de l'accès à des aliments durables.

1ère partie

COMMENT LES ÉTATS ET ORGANISATIONS EUROPÉENNES ONT HISTORIQUEMENT AFFAIBLI L'APPROCHE PAR LES DROITS FONDAMENTAUX[77]

Introduction

Historiquement, sur la scène internationale, un acte manqué désormais bien documenté s'est produit en 1948 avec l'échec de la Charte de la Havane signée mais jamais entrée en vigueur qui prévoyait une Organisation internationale du Commerce au sein de l'ONU; ce rattachement aurait contraint « cette organisation à prendre en considération les droits de l'homme dans la mise en œuvre de la libéralisation du commerce »[78].

Cet acte manqué au niveau international n'est pas isolé et s'est doublé d'un autre acte manqué, assurément moins connu, cette fois sur la scène européenne, à la fin des années 1990, début des années 2000. L'objectif de cette partie est précisément de faire la lumière sur la rivalité entre les deux organisations que sont le Conseil de l'Europe et l'Union Européenne en termes de compétences mais surtout sur le plan des valeurs et l'impact dans la détermination d'une approche par les droits fondamentaux de l'alimentation.

Dans l'ère de l'Anthropocène dans laquelle nous sommes entrés, et alors que l'impact délétère de l'exposition à un environnement pollué et à des régimes alimentaires malsains a été largement mis en évidence par les scientifiques, il est important d'explorer comment l'organisation européenne dédiée aux droits de l'Homme, à la primauté de l'Etat de droit et à la démocratie, à savoir le Conseil de l'Europe et ses 46

---

77 Ecrit par Elisabeth Lambert.

78 F. Riem (dir.), *Livre Blanc, Alimentation Agriculture*, 2023, Paris, p. 74.

États membres[79], a tenté de promouvoir une approche par les droits fondamentaux pour l'alimentation.

Alors que le réflexe actuel de la quasi-unanimité de la doctrine est de se tourner vers l'Union européenne lorsqu'il s'agit d'étudier la réglementation en matière d'alimentation et de santé des consommateurs, c'est en fait le Conseil de l'Europe qui a initié des activités dans ce domaine. En effet, le 21 octobre 1959, le Comité des ministres du Conseil de l'Europe a adopté une décision autorisant l'Allemagne, la Belgique, la France, l'Italie, le Luxembourg, les Pays-Bas et le Royaume-Uni à poursuivre les activités sociales et culturelles menées au sein de l'Union de l'Europe occidentale « afin d'éviter la duplication des efforts, des pouvoirs et des responsabilités concernant les aspects sociaux et culturels inscrits dans le traité de Bruxelles »[80]. Sur cette base précise, six de ces sept États ont conclu un Accord partiel dans le domaine social et de la santé publique[81], afin

> d'améliorer la qualité de la vie en Europe pour la jouissance effective des droits fondamentaux de l'homme et le respect de la dignité humaine, en relevant le niveau de : – la protection de la santé des consommateurs dans son acceptation la plus large ; – l'intégration des personnes handicapées dans la communauté, [...] le contrôle sanitaire des denrées alimentaires (production et distribution) figurant parmi les sujets à couvrir[82].

---

79 http://www.coe.int.

80 https://www.cvce.eu/en/collections/unit-content/-/unit/02bb76df-d066-4c08-a58ad4686a3e68ff/9059327f-7f8a-4a74-ac7e-5a0f3247bcd3/Resources#73277207-d25041c5-8960-1d8bce9f11aa_en&overlay (8 Avril 2021). Mais il sera difficile pour le Conseil de l'Europe de maintenir son hégémonie sur ces questions comme nous allons le voir, la Commission européenne refusant de partager ses données sur la santé et les activités sociales: A. Ongono Pomme, *L'évolution des relations entre l'Union européenne et le Conseil de l'Europe: entre coopération et concurrence (1958–2014)* (Thèse: Université de Strasbourg, 21 Janvier 2019), p. 201.

81 « Les accords partiels permettent aux Etats membres de s'abstenir de participer à une activité particulière préconisée par d'autres Etats membres. D'un point de vue statutaire, un accord partiel reste une activité de l'Organisation au même titre que les autres activités du programme, la différence étant qu'un accord partiel a son budget et ses activités propres, lesquels sont déterminés par les seuls membres de l'accord partiel » (https://www.coe.int/en/web/conventions/about-partial-agreements, 15 Avril 2021).

82 Comité des Ministres du Conseil de l'Europe [CM(CoE)], Extension des activités du Conseil de l'Europe dans les domaines social et culturel, Résolution (59) 23, 16 Novembre 1959; Comité des Ministres, Accord partiel dans le domaine social et de

Ainsi, l'approche adoptée est clairement ancrée en lien aux droits fondamentaux, et particulièrement au concept de dignité humaine; la santé des consommateurs figure également au cœur de cette stratégie. En 1974, le Comité des Ministres a même confirmé la santé comme l'une des six priorités du Conseil de l'Europe[83].

Par conséquent, dès le début des années 60[84] et surtout depuis les années 90, l'organe législatif du Conseil de l'Europe, l'APCE a manifesté un grand intérêt pour la réglementation de la santé des consommateurs et de la qualité des aliments. Il faut en effet se remémorer le contexte alarmant de l'utilisation toujours croissante de produits chimiques dans l'agriculture, des nouvelles méthodes de traitement et d'emballage des aliments avec l'utilisation de plus d'additifs et/ou de méthodes d'irradiation, ainsi que la crise de l'encéphalopathie spongiforme bovine et de la dioxine dans les années 90[85].

L'objectif de cette partie est de combler une lacune dans la littérature. Notre constat de départ est celui selon lequel le Conseil de l'Europe était censé être bien équipé pour traiter ces questions et avait au moins un rôle complémentaire à jouer. Par conséquent, l'objectif de cette partie est d'analyser comment les organes du Conseil de l'Europe ont contribué à tenter d'impulser une approche par les droits humains pour une alimentation saine pendant la période critique, c'est-à-dire les années 90

---

la santé publique – Propositions du Secrétaire Général visant à étendre les activités à tous les Etats membres du Conseil de l'Europe, CM(2004)63, 14 Avril 2004.

83 CM(CoE), Résolution sur le rôle futur du Conseil de l'Europe, Reso.(74)4, 24 Janvier 1974.

84 APCE, Committee on Agriculture and Rural Development, Recommendation on the control of chemical additives and residues in foodstuffs, Rec. 414(1965), 22 January 1965; Resolution on Europe's agrofood industry and European integration, Res. 857(1986), 30 January 1986.

85 Cf M. Eisso Woltjer: APCE, Rapport, Commission de l'agriculture et du développement rural, Sécurité des consommateurs et qualité des produits alimentaires, Doc. 8194, 14 Septembre 1998. M. Woltjer fut élu à l'APCE du 3 Octobre 1994 au 21 Septembre 1998. Avant cela, il a siégé au Parlement européen du 17 Juillet 1979 au 19 Juillet 1994. Un rapport a été rédigé en 1999 sur « Crise de la Dioxine et sécurité alimentaire »: APCE, Doc.8453, Rapport par M. Etherington, 22 Juin 1999. En 1988, le Bureau régional pour l'Europe de l'OMS publiait: « Alimentation et santé: la prévention des maladies d'origine alimentaire en Europe », OMS, Série européenne, No. 24. (Professeur Philip James). De même, l'Association des consommateurs au Royaume-Uni publiait en 1992 « Food and Health: The Experts Agree », une analyse de 100 études scientifiques faisant autorité sur l'alimentation, la nutrition et la santé publique écrites entre 1961 et 1991.

et le début des années 2000, comment et pourquoi cette organisation a progressivement laissé l'Union européenne prendre le leadership sur ces questions, et comment ce double standard de la protection des consommateurs et des droits de l'Homme s'est manifesté par des hésitations et des décisions peu robustes. Nous tenterons d'analyser si ces activités ont été motivées par une approche basée sur les droits humains (ce qui justifierait un rôle pivot pour le Conseil de l'Europe) ou plutôt par une perspective traditionnelle de protection des consommateurs et/ou de simples objectifs de politiques publiques sans attribution de droits subjectifs à des titulaires. En outre, nous examinerons comment une coopération inter-organisations (y compris avec l'OMS) a été envisagée mais a échoué. La méthodologie utilisée est la méthode traditionnelle de recherche documentaire en droit. Nous avons analysé tous les documents disponibles sur le site internet du Conseil de l'Europe afin d'évaluer comment la question de la réglementation des aliments sains a évolué depuis les années 1960, et surtout depuis les années 1990.

Afin de comprendre comment les activités normatives du Conseil de l'Europe ont été progressivement verrouillées, nous nous interrogerons tout d'abord sur la justification politique de ces actions (I), puis nous examinerons quelles activités ont été initiées dans un esprit de coopération (II) et enfin nous explorerons comment le prétexte du « chevauchement » a été exagéré par quelques acteurs pour étouffer les activités du Conseil de l'Europe en matière de nutrition et de santé des consommateurs (III).

I. La justification de l'implication de l'Assemblée Parlementaire du Conseil de l'Europe et du Comité de la santé publique dans la mise à l'agenda de la santé et de la nutrition

La question de l'alimentation saine a été traitée par deux organes principaux du Conseil de l'Europe: un organe autonome créé par un accord partiel et l'APCE.

A. Naviguer entre les justifications de la sécurité alimentaire et de la santé des consommateurs

L'Accord partiel dans le domaine social et de la santé publique est devenu, au fil des ans, une plateforme majeure de coopération sur les questions d'alimentation saine. Au 1er avril 2004, 18 États étaient parties à l'Accord partiel[86]. Plus spécifiquement, un comité a joué un rôle clé: le Comité d'experts sur la nutrition, la sécurité alimentaire et la santé des consommateurs (PSP-NU); il s'agit d'un organe subordonné du Comité de santé publique qui est le principal organe chargé de réaliser les activités dans le cadre de cet accord et qui a été institué en 1998.[87] Il est important de souligner que la Commission européenne y occupait « un statut participatif spécial » mais les associations représentant l'industrie européenne n'étaient pas autorisées à envoyer des représentants aux réunions du Comité d'experts[88]. Un participant de l'OMS a également été invité à prendre part aux activités. Cela révèle combien ces activités ont été pensées selon une approche inclusive et coopérative avec les autres organisations ayant une compétence ou expertise à faire valoir, à l'exception des acteurs économiques, selon une approche opposée à celle de l'UE.

Le mandat de l'Accord partiel avait été défini de manière assez large pour inclure à la fois la sécurité alimentaire et la santé des consommateurs. La résolution 96(35) du 2 octobre 1996, qui révisa l'Accord partiel dans le domaine social et de la santé publique, reprenait la justification juridique de

> l'élévation du niveau de protection de la santé des consommateurs dans son acceptation la plus large : contribution constante à l'harmonisation – dans le domaine des produits ayant un impact direct ou indirect sur la chaîne alimentaire humaine ainsi que dans le domaine des pesticides, des produits pharmaceutiques et des cosmétiques – des réglementations et pratiques

---

86 Allemagne, Autriche, Belgique, Chypre, Danemark, Espagne, Finlande, France, Irlande, Italie, Luxembourg, Norvège, Pays-Bas, Portugal, Slovénie, Suède, Suisse et Royaume-Uni.

87 Pourtant, fin 1997, trois sous-comités du Comité de santé publique ont été dissous: le Comité d'experts pour le contrôle sanitaire des denrées alimentaires; le Comité d'experts sur les pesticides; le Comité d'experts chargé de la révision de la brochure « Pesticides »: Comité des Ministres, Comité de santé publique, Rapport, 61e session, 25 juin 1998, CM(98)144, 7 août 1998.

88 Comité de santé publique, Mandat du Comité de santé publique, rapports de situation, mandats et programmes de travail des comités d'experts, Public Health Committee and Its Subordinate Bodies, Terms of Reference, Position Statements and Work Programmes, P-SG (2005) 8 Revised, 31 May 2005, p. 20.

régissant, d'une part, les contrôles de qualité, d'efficacité et de sécurité des produits et, d'autre part, l'utilisation sûre des produits toxiques ou nocifs[89].

La même approche duale est ensuite reprise, avec pour objectif de « renforcer le niveau de protection sanitaire des consommateurs et la sécurité alimentaire dans son sens le plus large », et de couvrir ainsi « des problèmes précis relatifs à la nutrition, la sécurité alimentaire et la santé du consommateur »[90].

Bien que le mandat soit très ambitieux, ce Comité a bénéficié de ressources très limitées: pour l'exercice 2005, la contribution des 18 Etats membres au budget de l'Accord partiel s'est élevée à 1.691.700 euros, dont 54% ont été alloués au domaine d'activité de l'objectif n°2 (à savoir la « protection de la santé du consommateur »), l'autre moitié étant consacrée au domaine d'activité de l'objectif n°1 relatif à l'« intégration et protection des droits des personnes handicapées »[91].

A l'époque, la Commission européenne ne disposait pas encore de légitimité sur ces questions; c'est alors que les actions du Conseil de l'Europe tout comme de l'OMS ont pu être perçues comme posant « des défis pour établir le leadership de la Commission en matière de santé publique »[92]. L'objet des lignes qui suivent n'est pas de retracer la stratégie bien documentée de la Commission européenne mise en place à la fin des années 1990 pour traiter les questions de sécurité alimentaire, mais de voir comment le Conseil de l'Europe a adapté son propre positionnement. En 2004, à une époque où l'UE était fortement investie dans le domaine de la sécurité alimentaire, le PSP-NU a soutenu que les travaux relatifs à la nutrition, à l'alimentation et à la santé des consommateurs devraient se poursuivre au sein du Conseil de l'Europe mais a fait évoluer sa position pour se concentrer sur:

---

89 CM(CoE), Résolution (96) 35 révisant les structures de l'Accord partiel dans le domaine social et de la santé publique, 2 Octobre 1996.

90 Comité de santé publique, Mandat du Comité de santé publique, rapports de situation, mandats et programmes de travail des comités d'experts, P-SG (2004) 07, 17 Juin 2004, p. 22.

91 CM(CoE), Résolution sur l'Accord Partiel dans le domaine social et de la santé publique, Budget 2005, Res(2004)33 1 Décembre 2004. Pour 2008, le budget a été réduit à 1,391,200 euros: CM(CoE), Priorités pour 2008, Implications budgétaires, Mémorandum du Secrétaire Général, CM(2007)49, 3 Avril 2007.

92 S. Guigner, « L'odyssée de l'administration européenne de la santé : la quête d'un leadership », (2003) *Politique européenne*, 3 (n°11), pp. 31–56, p. 39.

> La nutrition, les denrées alimentaires et les questions connexes de santé des consommateurs. La promotion d'une alimentation saine (...) devrait être au cœur des activités du Comité. (...) Toutefois, elle estime que la sécurité alimentaire au sens strict – l'objectif que la Commission européenne et l'EFSA s'efforcent d'atteindre en évaluant les substances nutritionnelles de manière isolée – ne devrait pas être traitée par le Comité d'experts. Actuellement, le Comité d'experts est particulièrement préoccupé par les maladies liées à la nutrition, telles que le surpoids, l'obésité et le diabète de type 2[93].

Parallèlement au P-SP-NU, l'APCE (la sous-commission de l'alimentation créée par la commission de l'agriculture et du développement rural) a utilisé une justification cohérente et plus ciblée sur la santé des consommateurs. Contrairement au P-SP-NU, qui est un comité d'experts scientifiques, l'APCE est composée d'élus parlementaires (dont l'expertise n'est pas aussi spécifique). L'APCE a donc exigé que le thème de la sécurité alimentaire soit placé sous le contrôle des ministres de la santé[94]. En 1990, le « problème » à résoudre était de répondre à la demande croissante des consommateurs pour plus d'informations et pour des aliments de qualité en raison de la prise de conscience des interactions entre une alimentation saine et la bonne santé[95]. Selon le rapporteur, la demande des consommateurs doit être prise en compte par les producteurs[96]. En 1998, l'APCE notait que la santé des consommateurs est « en danger »; c'est pourquoi « elle considère nécessaire de mettre à niveau les structures scientifiques et administratives et la réglementation ainsi que les contrôles en matière de sécurité alimentaire »[97]. L'autre argument soulevé par l'APCE est « l'inquiétude grandissante des consommateurs concernant leur alimentation, leur prise de conscience croissante sur l'importance d'une alimentation saine qui ne mette pas

---

93 P-SG (2004) 07, op. cit., p. 23.

94 APCE, Doc. 8453, op. cit.

95 APCE, Doc. 6347, Rapport sur l'étiquetage des denrées alimentaires de qualité, M. Seiler & M. Soares Costa, 11 Décembre 1990.

96 Idem, para. 22 : « S'il désire que l'étiquette le renseigne sur la provenance géographique d'un produit et/ou la méthode de production et d'autres facteurs importants pour lui permettre de choisir son régime, les producteurs doivent lui donner des informations plus complètes, en indiquant par exemple si un produit a été irradié ».

97 APCE, Doc. 8194, Sécurité des consommateurs et qualité des produits alimentaires, Commission de l'agriculture et du développement rural, Rapport de M. Eisso Woltjer, 14 Septembre 1998, para.2.

en danger la santé, leur organisation mieux structurée tant au niveau national qu'européen »; aussi, « le consommateur doit être dûment informé de tout ce qui concerne son alimentation de manière à pouvoir faire ses propres choix alimentaires en toute connaissance de cause »[98].

La position de l'APCE est sans équivoque en faveur des consommateurs compte tenu de leur position vulnérable. Il faut préciser qu'au même moment le Département Alimentation et Nutrition de la FAO utilise également comme seul levier celui des consommateurs: comme l'affirme une des personnes interviewées, « concernant la définition de régimes sains, c'est très difficile de se mettre d'accord [...] nous pouvons seulement travailler sur la partie consommateurs »[99]. Au fil des ans, la même justification a toujours été répétée. Le rapport de 1994 préparé par un parlementaire britannique avait signalé une justification complémentaire (mais non contradictoire): il existe une menace d'augmentation constante du coût économique des dépenses de santé dues à des régimes alimentaires malsains et il est donc urgent d'agir[100].

B. *L'ajout d'une approche timide fondée sur les droits de l'Homme*

La marque de fabrique du Conseil de l'Europe consiste donc en une approche spécifique soucieuse de la santé des consommateurs. En outre, depuis les années 2000, la justification juridique a timidement intégré une approche fondée sur les droits fondamentaux. Comme précurseur, en 1998, M. Voltjer faisait référence au concept de droits de la personne, bien que seuls les droits des consommateurs semblent être couverts. Pourtant, dans la conclusion de son rapport (qui n'est pas reprise dans la recommandation et la résolution correspondantes), il reconnaît que « La sécurité, la santé et la qualité alimentaires sont des éléments essentiels pour l'homme et doivent être considérées comme des droits fondamentaux de la personne »[101]. En 1999, en réponse à la crise de la dioxine, le rapporteur a expliqué la nécessité pour le Conseil de

---

98 Idem, para.3.

99 Entretien n°1.

100 APCE, Doc. 7083, Alimentation et la santé, Rapport de M. Alexander, 29 Avril 1994.

101 APCE, Doc. 8194, op. cit., conclusion, para.1.

l'Europe de réagir avec une approche basée sur les droits de l'Homme en se référant au droit à la santé:

> Les droits de l'homme étant une des justifications premières du Conseil de l'Europe, le droit à la santé doit également faire partie de ses préoccupations. Ce droit étant mis en question dans le domaine alimentaire par des crises récurrentes et qui affectent potentiellement tout notre continent, notre Organisation se doit de développer ses activités dans le domaine de la sécurité alimentaire et de donner une réponse aux inquiétudes croissantes de nos populations[102].

Il convient d'ajouter ici que le droit à la santé, en tant que droit dit de la deuxième génération, n'a pas été incorporé dans la CEDH; plus globalement, les droits économiques et sociaux ne bénéficient pas du même soutien que les droits civils et politiques dans la plupart des États européens et de la part des organisations européennes (Union Européenne comme Conseil de l'Europe), notamment dans le contexte de guerre froide des années 50 et du modèle capitaliste revendiqué. Cela explique pourquoi cette justification, certes pertinente, n'a pas joué le rôle de levier attendu pour justifier la spécificité des actions du Conseil de l'Europe. Une autre tentative a été faite par certains Etats, ceux qui étaient de fervents partisans de la poursuite des activités de nutrition au sein du Conseil de l'Europe, de soulever l'argument d'une interaction profonde entre la santé et les droits fondamentaux de nature civile, en particulier le droit à la vie. Cette position a été soutenue par l'Irlande depuis 2005, tout en partageant l'idée que ce droit ne peut pas être bien protégé dans le cadre du mécanisme de l'Accord partiel[103].

En outre, cette approche basée sur les droits de l'Homme a été explicitement reconnue par le Comité des Ministres, l'organe exécutif du Conseil de l'Europe. Dans sa résolution ResAP(2003)3 sur l'alimentation et les soins nutritionnels dans les hôpitaux, le paragraphe 5 du préambule mentionne clairement que « l'accès à une alimentation variée, saine et sans risque est un droit fondamental de l'être humain »[104]. Ce texte fait

---

102 APCE, Doc.8453, para.44, « Crise de la dioxine et sécurité alimentaire », Recommandation 1417(1999).

103 CM(CoE), Priorités pour 2006 Budget et Programme d'activités, CM(2005)142 Addendum, 22 Septembre 2005, p. 6.

104 CM(CoE), Résolution (2003)3 sur l'alimentation et les soins nutritionnels dans les hôpitaux, 12 Novembre 2003. J. Kondrup, « Proper hospital nutrition as a human right », *Clinical Nutrition* (2004) 23, pp. 135–137.

suite à un questionnaire envoyé aux experts nationaux de douze pays[105]. Une approche similaire a été appliquée au sujet de l'alimentation saine dans les écoles. Ici, la résolution a été adoptée à la suite d'une coopération avec l'OMS. La résolution ResAP(2005)3 réaffirme explicitement dans son préambule que « l'accès à une alimentation saine et sûre est un droit fondamental de la personne »[106], en faisant référence à l'article 24 de la Convention des Nations Unies sur les droits de l'enfant. L'article 24 de cette Convention des Nations Unies reconnaît le devoir de l'Etat de fournir aux enfants une « alimentation nutritive adéquate », qui est conçue comme une composante du « droit de l'enfant de jouir du meilleur état de santé possible »[107].

Ce devoir de l'État et le droit individuel correspondant ont été réaffirmés en 2011 lorsque l'Assemblée a précisé que les États ont le devoir de « garantir aux enfants et aux jeunes l'accès à des aliments plus sains, y compris des fruits et des légumes, et leur disponibilité, en rendant, dans la mesure du possible, les choix alimentaires plus sains abordables »[108]. Dans la résolution 1804(2011), l'Assemblée mentionne le « droit des enfants et des jeunes à la santé et à un environnement sain » (point 3) et se réfère à l'article 24 de la Convention des Nations Unies relative aux droits de l'enfant[109]. Plus largement, selon le Comité des Ministres et le Comité de santé publique, l'expression « consommation alimentaire responsable » implique l'idée que les citoyens doivent être sensibilisés à leurs responsabilités en tant que consommateurs par une information claire, des normes d'étiquetage, des campagnes de sensibilisation et une éducation scolaire[110]. Cependant, toute responsabilité potentielle directe ou indirecte de l'industrie n'est pas couverte. Les citoyens ont donc droit

---

105 A.-M. Beck et al., « Practices in relation to nutritional care and support – report from the Council of Europe », *Clinical Nutrition* (2002) 21(4), 351–354.

106 CM(CoE), Résolution ResAP(2005)3 sur une alimentation saine à l'école, 14 Septembre 2005.

107 UNAG Résolution 44/25, Convention relative aux droits de l'enfant, 20 Novembre

108 APCE, La protection des enfants et des jeunes contre l'obésité et le diabète de type 2, Recommandation 1966(2011), Résolution 1804 (2011), 13 Avril 2011.

109 Idem.

110 APCE, Doc. 11390, Pour une consommation alimentaire responsable, 1 Octobre 2007, Recommendation 1786 (2007). Reply from the CM(CoE), 26 September 2007, para.3 and Appendix 1 to the reply, Opinion of the Public Health Committee (Partial Agreement) (CD-P-SP) on PACE Recommendation 1786 (2007) « Towards responsible food consumption », 1 October 2007.

à l'information et les jeunes à l'éducation en matière d'alimentation saine. A l'époque, l'accent est mis sur une alimentation « saine » (et non point tant sur les aspects de durabilité)[111].

La question se pose de savoir si l'accès à une alimentation saine nécessite des interventions positives de la part des États; en 2011, M. Hancock, rapporteur, suggérait que: « les gouvernements devraient promouvoir la reformulation des produits alimentaires de grande consommation [...]. Cela pourrait se faire en établissant des engagements formels avec les producteurs alimentaires ». En outre,

> Les gouvernements doivent appliquer une réglementation rigoureuse pour ce qui est des allégations concernant la valeur nutritive ou sanitaire des produits alimentaires. Des critères stricts et indépendants (définissant des profils nutritionnels) doivent être élaborés pour identifier les produits qui contribuent effectivement à une alimentation saine et peuvent prétendre à ce type d'allégations. Il importe en effet de ne pas tromper les consommateurs quant au profil d'un produit en matière de santé publique[112].

Il est également suggéré de taxer la malbouffe et de réduire les prix des aliments sains (paragraphe 72): « les gouvernements devraient envisager d'introduire des taxes sur les aliments riches en graisse – en particulier en acides gras trans de synthèse – ainsi qu'en sel et en sucre. Dans le même temps, il conviendrait d'ajuster les prix pour promouvoir la consommation de fruits et légumes et d'autres aliments sains »[113]. Selon des travaux complémentaires, est identifiée comme nouveau sujet à explorer la nutrition sur le lieu du travail, en transposant l'approche basée sur les droits de l'Homme appliquée aux « soins nutritionnels dans les hôpitaux et à l'alimentation à l'école »[114].

En tenant compte des particularités de l'approche adoptée par le Conseil de l'Europe, on peut constater une certaine originalité, en tentant de combiner une protection traditionnelle des consommateurs avec une approche (certes trop timide et trop limitée) basée sur les droits

---

111 Réponse du Comité des Ministres, Doc. 11390, Avis du Comité de santé publique (Accord Partiel) (CD-P-SP) au sujet de la Recommandation 1786 (2007), Pour une consommation alimentaire responsable, 1 Octobre 2007.

112 APCE, Doc 12559, La protection des enfants et des jeunes contre l'obésité et le diabète de type 2, Rapport par M. Hancock, 6 Avril 2011, paras 46 & 60.

113 Idem, para.72.

114 P-SG (2004) 07, op. cit., p. 23.

humains. La dimension saine côtoie donc l'approche par la sécurité sanitaire. Était-ce trop ambitieux pour une organisation disposant de très peu de ressources?

II. Les activités de l'Accord partiel et de l'APCE consacrées à la santé des consommateurs et à la nutrition

Les années 90 et le début des années 2000 marquent l'âge d'or des activités du Conseil de l'Europe dans le domaine de la nutrition et sont caractérisées par une coopération fructueuse avec d'autres organisations internationales.

A. Un apport normatif

En 1998, l'APCE est clairement convaincue qu'il existe un besoin urgent pour une meilleure réglementation aux niveaux international ou européen. En effet,

> La mondialisation de l'économie et la libéralisation des échanges, voire la libre circulation des produits alimentaires en ce qui concerne l'Union européenne, requièrent des mesures et des accords internationaux permettant de garantir la sécurité alimentaire et de prévenir ou de résoudre les conflits, que ce soit à l'échelle internationale (OMC, FAO, OMS) ou européenne (Union européenne, Conseil de l'Europe)[115].

L'APCE, mentionnant l'OMC, la FAO, l'OMS et l'Union européenne, estime qu'aucune organisation n'a pris l'initiative en matière de protection des consommateurs. Par conséquent, la même année, l'APCE demande au Comité des Ministres de préparer une convention-cadre européenne sur la sécurité alimentaire, en invitant l'Union européenne et d'autres organisations internationales à prendre part au processus suivant un avis donné par l'Assemblée Parlementaire. En 1999, l'Assemblée appelle notamment les Etats « à coopérer à la mise en place de règles communes

---

115 APCE, Sécurité des consommateurs et qualité des produits alimentaires, Rec. 1389, 4 Novembre 1998, para.6.

pour une utilisation prudente, restrictive et contrôlée des antibiotiques en élevage »[116]. L'APCE décide notamment d'investir le nouveau thème des aliments fonctionnels. Si l'adoption des « Lignes directrices sur la justification scientifique des allégations santé des aliments fonctionnels », est considérée comme une première étape, l'APCE appelle donc « la poursuite des travaux au niveau intergouvernemental pour la mise en place d'un cadre juridique régissant la nutrition, la sécurité alimentaire et la santé des consommateurs sur le marché émergent des aliments fonctionnels »[117].

Ainsi, l'Assemblée

> appelle les gouvernements des Etats membres et observateurs, en coopération avec l'Autorité européenne de sécurité des aliments, à adopter une définition unique pour désigner les aliments ou les composants alimentaires susceptibles de réduire le risque de survenue d'une maladie donnée ou de problèmes de santé particuliers, afin de faciliter la communication avec les consommateurs et de fixer un cadre juridique adapté; [...] à mettre en place ou à élaborer une législation nationale relative aux allégations santé qui soit conforme aux «Lignes directrices sur la justification scientifique des allégations santé des aliments fonctionnels» du Conseil de l'Europe et qui garantisse la prise en compte d'objectifs de santé publique plus généraux, et aux recommandations nationales et internationales en matière d'alimentation et de nutrition[118].

Dans ce domaine, l'APCE (par le biais de la participation des parlementaires nationaux) était consciente des initiatives nationales[119] et du risque d'actions divergentes. Cette tentative d'harmonisation des

---

[116] APCE, Doc.8591, Interdiction des antibiotiques dans la production alimentaire, Rapport par M. Mikaelsson, 1 Décembre 1999, Recommandation 1446, 27 Janvier 2020, para.9(7).

[117] APCE, Aliments fonctionnels: intérêt du consommateur ou de l'industrie alimentaire? Résolution 1311 (2002), 18 Novembre 2002, para.8.

[118] Op. cit.

[119] Ainsi, le Royaume-Uni a introduit une initiative conjointe sur les allégations relatives à la santé et le code de bonne pratique sur les allégations relatives à la santé pour les denrées alimentaires; les Pays-Bas ont adopté un code de pratique volontaire pour l'évaluation des preuves scientifiques des avantages mentionnés dans les allégations relatives à la santé; la Suède et la Finlande ont adopté une législation nationale interdisant l'utilisation des allégations relatives à la santé et aux médicaments: APCE, Doc. n°9604, Aliments fonctionnels: intérêt du consommateur ou de l'industrie alimentaire?, Rapport par M. Bill Etherington, 16 Octobre 2002, para.55.

législations nationales en conformité avec les lignes directrices du Conseil de l'Europe a reçu le soutien de sa Commission des questions sociales, de la santé et de la famille[120]. Il existait donc une volonté claire de prendre l'initiative pour une harmonisation du droit national et de définir un cadre européen.

Il est très difficile et risqué de mesurer l'impact de telles initiatives; en 2004, le P-SP-NU considérait que ces activités avaient influencé les orientations nationales et européennes dans divers domaines[121]. Sans aucun doute, ces initiatives (avec d'autres facteurs) ont fini par convaincre l'UE de l'importance d'occuper le terrain[122]. Si « l'article 168(4)(b) du TFUE peut sembler avoir été adopté afin de prévoir une compétence explicite de l'UE pour réglementer la sécurité alimentaire dans un sens étroit seulement, cependant, la qualité nutritionnelle n'a pas été explicitement exclue de son champ d'application »[123]. Dès lors, l'UE s'est rapidement efforcée de jouer un rôle de premier plan en matière de sécurité alimentaire, de protection des consommateurs et de nutrition dans un contexte mondial.

Sans prétendre à l'exhaustivité, on peut, au moins tenter de mettre en évidence et synthétiser les quatre piliers sous-jacents aux politiques adoptées à l'Assemblée Parlementaire à Strasbourg.

Premièrement, pour l'APCE et le Comité de la santé, la protection de la santé des consommateurs doit primer sur les intérêts économiques. En 1998, les termes sont assez forts et clairs: « L'Assemblée ne saurait transiger sur la gravité de la sécurité alimentaire dont les pouvoirs publics ont la tutelle finale et dont ils doivent assurer la garantie au seul regard de la santé publique, sans jamais faire prévaloir des intérêts économiques, quelle que soit leur importance »[124]. Cette priorité donnée à la protection de la santé est également implicite dans le rapport consacré aux aliments fonctionnels[125]. En

---

120 APCE, Doc. 9614, Avis de la Commission des questions sociales, de la santé et de la famille, Aliments fonctionnels: intérêt du consommateur ou de l'industrie alimentaire? Octobre 2002.

121 P-SG (2004) 07, op. cit., p. 22.

122 S. Guigner, « L'odyssée de l'administration européenne de la santé : la quête d'un leadership », op. cit.

123 W. W. Huizing Edinger, « Food health law : a legal perspective on EU competence to regulate the 'healthiness' of food », *EFFLR*, 2014(9), n°1, p. 18.

124 APCE, Rec. 1389, op. cit., para.7.

125 APCE, Doc. 9604, op. cit., para. 40.

effet, dans la proposition de recommandation, les parlementaires réitèrent la ligne à suivre selon laquelle il s'agit de « s'assurer que les consommateurs se voient proposer des aliments sains et utiles qui répondent à leur attente et non seulement à des intérêts économiques de l'industrie agroalimentaire »[126].

D'autres intérêts sont également mentionnés, comme dans le premier rapport adopté en 1990 sur l'étiquetage des denrées alimentaires de qualité, puisqu'il est question de s'intéresser aux « producteurs de ces denrées et pour l'économie des régions productrices, et il sauvegarderait une partie importante du patrimoine culturel européen »[127].

Deuxièmement, l'APCE a très tôt affirmé son soutien à la recherche scientifique indépendante. La Recommandation 1244(1994) invite les Etats membres et l'UE,

> à accorder une plus large place à la recherche sur tous les aspects des relations entre l'alimentation et la santé, et la sécurité des denrées alimentaires, et à intensifier la coopération internationale et à promouvoir un consensus des experts aux niveaux national et international dans ce secteur[128].

L'exigence d'une recherche scientifique plus poussée sur les nouveaux risques sert de *leitmotiv*. La résolution 1311(2002) contient pas moins de deux dispositions relatives à la recherche[129]. En conséquence, les parlementaires demandent aux législateurs nationaux de prendre en compte ces études scientifiques et d'appliquer le principe de précaution « notamment dans le cas de produits innovants tels que les organismes génétiquement modifiés »[130]. L'Assemblée appelle également les gouvernements:

> à promouvoir des recherches scientifiques complètes et sérieuses pour étayer les allégations concernant les aliments fonctionnels. Les bénéfices allégués doivent être scientifiquement démontrés et la sécurité de ces aliments doit

---

126 APCE, Doc. 8322, Aliments fonctionnels: intérêt du consommateur ou de l'industrie alimentaire? Proposition de recommandation, présentée par M. Etherington et autres, 10 Février 1999, para.8.

127 APCE, Doc. 6347, Etiquetage des denrées alimentaires de qualité, op. cit., para.40. Mention est faite des aspects culturels: « le patrimoine gastronomique européen et le véritable goût des aliments traditionnels et des spécialités régionales » (para.38).

128 Recommandation 1244(1994), Alimentation et santé, 28 Juin 1994, point 4.2(c).

129 Résolution 1311(2002), Aliments fonctionnels: intérêt du consommateur ou de l'industrie alimentaire, 18 Novembre 2002, para.10.

130 APCE, Rec. 1389, op. cit., point 9.3.

> être évaluée comme il se doit. [...] b. à coordonner, au niveau européen, les recherches sur la nutrition afin de fournir aux industriels des lignes directrices normatives concernant les aliments qu'il convient de produire à des fins de santé publique, au lieu de les laisser en décider en fonction de considérations purement commerciales[131].

Un autre effet du soutien à la recherche scientifique prendrait la forme d'une co-participation des scientifiques et des consommateurs aux procédures de décision et de contrôle[132]. Ce deuxième pilier a pour intérêt majeur la défense d'une recherche publique indépendante coordonnée au niveau européen, afin d'éviter des recherches par des acteurs privés parties prenantes. Toutefois, il comporte à notre sens deux limites non dévoilées ici: la première est liée à la conviction presqu'aveugle d'une réponse consensuelle et possible de la science; or, la science peut être incertaine, incomplète et les décideurs publics, comme les juristes, doivent pouvoir gérer ces incertitudes. La multitude de substances chimiques autorisées sur le marché constitue un rempart indépassable à la complétude des connaissances scientifiques[133]. La seconde est liée au risque d'une « démocratie des experts »[134] succédant à une démocratie délibérative, avec les dérives de batailles d'experts et conflits d'intérêts.

Troisièmement, la priorité est donnée à l'information des consommateurs et à l'éducation des citoyens afin qu'ils fassent des choix responsables. En fait, l'accès des consommateurs à l'information a été le premier sujet abordé par l'APCE[135]. Selon un rapporteur, « le consommateur est en droit d'être pleinement informé sur la composition et l'origine des denrées, et donc de trouver ces précisions sur les étiquettes »[136]. Ce droit est réaffirmé en 1994[137] et 1998[138]. Ce droit à l'information des consommateurs fait consensus au sein

---

131 APCE, Doc. 8453, op. cit., Recommendation 1417(1999), Dioxin crisis and food safety, 24 June 1999, para.9(2).

132 APCE, Rec.1389, op. cit. point 5.

133 F. Dedieu, *Pesticides, Le confort de l'ignorance*, Seuil, Anthropocène, 2022.

134 L. Fonbaustier, *Environnement*, Anamosa, Coll. Le mot est faible, 2021, qui prône une « délibération environnementale » (p. 54) et qualifie une « démocratie des experts » d'« avatar contemporain de République des savants » (p. 50).

135 APCE, Labelling of quality food products, Recommendation 1142(1991), January 1991.

136 APCE, Doc. 6347, op. cit., para.6.

137 APCE, Doc. 7083, Food and health, Report by Mr Alexander, 29 April 1994.

138 APCE, Rec. 1389, 1998.

des institutions européennes, Conseil de l'Europe comme Union européenne. L'information est essentielle pour restaurer la confiance des consommateurs dans les produits alimentaires et leur permettre de prendre des décisions éclairées[139]. De surcroit, information et éducation des consommateurs sont appréhendées comme les deux faces d'une même médaille. La résolution 1311(2002) demande clairement aux Etats de (d) « faire des efforts supplémentaires d'éducation en matière de santé publique pour promouvoir une alimentation équilibrée et une bonne hygiène de vie »[140]. L'éducation et l'information sont considérées comme des éléments clés de la nouvelle politique alimentaire, ce qui déplace la responsabilité sur les citoyens et évite de frontalement devoir encadrer plus strictement l'industrie alimentaire[141].

Quatrièmement, conformément à une approche basée sur les droits fondamentaux, l'APCE a commencé à réfléchir aux enjeux de responsabilité. Si la coresponsabilité des différents acteurs est pointée (agriculteurs, fabricants et distributeurs)[142], les Etats doivent être les garants ultimes de l'accès à l'alimentation saine. Selon les termes du rapporteur M. Woltjer, « les Etats sont les garants de la santé publique et, en tant que tels, sont les derniers responsables de la sécurité alimentaire »[143]. Si les individus se voient reconnaitre un droit fondamental à une alimentation saine, ce droit pourra ainsi être opposé aux Etats en justice.

B. Un esprit de coopération

Les activités du Conseil de l'Europe ont été réalisées dans un climat de coopération avec les autres organisations internationales et régionales, ce qui est reflété par l'analyse des documents d'archives. En 1975, la CEE

---

139 APCE, Doc. 8194, op. cit..

140 APCE, Res. 1311(2002), Aliments fonctionnels: intérêt du consommateur ou de l'industrie alimentaire? para. 10(d).

141 P. Cardon, T. Depecker, M. Plessz, *Sociologie de l'alimentation*, Armand Colin, 2019, chap. 3.

142 APCE, Rec. 1389, Sécurité des consommateurs et qualité des produits alimentaires, 4 novembre 1998, point 4 : « L'Assemblée accorde une grande importance au rôle des différents acteurs intervenant dans la chaîne agroalimentaire (agriculteurs, industriels, distribution) et considère qu'ils doivent être correctement informés et pleinement responsabilisés quant à la mise sur le marché de produits alimentaires sains et sans risques pour le consommateur ».

143 APCE, Doc. 8194, op. cit., para. 2(c).

a publié un « programme préliminaire de la CEE pour une politique de protection et d'information des consommateurs », qui fait référence aux actions déjà effectuées par le Conseil de l'Europe et à « l'importance particulière » de la coopération avec le Conseil de l'Europe[144]. Il semble assez évident que le Conseil de l'Europe a impacté à l'époque les travaux de la CEE; il y est fait référence à « cinq catégories de droits fondamentaux » des consommateurs: « a) droit à la protection de sa santé et de sa sécurité, b) droit à la protection de ses intérêts économiques, c) droit à la réparation des dommages, d) droit à l'information et à l'éducation, e) droit à la représentation (droit d'être entendu) ».

En effet, à Strasbourg, l'APCE et la Commission Santé Publique ont assurément joué la carte de la coopération et de l'ouverture. Dans le rapport sur l'étiquetage des aliments de qualité (1990), les rapporteurs expriment leur « gratitude » à la Commission européenne « pour l'aide précieuse qu'ils leur ont apportée en leur fournissant des informations sur la législation et les pratiques en matière d'étiquetage des denrées alimentaires »[145]. De même, lors de la préparation du rapport de 1994 sur l'alimentation et la santé, l'APCE a préparé et discuté un mémorandum en présence du Dr E. Helsing, responsable de la nutrition du Bureau régional pour l'Europe de l'OMS[146]. Nous étions encore à une époque où la coopération était appréciée et où les actions semblaient pouvoir être menées de concert en valorisant les expertises complémentaires de ces acteurs. En réponse à la recommandation de 1994 sur « l'alimentation et la santé », le Comité des Ministres a implicitement approuvé la coopération existante notant que le Conseil de l'Europe, en collaboration avec l'OMS et la Commission européenne, gère un réseau d'écoles d'éducation à la santé dans toute l'Europe[147].

Surtout, en 1998, l'APCE a proposé la création d'une agence européenne (conjointe) de sécurité alimentaire en demandant au Comité

---

[144] OJEC, Programme préliminaire de la Communauté économique européenne pour une politique de protection et d'information des consommateurs, N° C92/02, 25 Avril 1975, paras 1 & 48 : « L'importance d'une telle collaboration ne saurait être sous-estimée et tout sera mis en œuvre pour maintenir et développer les liens étroits et les relations harmonieuses qui se sont déjà établis ou qui sont en train de s'établir dans le cadre des questions intéressant les consommateurs ».

[145] APCE, Doc. 6347, Etiquetage des denrées alimentaires de qualité, para.4.

[146] APCE, Doc. 7083, op. cit..

[147] CM(CoE), Doc. 7387, Communication du CM, Réponse à la Recommandation 1244 (1994) sur l'alimentation et la santé, 19 Septembre 1995.

des Ministres de mettre en place des comités scientifiques indépendants et des organes où toutes les parties prenantes (le gouvernement, la communauté scientifique, les producteurs, les distributeurs et les importateurs ainsi que les consommateurs) seraient impliquées avant toute prise de décision. L'APCE s'est prononcée en faveur de la création d'« agences nationales de sécurité alimentaire » et a demandé à l'UE « de créer, en coopération avec le Conseil de l'Europe, une agence européenne de sécurité alimentaire » sur le modèle de l'Agence européenne pour l'évaluation des médicaments et « obligatoirement consultée avant toute décision sur la sécurité alimentaire »[148]. Le Conseil de l'Europe proposait comme organes d'expertise: les activités du Comité de santé publique et les travaux de ses trois organes subsidiaires, notamment le P-SP-NU, mais aussi le Comité d'experts sur les substances aromatisantes (P-SP-AR) et le Comité d'experts sur les matériaux entrant en contact avec les aliments (P-SPCDA). Cette proposition est restée lettre morte.

La coopération pouvait aussi revêtir d'autres modalités, tel que le rôle de support et relais du Conseil de l'Europe aux travaux de l'UE: en 1999, à propos de la crise de la dioxine, l'APCE demande:

> i. de permettre l'intervention des services d'inspection de la Commission européenne dans les secteurs alimentaires nationaux, sans restrictions ni préavis, à tout moment et à tous les stades de fabrication des produits alimentaires ; ii. de mettre en conformité leur législation et à appliquer dans les plus brefs délais la réglementation communautaire relative aux questions alimentaires[149].

Le Parlement européen au sein de l'UE a également relevé la nécessité d'agir en conformité avec les lignes directrices élaborées par les instances du Conseil de l'Europe[150].

---

148 APCE, Rec. 1389, Sécurité des consommateurs et qualité des produits alimentaires, point 10.2.

149 APCE, Doc. 8453, Crise de la dioxine et sécurité alimentaire, Recommandation 1417 (1999), 24 Juin 1999, para.9(i) & (ii).

150 Parlement européen, Procédure 2003/0165/COD, COM (2003) 424: Proposition de règlement du Parlement européen et du Conseil concernant les allégations nutritionnelles et de santé portant sur les denrées alimentaires: le rapporteur se réfère aux travaux de l'OMS, du Codex Alimentarius et du Conseil de l'Europe. Le rapporteur, M. Alexander Stubb considère que toute nouvelle réglementation au niveau de l'UE devrait suivre les lignes directrices élaborées par ces autres instances.

La coopération avec l'OMS s'est déroulée de façon très cordiale, même après 2000. Le Forum intitulé "Manger à l'école – faire des choix sains" de novembre 2003[151] a été organisé conjointement avec l'OMS en vue de l'élaboration d'une Recommandation sur ce sujet[152]. Le P-SP-NU a confirmé qu'il existait « une bonne coopération avec l'OMS et un intérêt mutuel à la développer dans le domaine de la nutrition »[153].

Finalement, une suggestion d'avoir des discussions tripartites avec l'OMS et l'UE a également été discutée par le Comité de santé publique en 2004, mais n'a pas été soutenue[154]. Les relations avec l'OMS n'ont donc jamais été appréhendées avec le risque de chevauchement; pour le Secrétaire général du Conseil de l'Europe, la raison en est que l'OMS ne dispose pas de l'infrastructure politique nécessaire et que « l'OMS est souvent désireuse de voir certaines de ses activités reprises par le Conseil de l'Europe et portées au niveau politique par le biais d'une recommandation »[155].

L'approche de complémentarité et de coopération a reçu l'aval du Comité des Ministres, du moins pendant les années 90, tout en alertant sur le risque de duplication. Ainsi, en réponse à la Recommandation 1244(1994), le Comité des Ministres a mentionné les « excellentes relations de travail » avec l'OMS, la FAO et l'UE:

> Le Comité des Ministres est favorable au renforcement de la coopération entre les Etats membres, actuellement parties à l'Accord partiel dans le domaine social et de la santé publique, et les pays d'Europe centrale et orientale qui viennent d'adhérer au Conseil de l'Europe. Par ailleurs, de nombreuses Organisations internationales – telles que l'Organisation Mondiale de la

---

151 Public Health Committee, Committee of experts on nutrition, food safety and consumer health, Draft policy statement concerning nutrition, food and consumer health on healthy eating in schools P-SG (2006) 3, 13 February 2006.

152 I. Yound and al., « Healthy eating at school: a European forum », *Nutrition Bulletin*, March 2005, 3, pp. 85–93.

153 P-SG (2004) 07, Terms of reference of the public health committee, position statements, terms of references and work programmes of the committees of experts, Document submitted by the Secretariat, p. 25. Public Health Committee, Committee of experts on nutrition, food safety and consumer health, Ad Hoc Group – Nutrition In Schools, CDP-SP (2002) 61, 16 December 2002.

154 CM(CoE), Abridged Report of the 73rd Session (Strasbourg, 17 June 2004), CM(2004)171, 27 October 2004, Decisions of the Public Health Committee, p. 2.

155 SG/Inf(2000)2, Inventory of health and health-related activities in the Council of Europe, 24 January 2000.

Santé (OMS), l'Organisation pour l'Alimentation et l'Agriculture (FAO), l'Union Européenne – étant compétentes en matière d'alimentation et de santé, le Conseil de l'Europe, qui entretient avec elles d'excellentes relations de travail, ne saurait dupliquer leurs activités[156].

Toutefois, dès la fin des années quatre-vingt-dix, l'UE veut clairement prendre les devants; il ne faudra que cinq ans à la Commission européenne pour affaiblir le Conseil de l'Europe sur le terrain alimentaire.

III. De la coopération à la concurrence: comment le Comité des Ministres et le Secrétaire Général du Conseil de l'Europe ont ouvert la voie au leadership de l'UE

De toute évidence, l'analyse des relations historiques entre le Conseil de l'Europe et l'UE a dévoilé un mixte de coopération et de concurrence[157]; plus particulièrement, la période fin des années 90 et début des années 2000 marque un tournant stratégique fondamental[158]: la protection des consommateurs, abordée comme une question sociale et avec une approche (même timorée) de droits de l'Homme dans le contexte du droit à la santé au sein du Conseil de l'Europe, sera captée à l'Union européenne dans une perspective de politiques économiques libérales.

A. Imposer un rôle subsidiaire au Conseil de l'Europe

Il ressort de la lecture et de l'analyse attentives des documents que le P-SP-NU a toujours été conçu comme un organisme mort-né. Dès le début de ses activités, il est clairement mentionné que le Comité (relayant

---

156 CO(CoE), Réponse à la Recommandation 1244(1994) relative à l'alimentation et à la santé, op. cit., dernier para.

157 M. Nawparwar, *Europäische Union und Europarat Komplementarität und Rivalität*, 1st ed., Florence : European University Studies Publications, 2014. M. Kolb, *The European Union and the Council of Europe*, 1st ed., Palgrave Studies in European Union Politics, 2013. F. Berrod, B. Wassenberg, *Les relations entre le Conseil de l'Europe et l'Union européenne, Vers un partenariat stratégique?* 1st ed., Strasbourg : Council of Europe ed., 2019, p. 177.

158 Pour Alexandra Ongono Pomme, la période 1987–2014 doit être perçue comme un mélange de « cohabitation coopérative et rivalité hégémonique » : *L'évolution des relations entre l'Union européenne et le Conseil de l'Europe (1948–2014)*, op. cit., pp. 363 et s.

l'avis exprimé par les délégations française et britannique) doit éviter tout doublon avec les activités menées par d'autres organismes internationaux, notamment la Commission des Communautés européennes et l'OMS[159]. Le Comité des Ministres percevait donc cet organe comme un organe subsidiaire, une position pourtant contraire à l'accord conclu en 1959 par lequel les activités sanitaires et sociales devaient être menées au sein du Conseil de l'Europe (précisément pour éviter les doubles emplois entre les deux organisations européennes…). En fait, les délégations britannique et française étaient tout à fait opposées à la création d'un nouveau comité sur la nutrition, la sécurité alimentaire et la santé des consommateurs, arguant que ces activités feraient double emploi avec la Commission européenne et l'OMS[160]. En revanche, le délégué belge a rappelé le fait que le Conseil de l'Europe s'investit sur ces questions depuis trente ans dans le cadre de l'Accord partiel et du Comité de la santé publique[161]. Il a ajouté qu'une approche positive de l'alimentation, de la nutrition et des modes de vie sains devait être adoptée et que,

> Étant donné que la Commission des Communautés européennes n'envisage pas d'initiatives concrètes dans ce domaine, hormis l'établissement de certaines règles prescriptives sur des aliments particuliers, ce processus de réflexion devrait être entrepris par le Comité de santé publique du Conseil de l'Europe et, en particulier, par le nouveau comité de la nutrition, de la sécurité alimentaire et de la santé des consommateurs, dont la création a été proposée et qui est mentionné plus haut[162].

Les Pays-Bas et la Suède ont fait valoir que le risque de chevauchement devrait être évalué après trois années d'activités et, pour le délégué néerlandais, « la force du Conseil de l'Europe devrait être d'être innovant et d'aborder des sujets difficiles afin de les rendre digestes pour les gouvernements et les autres organismes internationaux »[163]. Il est clair que le risque de chevauchement fut apprécié très différemment par les Etats occidentaux, ce qui en fait une question politique stratégique à l'époque.

---

159 CM(CoE), Comité de santé publique, Rapport de la 61° session, CM(98)144, 25 Juin, conclusion para.2.

160 Idem, point 4.

161 Idem, point 4.

162 Idem. Le délégué belge, M. d'Adesky, était fortement favorable à la création de ce nouveau Comité. Il a ensuite rejoint le réseau Nutrition et Activité physique de la Commission de l'UE : https://ec.europa.eu/health/archive/ph_determinants/life_style/nutrition/documents/ ev_20030630_lp_en.pdf.

163 Idem, point 4.

Cette question d'un chevauchement présumé a été constamment soulevée par les mêmes acteurs gouvernementaux entre 1997 et 2004 et relayée par le Comité des Ministres[164]. Il ressort de l'analyse attentive des documents disponibles sur le site du Conseil de l'Europe que le Comité des Ministres a progressivement changé de position à la fin des années 90 et au début des années 2000.

A titre d'illustration, dans sa réponse à l'APCE en 2001, le Comité des Ministres a confirmé « l'expertise » du Conseil de l'Europe sur ces questions[165]; concernant la proposition de l'APCE d'une convention-cadre européenne sur la sécurité alimentaire,

> Il est conscient de la contribution importante que le Conseil de l'Europe pourrait apporter aux travaux en cours dans ce domaine, en raison de la spécificité de son approche, qui vise à promouvoir le bien-être de l'homme et de l'animal, et à proposer des solutions à vocation paneuropéenne.

Tout en ajoutant :

> Il reconnaît, en même temps, que la proposition suscite des divergences de vues et qu'il convient d'éviter, autant que possible, des doubles emplois avec d'autres organisations internationales (notamment la Commission des Communautés européennes, l'OMS, la FAO et la Commission du Codex Alimentarius)[166].

Plus précisément, en ce qui concerne le risque de chevauchement, le Comité estime «qu' Il semblerait néanmoins que l'OMS et la Communauté européenne soient bien mieux équipées sur les plans technique et financier pour s'occuper des problèmes de sécurité sanitaire. D'ailleurs, les programmes et actions entrepris par ces deux organisations sont de nature technique et visent des solutions concrètes »[167].

---

164 CM(CoE), Comité de santé publique, Accord Partiel, CM(2004)48, 17 Mars 2004: « convient qu'il y a lieu de spécifier et d'expliquer davantage la nécessité et l'importance des activités menées par les comités et groupes d'experts et de donner notamment des informations sur le type d'activités menées dans ce domaine par d'autres organisations internationales, en particulier par la Commission de l'Union européenne ». P-SG (2004) 07, op. cit., p. 2. Voir L. Hatcher-Seguy, *De la nutrition à l'étiquetage nutritionnel: une histoire de la domestication marchande et politique des nutriments*, Thèse (Université de Toulouse, 25 Septembre 2014), p. 172, p. 183.

165 CM(CoE), Doc.9010, Communication du Comité des Ministres, Crise de la dioxine et sécurité alimentaire, 27 Mars 2001.

166 Idem.

167 Idem.

Quant à la proposition de l'APCE de créer une agence européenne de sécurité alimentaire, le Comité a estimé que

> Si l'Union européenne décidait d'établir une telle agence, le Comité des Ministres pourrait examiner l'opportunité d'associer le Conseil de l'Europe à ses travaux, notamment par l'élaboration d'un cadre applicable aux questions générales de sécurité sanitaire, et, le cas échéant, à des points particuliers dans ce domaine, telles les questions de perception du public, la protection des droits des consommateurs ou le développement du principe de précaution[168].

Il convient de souligner que le Comité des Ministres a préparé une réponse combinée en mars 2001 à quatre recommandations rédigées par l'APCE de 1998 à 2000, au lieu d'envoyer des réponses séparées. En fait, le Comité des Ministres a pris le temps de préparer une position défensive afin de réagir à une posture toujours plus enthousiaste et progressiste adoptée par les parlementaires de Strasbourg. En ce qui concerne l'Agence de sécurité alimentaire, elle a finalement été mise en place par l'UE, mais davantage sur le modèle de la Food and Drug Administration américaine[169].

Il n'est donc pas surprenant que l'APCE et le P-SP-NU aient été soumis à une pression constante pour justifier la complémentarité de leurs activités et le vide qu'ils étaient censés combler. L'APCE a donc dû identifier les faiblesses des réglementations nationales et communautaires. Dans sa Recommandation 1142(1991), l'APCE constate que l'information des consommateurs n'a pas atteint un niveau satisfaisant et recommande donc au Comité des Ministres d'adopter, entre autres, une Convention[170]. Concernant le thème de la nutrition à l'école, le P-SP-NU a noté que la Commission européenne ne dispose actuellement d'aucune activité sur ce sujet[171].

L'APCE a également tenté de justifier la valeur ajoutée du Conseil de l'Europe en se référant à sa dimension paneuropéenne. Après la chute du

---

168 Idem.

169 A. Alemanno, « The European Food Safety Authority at Five », *EFFL*, 2008(1), pp. 3–4. E. Mathieu, *Regulatory Delegation in the European Union*, 1st ed. (UK: Palgrave McMillan, 2016), pp. 51–84.

170 APCE, Rec. 1142(1991), op. cit., para.2.

171 P-SG (2004) 07, op. cit., p. 25. Aussi, CD-P-SP (2002) 61, op. cit., p. 3: « 2.3. It was pointed out that there was no duplication of work with the Forum's aims and work currently carried out by the Commission of the EU in the same field ».

mur de Berlin, le Conseil de l'Europe a ouvert la voie à l'élargissement aux pays de l'Europe centrale et orientale et se présente alors comme « structure d'accueil » pour ces nouveaux régimes démocratiques[172]. Cette nouvelle vision paneuropéenne du Conseil de l'Europe est mentionnée dans le rapport de 1994 pour justifier l'importance d'une plus grande interaction entre le Conseil de l'Europe et l'UE[173]. L'APCE va également régulièrement interpeller l'UE, par exemple sur l'intérêt d'une réglementation générale européenne qui s'appliquerait au-delà des membres de l'UE[174]. De même, avec la Résolution 1311(2002) sur les aliments fonctionnels, l'Assemblée, « invite la Commission européenne ainsi que l'OMS et la FAO à collaborer avec le Conseil de l'Europe pour harmoniser la législation dans ce domaine au niveau paneuropéen »[175]. Le rapport 9604 correspondant mentionne le fait que, « Le Conseil de l'Europe a été l'une des premières organisations internationales à s'attaquer à la question des aliments fonctionnels en organisant, les 1er et 2 décembre 1998, le premier forum sur ce sujet. Il continue de jouer le rôle de précurseur parmi les institutions européennes [...] »[176]. L'APCE a pris soin de mentionner qu'" aucune législation européenne ne régit aujourd'hui ce domaine particulier "[177]. En 2004, lors de la re-discussion des termes de référence du P-SP-NU, il a été clairement mentionné que ses activités s'inscrivent en complément « des activités menées par les organisations responsables de la sécurité des produits alimentaires, en vue de protéger et de promouvoir la santé des consommateurs »[178].

Pourtant, cette revendication paneuropéenne n'a probablement pas plu aux acteurs de l'UE car elle signifiait que le Conseil de l'Europe

---

172 A. Ongono Pomme, *L'évolution des relations entre l'Union européenne et le Conseil de l'Europe (1948–2014)*, op. cit., p. 409.

173 APCE, Doc. 7083, op. cit., para. « Europe and food ».

174 APCE, Doc. 8194, para.2 (c).

175 APCE, Res. 1311(2002), « Aliments fonctionnels: intérêt du consommateur ou de l'industrie alimentaire? », op. cit..

176 APCE, Doc.9604, « Aliments fonctionnels: intérêt du consommateur ou de l'industrie alimentaire? », 16 Octobre 2002, para.2.

177 Idem. « Detailed rules on labelling, presentation and advertising of foodstuffs (Directive 2000/13/EC) and on nutritional labelling (Council Directive 90/496/EEC) have been established at European level, there is, however, no equivalent European legislation that relates specifically to claims made for functional foods » (para.53).

178 P-SG (2004) 07, op. cit..

bénéficierait d'un certain leadership. L'UE aurait pu « utiliser » le Conseil de l'Europe pour préparer les futurs candidats à l'UE à se conformer aux normes alimentaires, mais cette position n'a apparemment pas été privilégiée. Concernant les « aliments fonctionnels », le rapporteur (M. Etherington) s'est probablement montré trop enthousiaste en affirmant qu'il s'agissait, pour le Conseil de l'Europe, d' « une occasion unique de contribuer à l'harmonisation des lois des différents pays et d'œuvrer à une convention paneuropéenne »[179].

Certains acteurs de l'UE ont pu également être irrités par les appels plus pressants de l'APCE à l'UE pour améliorer la législation alimentaire. En effet, l'APCE s'est sentie légitime pour faire des recommandations directes à l'UE. En ce qui concerne l'éducation et l'information, dans la Recommandation 1244(1994), l'APCE, invite « les gouvernements des Etats membres et l'Union européenne (...) à améliorer l'enseignement scolaire concernant l'importance d'une alimentation équilibrée et saine pour la santé de l'être humain » et « à organiser des campagnes d'information sur des questions d'importance pour le choix d'une alimentation saine par les consommateurs »[180]. Une autre illustration forte est donnée avec la Résolution 1311(2002) sur les aliments fonctionnels où l'Assemblée,

> encourage l'Union européenne à formuler clairement sa position en ce qui concerne les aliments fonctionnels et à s'engager concrètement à développer un cadre réglementaire commun au niveau de l'Union européenne pour les allégations faites au sujet des produits, de manière à garantir une approche harmonisée et cohérente, et notamment à inviter l'Autorité européenne de sécurité des aliments, nouvellement créée, à imposer des conditions pour l'utilisation d'allégations santé et à valider ces allégations.[181]

Sur le même sujet, le rapporteur avait clairement regretté le fait que les lignes directrices élaborées par la FAO comme par l'UE restent d'ordre scientifique alors qu'une approche plus politique et légaliste serait requise « pour définir et réglementer les aliments fonctionnels, les allégations et la communication avec les consommateurs »[182].

---

179 APCE, Doc. n°9604, op. cit., para.4.

180 APCE, Rec. 1244(1994), « Alimentation et santé », 28 Juin 1994, op. cit.

181 APCE, Réso. 1311(2002), 18 Novembre 2002, op. cit.

182 APCE, Doc. 9604, op. cit., para.56.

Il est également fondamental de rappeler le contexte politique plus large de l'époque avec le processus d'élargissement aux pays d'Europe centrale et orientale non seulement au sein du Conseil de l'Europe mais aussi dans le cadre de l'UE[183]. Avec l'adoption de la Charte européenne des droits fondamentaux le 7 décembre 2000, qui contient un article sur la « Protection des consommateurs »[184], la période n'est plus à la coopération, mais plutôt à la concurrence. Par conséquent, dès les années 2000, il semblait urgent pour certains acteurs de reconsidérer la répartition des tâches entre les deux organisations pour éviter une trop grande concurrence[185]. Le 3 avril 2001, une déclaration commune est adoptée dans laquelle la coopération est notamment élargie à la cohésion sociale et qui appelle à une consultation permanente. En 2005, le sommet de Varsovie doit être l'occasion pour le Conseil de l'Europe de s'interroger sur sa légitimité et sa raison d'être. Ce climat de concurrence est confirmé par le « processus de négociation relativement long et difficile »[186] qui a conduit à la signature d'un Mémorandum d'accord le 23 mai 2007[187]. Une coopération accrue doit être réalisée sur un certain nombre de sujets, notamment la cohésion sociale. Dans le même temps, suite à l'adoption des traités de Maastricht puis de Lisbonne, les compétences de l'UE sont élargies à de nouveaux sujets, dont la santé et la protection des consommateurs. Paradoxalement, après le traité de Lisbonne, le Conseil de l'Europe doit se limiter à quelques domaines d'expertise et l'UE bénéficie d'une compétence élargie[188].

---

183 Huit pays (République tchèque, Estonie, Hongrie, Lettonie, Lituanie, Pologne, Slovaquie et Slovénie) et deux pays méditerranéens (Malte et Chypre) ont rejoint l'UE le 1 Mai 2004. La Roumanie et la Bulgarie deviennent membres le 1 Janvier 2007.

184 Article 38: « Un niveau élevé de protection des consommateurs est assuré dans les politiques de l'Union ».

185 F. Berrod, B. Wassenberg, *Les relations entre le Conseil de l'Europe et l'Union européenne,* op. cit. p. 117.

186 M. Kolb, *The European Union and the Council of Europe,* op. cit., p. 141.

187 Mémorandum d'accord entre le Conseil de l'Europe et l'Union européenne, 23 Mai 2007 : selon le para.17, « L'Union européenne considère le Conseil de l'Europe comme la source paneuropéenne de référence en matière de droits de l'Homme ».

188 F. Berrod, B. Wassenberg, *Les relations entre le Conseil de l'Europe et l'Union européenne,* op. cit., p. 147, pour qui le Conseil de l'Europe perd de son influence et l'étiquette d'organisation généraliste au profit de l'UE.

B. Liquider les activités liées à la nutrition

L'annonce orale soudaine faite par le Secrétaire général (Terry Davis en poste depuis 1999) en 2003 de restructurer le secteur de la santé, c'est-à-dire d'intégrer l'Accord partiel dans le domaine social et de la santé publique dans le programme intergouvernemental sur la santé[189], a surpris car elle ne fut précédée d'aucune note écrite ni d'aucun débat. Cette décision, apparemment unilatérale, n'a pas manqué de susciter quelques critiques quant à l'absence de concertation et de transparence. Ainsi, le Comité de santé publique

> 6. demande, et ce, quelle que soit l'initiative que prendra le Secrétaire Général dans l'avenir eu égard à une éventuelle convergence des domaines d'activité de l'Accord partiel avec le programme de travail intergouvernemental dans le domaine de la santé, que les comités directeurs concernés, en particulier le CD-P-SP et le CDSP, soient consultés préalablement à la soumission de toute initiative du Secrétaire Général au Comité des Ministres ;
>
> 7. réitère sa demande au Secrétariat d'opter pour la transparence dans toutes les questions liées à une éventuelle convergence des domaines d'activité de l'Accord partiel avec le programme de travail intergouvernemental dans le domaine de la santé ;
>
> 8. demande au Secrétariat de soumettre les informations relatives aux questions ci-dessus par écrit et en temps voulu aux délégations[190].

Au moins une délégation (les Pays-Bas) a demandé un audit, proposition qui n'a pas été suivie d'effet. Le Secrétaire Général avait manifestement pris déjà la décision, sans réelle concertation, au début des années 2000, de réorganiser les activités de santé au sein du Conseil de l'Europe[191].

Dans le même temps, en 1999, la Commission européenne a décidé de regrouper la santé, la protection des consommateurs et la sécurité alimentaire au sein d'une seule et même direction générale (DG

---

189 CM(CoE), Comité de santé publique (Accord partiel) (CD-P-SP), 15 Octobre 2003, CM(2003)127. Une des justifications du SG de l'époque était de faire profiter aux 45 Etats membres (et non aux seuls Etats parties à l'Accord partiel) de ces activités.

190 CM(2004)48, Comité de santé publique (Accord partiel) (CD-P-SP), Rapport abrégé de la 72e session (Strasbourg, 27 novembre 2003), 17 mars 2004.

191 SG/Inf(2000)2, op. cit.

SANCO)[192] et c'est précisément après 2000 que l'UE a commencé à élaborer une stratégie sur les questions de santé[193].

Côté Conseil de l'Europe, cette restructuration a donné l'occasion d'évacuer les activités consacrées à la nutrition et à la santé des consommateurs et de ne conserver que celles consacrées aux personnes handicapées[194]. En conséquence, le budget de l'Accord partiel a été absorbé dans le budget ordinaire de l'organisation. Finalement, la proposition de créer un sous-groupe sur la « protection de la santé contre les dangers de l'amiante » n'a pas été entérinée faute de temps et de ressources[195]. Suite à cette bifurcation, l'approche par les droits fondamentaux à une alimentation saine a été engloutie sous l'approche de sécurité alimentaire dictée par l'UE[196].

En 2005, le Comité des Ministres a adopté le document intitulé « Activités du Conseil de l'Europe en matière de santé (publique) et activités apparentées: mise en œuvre de l'approche stratégique »[197]. Le texte a été préparé par la délégation néerlandaise qui avait précédemment organisé une conférence en octobre 2003 (pendant sa présidence du Comité des Ministres) à La Haye, comme une ultime tentative pour sauver les activités de nutrition au Conseil de l'Europe. La proposition des Pays-Bas avait été formulée selon une approche visant à exploiter pleinement le potentiel offert par le partenariat tripartite entre la Commission européenne, l'OMS et le Conseil de l'Europe, en tenant compte de la nécessité d'actions paneuropéennes en matière de santé ainsi que des ressources limitées du Conseil de l'Europe. La stratégie adoptée devait être pragmatique et cohérente avec la mission centrale du Conseil de l'Europe comme organisation de défense des droits de l'Homme. Ainsi,

---

192 F. Sauer, « Les ambitions européennes en matière de santé », *RFAP* 2005(1), (n°113), p. 149.

193 Idem, p. 150.

194 CM(2004)171, op. cit., p. 2.

195 CM(2004)48, op. cit.

196 « For years, EU food law has been characterized by an emphasis on food safety rather than nutrition issues » : A. Alemanno, A. Garde, *Regulating Lifestyles in Europe, How to prevent and control Non-Communicable Diseases Associated with Tobacco, Alcohol and Unhealthy Diets ?*, 1st ed, Sieps, CUP, 2013, p. 20.

197 CM(CoE), Activités du Conseil de l'Europe en matière de santé (publique) et activités apparentées: mise en œuvre de l'approche stratégique, CM(2005)37, 11 Mars 2005.

> Dans le cadre de la coopération institutionnelle en Europe (UE, OMS), le Conseil se distingue par la souplesse de ses instruments d'élaboration des politiques, sa compétence paneuropéenne, l'accent mis sur la dimension sociale et éthique et sur les droits de l'homme, par opposition à l'UE orienté principalement vers le marché économique interne et à l'OMS qui privilégie le travail sur le terrain et la lutte contre la maladie. Les centres d'intérêt du Conseil et le fait que sa stratégie associe diverses disciplines, placent l'Organisation dans une situation unique extrêmement importante pour la santé publique en Europe et dans les différents Etats membres[198].

Dans le même temps, des points faibles étaient envisagés, notamment le risque de chevauchements et donc de normes incompatibles tout comme le manque de position proactive par le Conseil de l'Europe, toujours dans l'attente d'une position préalable adoptée par la Commission européenne et l'OMS[199]. Il est indéniable que l'approche trop prudente adoptée par le Conseil de l'Europe s'est retournée contre cette organisation. Une approche stratégique a même été discutée au sein du groupe tripartite (avec l'UE et l'OMS). En fait, en 2007, le Secrétaire Général a noté que même les activités pionnières du P-SP-NU sur la nutrition dans les écoles, les hôpitaux... étaient désormais couvertes par l'OMS et la Direction Générale Sanco[200]. Enfin, il a relevé que «Le faible taux de participation des experts aux réunions de ce Comité semble signaler un intérêt déclinant pour ces activités parmi les États membres de l'Accord partiel»[201]. En conséquence, en 2007, le Secrétaire général a décidé de mettre fin aux activités liées à la nutrition au nom d'une rationalisation visant à éliminer les doublons[202].

Dans le même temps, les activités liées aux produits pharmaceutiques devaient être transférées à l'Accord partiel de la Direction européenne de la qualité du médicament alors que les actions relatives aux cosmétiques,

---

198 CM(CoE), Groupe de Rapporteurs pour les questions sociales et de la santé, Activités du Conseil de l'Europe en matière de santé publique et activités apparentées: vers une approche stratégique, Propositions des Pays-Bas, GR-SOC(2004)9, 23 Mars 2004, para.2(a).

199 Idem, para.2(b).

200 CM(CoE), Groupe de rapporteurs sur les questions sociales et de santé, Propositions du Secrétaire général concernant l'Accord partiel dans le domaine social et de la santé publique, Document d'information du Secrétariat, GR-SOC(2007)6, 15 Mai 2007, para.22.

201 Idem, para.23.

202 CM(2007)49, op. cit., para.47.

aux arômes, aux emballages et à la nutrition étaient supprimées. L'accord partiel dans le domaine social et de la santé publique pouvait ainsi être dissous. Les économies réalisées seraient réaffectées aux activités sur le handicap dans le budget ordinaire[203]. Aujourd'hui, le département général (DG III) dédié à la cohésion sociale et à la santé n'existe plus. Les droits sociaux sont couverts par la DG1 dédiée aux « Droits de l'Homme ». Depuis dix ans, les activités autour des droits sociaux et de la santé se répartissent en trois grands thèmes: la Charte sociale européenne et le Code européen de sécurité sociale, la bioéthique – Abus et trafic de drogues (Groupe Pompidou) et la Pharmacopée (Direction européenne de la qualité du médicament et des soins de santé financée par un accord partiel). Pour les deux premiers thèmes, qui sont couverts par le budget ordinaire du Conseil de l'Europe, les ressources sont assez limitées et ont même tendance à être réduites année après année[204].

Conclusion

Cette partie a ainsi mis en évidence le rôle pionnier joué par le Conseil de l'Europe depuis les années 60, et en particulier depuis les années 90, pour promouvoir la santé des consommateurs en lien à l'alimentation. L'approche du Conseil de l'Europe a consisté à combiner une approche classique par la santé des consommateurs avec une perspective timide mais croissante basée sur les droits fondamentaux. Dans ce contexte, tant le sous-comité créé dans le cadre de l'Accord partiel sur la santé publique que l'APCE ont tenté d'élaborer des normes dans un esprit de coopération et avec une ambition paneuropéenne.

Cette partie a également montré que quelques délégations gouvernementales, main dans la main avec le Secrétaire Général, ont contrecarré le développement de telles normes dès le début des activités du sous-comité. Par conséquent, il ne reste pas grand-chose aujourd'hui de cette approche. Ce tournant historique concernant la réglementation de la santé des consommateurs correspondait à une période de tension entre les deux organisations européennes, qui ont finalement été obligées

---

203 Idem, para.47.

204 Par exemple, le budget s'est élevé à 5,297,300 euros pour 2013 (Programme and budget of the Council of Europe, 2012–2013) pour diminuer en 2019 à 4,068,800 euros: CM(CoE), Programme and budget of the Council of Europe, 2018–2019, CM(2018)1 rev2, 2 October 2018.

de coopérer pour éviter une concurrence féroce. Le Conseil de l'Europe a définitivement manqué l'occasion d'affirmer une vision complémentaire basée sur les droits fondamentaux au-delà de la logique du Marché soutenue par l'Union européenne.

Du côté de l'UE, il est incontestable que l'approche basée sur les droits de l'Homme « a été négligée par les décideurs politiques, et par l'UE plus spécifiquement. Cela peut s'expliquer par le fait que les opérateurs industriels ont détourné le discours sur les droits fondamentaux »[205].

L'analyse historique de la fabrique d'une réglementation sur l'accès à l'alimentation saine est ainsi celle d'une récupération du pouvoir par l'Union européenne au détriment du Conseil de l'Europe, alors qu'une autre approche aurait été possible[206] et même que les deux auraient pu potentiellement subsister. Si le Conseil de l'Europe avait adopté une approche de l'alimentation saine basée sur les droits humains plus offensive, il aurait probablement été politiquement plus facile de justifier sa complémentarité avec l'UE.

Aujourd'hui, il pourrait sembler difficile pour le Conseil de l'Europe d'affirmer une légitimité dans ce domaine. Cependant, à l'heure où la transition agroécologique occupe le haut des priorités et que le droit à une alimentation saine et durable fait, petit à petit, son chemin en droit positif, une nouvelle fenêtre d'opportunité s'ouvre pour le Conseil de

205 A. Alemanno, A. Garde, *Regulating Lifestyles in Europe*, op. cit., p. 20. Traduction non officielle.

206 Comme dans d'autres domaines, compte tenu de la suprématie politique et financière du Conseil de l'Europe: F. Berrod, « Propos conclusifs Le Conseil de l'Europe et l'Union européenne: pour un partenariat renouvelé reposant sur des responsabilités partagées », in *Les relations entre le Conseil de l'Europe et l'Union européenne Complémentarité ou Concurrence*, F. Berrod et B. Wassenberg (dir.), 1st ed., L'Harmattan, fare, Cahiers n°10, 2016, p. 239. Selon M. Kolb, *The European Union and the Council of Europe*, op. cit., p. 205, while the Council of Europe may be described as « an honorable and highly qualified, yet not very powerful, organization », « The EU, on the other hand, is very powerful and this power comes with an attitude, namely Brussels feeling strong enough to ultimately handle all agendas on its own ». Sur d'autres sujets, telle la bioéthique, le Conseil de l'Europe, dans cette même période a su affirmer son expertise et son approche: M. Steffen (ed.), *Health Governance in Europe, Issues, Challenges, and Theories,* Routledge 2005 (chap. 6). S. Guigner, « L'odyssée de l'administration européenne de la santé (...) », op. cit., p.34: « It is first of all a question of leaning on rival institutions in order to take root by relying on already established legitimacies before then attempting to emanicipate itself from rival institutions and, insofar as possible, to impose itself on them ».

l'Europe. Ce n'est pas un hasard si en 2019 une parlementaire française déposait une motion intitulée « Agir pour la santé de toutes et tous via une alimentation et une agriculture saines et durables »[207]. Si celle dernière n'a pas été suivie d'effet, peut-être parce que réclamant frontalement un changement du système actuel d'agriculture, la proposition de résolution rédigée par Simon Moutquin le 27 juin 2022 et intitulée « L'alimentation saine et durable » pourrait donner lieu prochainement à l'adoption d'un rapport. Selon cette proposition,

> L'approche par la protection des consommateurs et la sécurité sanitaire n'est plus suffisante pour répondre aux défis actuels. Dans une perspective One Health, portée par les Nations Unies, la logique faisant de l'aliment un simple bien de consommation doit laisser place à une approche par les droits fondamentaux en définissant des droits, devoirs et responsabilités partagés entre individus, acteurs publics et privés. [...] Il convient de considérer l'alimentation comme un bien commun essentiel à la dignité humaine. Ses liens avec le droit à la vie et à la santé (dimension nutritionnelle), au droit à la liberté de religion et de pensée (dimension culturelle), au droit à un environnement sain (dimension écologique) en font une priorité pour la thématique «environnement et droits humains» au Conseil de l'Europe. [...] L'Assemblée devrait encourager les États membres à assurer, dans leurs législations nationales, la reconnaissance et l'effectivité du droit à une alimentation saine, durable, accessible et adéquate aux besoins individuels et communautaires face aux impératifs de transition agro-écologique et de souveraineté alimentaire.

De la sorte, le Conseil de l'Europe tenterait de renouer avec une approche par les droits fondamentaux, qui, comme nous allons l'étudier lors de la prochaine partie, devient de moins en moins isolée.

---

207 Jennifer De Temmerman, France, LRM, « L'Assemblée parlementaire se doit de promouvoir la mise en place d'un modèle d'agriculture et d'alimentation durable qui permettrait d'utiliser les ressources et l'énergie de manière efficace, de mettre en place des infrastructures durables et d'assurer à tous une meilleure santé et une meilleure qualité de la vie». Cette motion n'a pas été soutenue: APCE, Doc. 14944, Agir pour la santé de toutes et tous via une alimentation et une agriculture saines et durables, 4 Juillet 2019.

2ème partie

LEÇONS COMPARATIVES D'UNE ANALYSE DU DROIT ÉMERGENT À UNE ALIMENTATION SAINE: UNE APPROCHE FRAGMENTÉE[208]

> *« Ce droit [...] n'apparait le plus souvent qu'indirectement, par le biais d'une autre formulation, par le détour d'un autre droit. Il se trouve partout et nulle part ».*[209]

Au cours des vingt dernières années, l'alimentation saine est devenue une question prioritaire de santé publique en raison de l'augmentation alarmante du taux d'obésité et des maladies non transmissibles en population générale. Aujourd'hui, une personne sur neuf dans le monde a faim alors qu'une sur trois est en surpoids ou obèse[210]. « Les maladies non transmissibles (MNT), telles que les maladies cardiovasculaires, le cancer, le diabète et les maladies respiratoires chroniques, sont la principale cause de décès dans le monde et sont responsables d'un peu plus de 70% des décès dans le monde »[211]. Si de multiples facteurs influencent la surcharge pondérale, « les preuves de l'influence de l'environnement immédiat de l'alimentation et des boissons (...) sont accablantes »[212]. En

---

208 Écrit par Elisabeth Lambert.

209 E. Decaux, « Le droit à la vie et le droit à une alimentation suffisante », in *The right to Life*, C. Tomuschat, E. Lagrange, S. Oeter (Eds.), Brill, 2010, pp. 321–322.

210 IFPRI (ed.), *Global Nutrition Report (2020), Action on equity to end malnutrition*, Executive summary, 13.

211 WHO, *Noncommunicable Diseases, Progress Monitor 2020*, Introduction, 1.

212 L. A. Reisch and W. Gwozdz, « Healthy diet as a Global Sustainable Devlopment, Reasons, relationships and a Recommendation », in *Children's rights and Sustainable Development Interpreting the UNCRC for future generations* Claire Fenton-Glynn (ed.), CUP, 2019, pp. 379.

outre, la pandémie actuelle a révélé à quel point l'accès à une alimentation saine et locale est crucial[213].

Cet accent mis sur la nutrition n'existait pas à l'époque où le droit à l'alimentation a été reconnu en droit international des droits de l'homme (perçu alors comme le droit d'être protégé contre la faim). En fait, « la définition de la sécurité alimentaire a subi de nombreux changements au fil des ans, passant d'une définition axée sur la production alimentaire à une définition qui englobe largement la nutrition »[214]. La « croissance de l'industrie alimentaire et la mondialisation d'une alimentation malsaine » ont été qualifiées à juste titre d' « épidémie industrielle »[215] et expliquent cette évolution nécessaire vers l'inclusion de la dimension qualitative. Sans surprise, la dimension nutritive du droit à l'alimentation résulte d'initiatives prises par l'OMS, notamment depuis 2011, et a été fortement relayée par les rapporteurs successifs de l'ONU sur le droit à l'alimentation[216]. En mai 2013, l'OMS s'est alarmée de la nécessité urgente de renforcer la responsabilité, les outils de gouvernance et les mesures politiques afin de créer des environnements favorables à une alimentation saine[217]. La définition de l'OMS adopte une approche conséquentialiste, considérant qu'une « alimentation saine protège contre la malnutrition sous toutes ses formes, ainsi que contre les maladies non transmissibles (MNT) telles que le diabète, les maladies cardiaques, les accidents vasculaires cérébraux et le cancer »[218].

---

213 En France, Résolution adoptée par le Conseil économique, social et environnemental, « Construire demain », juin 2020, 2020–12, mentionnant explicitement le « droit fondamental de chacun à une alimentation saine et diversifiée », 50.

214 A. Ayala, B. Mason Meier, « A human rights approach to the health implications of food and nutrition insecurity », *Public Health Reviews*, 2017, 38:10, p. 2.

215 Idem, 7.

216 AGNU, Rapport d'étape de la Rapporteuse spéciale sur le droit à l'alimentation, A/71/282, 3 Août 2016, paras 57, 93. Également, AGNU, Rapport soumis par le Rapporteur spécial sur le droit à l'alimentation, Olivier De Schutter, A/HRC/19/59, 26 Déc. 2011, para 1.

217 WHO, *Global Action Plan for the Prevention and Control of Noncommunicable Diseases (2013–2020)* [2013], 32.

218 FAO, FIDA, OMS, PAM et UNICEF, *L'état de la sécurité alimentaire et de la nutrition dans le monde, Transformer les systèmes alimentaires pour une alimentation saine et abordable* [2020] Rome, XX.

La question encore inexplorée dans la doctrine juridique contemporaine est de comprendre si nous assistons actuellement à l'émergence d'un nouveau droit subjectif et/ou fondamental à une alimentation saine et/ou durable, ou si la question reste abordée sous l'angle du droit objectif et du devoir pesant sur les Etats et potentiellement d'autres acteurs à permettre l'accès à cette alimentation qualitative. Dans le premier cas, le droit à une alimentation saine constitue-t-il une sous-composante du droit à l'alimentation ou dérive-t-il d'un autre type de droit? Si un tel droit subjectif existe, quel en est le contenu et quelles en sont les limites? Si l'alimentation (comme l'environnement), doit être considérée non pas comme un bien ordinaire mais comme un bien public ou social et donc digne de protection, y a-t-il une spécificité des droits et des devoirs correspondants? Existe-t-il une conception universelle ou sommes-nous davantage face à une approche régionale différenciée? Quels sont les enseignements d'une approche comparative? Plus largement, il convient également de se demander si la manière dont ce droit et/ou ce devoir a été reconnu est suffisante, notamment en Europe, et comment elle pourrait être améliorée.

Si de plus en plus de législations et de constitutions ont intégré des normes sur l'alimentation saine, cette partie devrait conclure qu'il existe une approche très fragmentée d'un point de vue formel et substantiel, notamment entre Etats européens et non européens. Elle devrait démontrer que le droit à une alimentation saine comporte une dimension intersectorielle et qu'il présente certaines similitudes avec le droit à un environnement sain.

I. Une reconnaissance historique limitée sur le continent Européen

Très peu de constitutions reconnaissent le droit à l'alimentation[219] et si tel est le cas, elles couvrent le droit primaire d'être à l'abri de la faim. Ce constat va à l'encontre de la recommandation émise par la FAO demandant en 2010 aux Etats d'inscrire le droit à l'alimentation dans leur constitution afin de lui attribuer une valeur fondamentale[220].

---

219 Seulement 23 constitutions: A. Ayala, B. Mason Meier, « A human rights approach to the health implications of food and nutrition insecurity », op. cit., p. 14.

220 FAO, Guide pour légiférer sur le droit à l'alimentation, Livre 1, FAO, 2010, p. 55.

Toutefois, le concept d'alimentation saine ou nutritive n'est pas absent des dispositions constitutionnelles plus récentes, ce qui n'est peut-être pas sans lien avec la remarque précédente.

A. Une reconnaissance normative au droit à la nutrition peu prégnante

Il est important de concentrer notre analyse, dans un premier temps, sur les dispositions constitutionnelles, pour au moins deux raisons: la reconnaissance constitutionnelle des normes relatives à une alimentation saine indique intrinsèquement une valeur supérieure accordée à la protection de ces intérêts. De plus, « ces dispositions constitutionnelles créent les bases nécessaires au développement ou à la réforme des politiques et législations nationales pour la promotion de la sécurité alimentaire et nutritionnelle »[221]. En réalité, de l'étude de droit comparé, deux approches différentes doivent être distinguées.

Un niveau constitutionnel rarement acquis

Très peu de Constitutions européennes reconnaissent le droit à la nutrition. Les pays européens ont promu l'approche néo-libérale du marché qui « met l'accent sur la non-intervention de l'État, avec la conviction selon laquelle un marché libre permet l'accès à une alimentation saine, alors que le droit international des droits de l'homme est fondé sur la notion que les États doivent intervenir pour respecter, protéger et réaliser le droit à l'alimentation »[222]. Alors que l'approche économique s'apprécie par des objectifs chiffrés, l'approche fondée sur les droits de l'homme « repose sur l'idée que chaque individu peut revendiquer des droits »[223]. Ainsi, un État comme la France ne reconnaît pas le droit à la nutrition[224]. Faute de reconnaissance nationale, le droit à l'alimentation peut rester lettre

---

221 A. Ayala, B. Mason Meier, « A human rights approach to the health implications of food and nutrition insecurity », op. cit., p. 14.

222 S. Narula, « The right to food holding global actors accountable under international law », *Columbia Journal of Transational Law*, 2006 (44), pp. 691 et 701.

223 S. Narula, « The right to food holding global actors accountable under international law », op. cit., p. 702.

224 D. Paturel, « Le droit à l'alimentation, un droit en friche », Les Chroniques 'Démocratie Alimentaire' – Volet 3, Juin 2019 <www.chaireunesco-adm.com/Le-droit-a-lalimentation-un-droit-en-friche> (25 Avril 2021).

morte, même si l'Etat est partie à des conventions internationales dont les dispositions peuvent être considérées comme inopposables en justice car dénuées d'applicabilité directe. C'est le cas du Pacte international relatif aux droits économiques, sociaux et culturels dans un certain nombre de pays européens[225]. Nous rejoignons entièrement la remarque de Jean-François Flauss, pour qui « il est frappant de constater que même les pays européens les plus progressistes en matière sociale n'éprouvent pas le besoin de constitutionnaliser le droit à l'alimentation »[226].

Cet état de fait est lié en partie à la rupture idéologique datant du début de la guerre froide où les droits économiques, sociaux et culturels sont relégués au second rang par les démocraties occidentales. Outre la critique théorique de la pertinence de la distinction entre générations des droits, cette distinction « n'est pas seulement contestée dans ses postulats: elle l'est aussi dans ses conséquences »[227]. Comme l'écrit clairement Jean Ziegler, « le droit à l'alimentation, de même que les droits économiques, sociaux et culturels, doit être mis sur le même plan que les droits civils et politiques, tant en ce qui concerne son statut que son application »[228].

Néanmoins, il existe des exceptions remarquables. L'article II (p) de la Constitution de la Fédération de Bosnie-Herzégovine reconnaît que « toutes les personnes se trouvant sur le territoire jouissent du droit (...) (p) à la nutrition ». Par ailleurs, l'article XX de la Constitution hongroise admet que « (2) La Hongrie favorise l'application effective du droit visé au paragraphe (1) [le droit à la santé] par une agriculture exempte d'organismes génétiquement modifiés, en assurant l'accès à une alimentation saine et à l'eau potable, (...) en soutenant le sport et l'exercice physique régulier, ainsi qu'en assurant la protection de l'environnement ».

De façon remarquable, il est pertinent de constater que la reconnaissance constitutionnelle d'un droit à l'alimentation saine se

---

225 C. Golay, *The right to food and access to justice, Examples at the national, regional and international levels*, FAO, Rome, 2009, p. 52, citant les cas suisse et néerlandais.

226 J.-F. Flauss, « Le droit à l'alimentation en droit international: de la juridicisation à la justiciabilisation? », in *Gastronomie, alimentation et droit: mélanges en l'honneur de Pierre Widmer*, Schulthess, Publ. Coll. De l'Institut Suisse de Droit Comparé, n°46, 2003, p. 391.

227 D. Roman, *La cause des droits.* op. cit.

228 J. Ziegler, *Le droit à l'alimentation*, Essai, Mille et une nuits, 2002, pp. 144–145.

retrouve plus fréquemment dans les Constitutions latino-américaines. L'article 13 de la Constitution de l'Equateur reconnait que « le droit à l'alimentation comprend l'accès libre et permanent à une nourriture suffisante, inoffensive et nourrissante pour une alimentation saine et de qualité, conformément à la culture, aux traditions et aux coutumes du peuple ». Selon l'article 4 de la Constitution du Mexique, « [...] tous les individus ont droit à une alimentation nutritive, suffisante et de qualité ». En Bolivie, selon l'article 16 de la Constitution, « I. Toute personne a droit à l'eau et à la nourriture. II. L'État a l'obligation de garantir la sécurité alimentaire par une alimentation saine, adéquate et suffisante pour toute la population ». À Cuba, l'article 77 de la Constitution se lit comme suit: « toutes les personnes ont droit à une alimentation saine et adéquate ». De manière plus restrictive, en Colombie, « une alimentation équilibrée » constitue l'un des « droits fondamentaux des enfants » (article 44, titre II, chapitre II) et au Mexique, une bonne nutrition est un droit pour les enfants (article 4) et est formulée comme un devoir de l'État pour les communautés indigènes (article 2b, titre 1, chapitre 1).

De manière encore plus stricte, au Bangladesh et en Inde, les Constitutions imposent aux États le devoir d'élever « le niveau de nutrition et l'amélioration de la santé publique parmi ses premiers devoirs ».[229] L'article 23 de la Constitution de la République des Maldives reconnaît que « chaque citoyen a droit à une alimentation adéquate et nutritive et à de l'eau propre ».

La leçon à tirer de cet aperçu comparatif est que très peu de pays européens et comparativement beaucoup plus de pays latino-américains reconnaissent explicitement dans leur Constitution un droit à une alimentation saine; ce dernier est formulé comme un droit individuel propre à toute personne. Une approche plus étroite est parfois adoptée pour limiter les bénéficiaires de ce droit ou pour le formuler uniquement comme un devoir étatique.

Une reconnaissance souvent rattachée au droit à la santé

Dans les années 90, le mouvement naissant de la « santé et des droits de l'homme » autour de J. Mann a mis l'accent sur « le lien inextricable entre la santé et les droits de l'homme » en combinaison avec le concept

---

[229] Article 47, Constitution.

de dignité[230]. L'épidémie de tabagisme des années 90 a également servi de déclencheur pour l'instauration de nouvelles normes[231]. L'alimentation malsaine, comme le tabac à l'époque, est devenue un enjeu de santé publique. Aujourd'hui, selon certains universitaires, le droit à la nutrition doit être entendu comme une composante du droit à la santé[232]. Cette approche est assez largement soutenue par l'ONU, en raison du rôle pivot joué par l'OMS. En effet, selon la Constitution de 1946, l'OMS s'engage à « promouvoir… l'amélioration de la nutrition » (Art. 2) comme moyen d'atteindre « le niveau de santé le plus élevé possible pour tous les peuples » (Art. 1).

En ce qui concerne les traités de droits humains à portée générale, l'article 11(1) du Pacte international relatif aux droits économiques, sociaux et culturels reconnaît « le droit de toute personne à un niveau de vie suffisant pour elle-même et sa famille, y compris une nourriture suffisante, (…) et à une amélioration constante de ses conditions d'existence (…) »[233]. Une distinction est faite entre « le droit de toute personne d'être à l'abri de la faim » (article 11, paragraphe 2) et le droit à la santé (article 12 du même Pacte), par opposition à l'article 25 de la Déclaration universelle des droits de l'homme. Cependant, cette apparente déconnexion entre le droit à une alimentation adéquate et le droit à la santé en 1966 sera réparée par le Comité d'experts des Nations Unies. En effet, l'observation générale n°14 consacrée à l'interprétation de l'article 12, se référant à l'article 25 de la DUDH, commence par affirmer que le droit à la santé dépend de la mise en œuvre d'autres droits tels que le droit à l'alimentation, considérant que le droit à l'alimentation (avec d'autres droits) est « une composante intrinsèque » du droit à la

230 J. M. Mann et al., «Health and Human Rights », *Health & Hum. Rts.*, 1994(1), pp. 7–23.

231 A. E. Yamin, A. Constantin, « A long and winding road: the evolution of applying human rights frameworks to health », *Georgetown Journal of international law*, 2017 (49), pp. 191 et 204.

232 A. McBeth et al., *The international law of human rights*, 2nd ed., OUP, 2017, p. 135. D. Cardenas et al., « Is nutritional care a human right? », *Clinical Nutrition Experimental*, 2019(26), p. 5.

233 En février 2023, 171 Etats sont parties à ce Pacte. Cependant, seulement 26 ont ratifié le protocole facultatif.

santé[234]. En outre, il est souligné que selon l'historique de la rédaction et le libellé explicite, l'article 12.2 reconnait que le droit à la santé englobe un large éventail de facteurs socio-économiques qui favorisent les conditions selon lesquelles les personnes peuvent mener une vie saine, et s'étendent aux déterminants fondamentaux de la santé, tels que l'alimentation et la nutrition[235]. Ayant à l'esprit le concept évolutif de la santé, le Comité interprète le droit à la santé comme un « droit global » couvrant « l'accès à une quantité suffisante d'aliments sains, la nutrition »[236].

L'approche des traités spécifiques s'inscrit dans la même mouvance. Ainsi, l'article 24(2)(c) de la Convention des Nations Unies sur les droits de l'enfant de 1989 oblige les États à fournir aux enfants « des aliments nutritifs adéquats et de l'eau potable », en tant que composante de leur droit individuel à la santé[237]. C'est également la position adoptée par le rapporteur spécial des Nations Unies sur le droit à l'alimentation[238]. La même vision a été confirmée par la Charte européenne sur la lutte contre l'obésité – la Charte d'Istanbul. Pour la FAO, une bonne nutrition est le fondement de la santé et du bien-être humain[239]. Plus clairement encore, l'article 14(2)c de la Charte africaine des droits et du bien-être de l'enfant vise l'accès à « une alimentation adéquate et à l'eau potable » comme une composante du droit à la santé. Dans une communication contre le Nigéria, la Commission africaine a reconnu que le droit à l'alimentation est « un droit individuel inséparable de la dignité inhérente à la personne humaine et indispensable à l'accomplissement d'autres droits fondamentaux également inscrits dans la Charte africaine, y compris,

---

234 Comité onusien des droits économiques, sociaux et culturels, E/C.12/2000/4, Observation générale No. 14 (2000), « Le droit au meilleur état de santé susceptible d'être atteint (article 12 du PIDESC) », 11 Août 2000, para 3.

235 Idem, para.4.

236 Idem, para 11.

237 Ainsi, la Convention relative aux droits de l'enfant a été interprétée comme offrant une base juridique plus solide pour la reconnaissance d'un droit à une alimentation saine et des obligations positives correspondantes pour les États. (B. F. Duramy, « Childhood obesity and positive obligations: a child rights-based approach », *Seattle U. L. Rev.* 2018(42), 87, p. 10.).

238 AGNU, Rapport d'étape de la Rapporteuse spéciale sur le droit à l'alimentation, A/71/282, 3 Août 2016, para.1: « De plus en plus, le droit à une alimentation adéquate est reconnu comme un élément essentiel du droit à l'alimentation et du droit à la santé ».

239 FAO, *La situation mondiale de l'alimentation et de l'agriculture, Mettre les systèmes alimentaires au service d'une meilleure nutrition*, Rome, 2013.

en particulier, les droits à la santé, à l'éducation et à la participation politique »[240].

Au niveau national, quelques États ont également établi un lien explicite entre le droit à une alimentation saine et le droit à la santé. En Hongrie, le droit explicite d'accès à une « alimentation saine » fait partie du droit à la santé[241]. C'est également l'approche adoptée par la Suède: selon l'article 1er de la loi sur l'alimentation (8 juin 2006), « cette loi vise à assurer un niveau élevé de protection de la santé humaine et des intérêts des consommateurs en matière d'alimentation »[242]. En Espagne, le droit à la sécurité alimentaire (essentiellement le droit de connaître les risques pour la santé que présentent les denrées alimentaires) est clairement lié aux questions de santé publique[243]. Les pays d'Amérique latine ont adopté une approche similaire: ainsi, l'article 2 de la Ley N° 775 bolivienne énonce que « l'objectif de cette loi est de contribuer à l'exercice du droit humain à la santé et à une alimentation saine, adéquate et suffisante pour vivre bien »[244]. Au Panama, l'article 110 de la Constitution reconnait qu' « en matière de santé, l'État a pour obligation principale de développer (...) 1. L'établissement d'une politique nationale d'alimentation et de nutrition (...) ». Selon l'article 32 de la Constitution de l'Equateur, « la santé est un droit garanti par l'Etat et dont la réalisation est liée à l'exercice d'autres droits, parmi lesquels le droit à l'eau, à l'alimentation, à

---

240 African Commission on Human and Peoples' rights, 155/96: *Social and Economic Rights Action Center and Center for Economic and Social Rights v Nigeria*, para 65. Commission Africaine des droits de l'Homme et des peuples, Principes et Lignes Directrices sur la Mise en Œuvre des Droits Économiques, Sociaux et Culturels dans la Charte Africaine des Droits de l'homme et des Peuples, para 84.

241 Article XX, Constitution.

242 Le droit à une alimentation saine découle implicitement du droit constitutionnel à la santé: Instrument de gouvernement (Suède, 1994, amendé en 2015), Art. 2: « En particulier, les institutions publiques garantissent le droit à l'emploi, au logement et à l'éducation, et favorisent l'aide sociale et la sécurité sociale, ainsi que des conditions favorables à une bonne santé ».

243 Article 1, Ley N° 17/2011 – Ley de seguridad alimentaria y nutrición.

244 Ley N° 775 – Ley de promoción de alimentación saludable. (8/1/2016): La définition d'une alimentation saine est donnée à l'article 7(c): « C'est un régime alimentaire varié, de préférence à base de produits bruts ou ayant subi un minimum de transformations, qui fournit l'énergie et les nutriments dont chaque personne a besoin pour rester en bonne santé, lui permettant ainsi d'avoir une meilleure qualité de vie à tout âge ». Ce lien entre alimentation saine et produits peu ou pas transformés est assez inédit.

l'éducation, au sport, au travail, à la sécurité sociale, à un environnement sain et à d'autres droits qui favorisent un bon mode de vie ».

Ainsi, le lien entre alimentation saine et droit à la santé a souvent été établi par les Constitutions ou législations antérieures aux années 90.

B. Les raisons d'une approche limitée en Europe

L'approche des droits de l'homme n'a pas mis fin à l'approche par la protection des consommateurs qui a émergé historiquement en Amérique du Nord et en Europe occidentale et semble offrir une voie moins large et moins efficace[245].

Une approche historiquement fondée sur la protection des consommateurs

En Europe, une autre approche par la protection des consommateurs est apparue depuis les années 80 à la suite d'initiatives adoptées au niveau de l'UE. Pendant plusieurs décennies, le discours libéral a eu tendance à « considérer le marché libre comme un mécanisme d'échange efficace et efficient, dépourvu de graves injustices »[246]. La littérature juridique a proposé une classification en trois systèmes: « un modèle protecteur (avec l'Italie, le Portugal et l'Espagne), un modèle modéré (Allemagne) et un modèle libéral (Royaume-Uni, Autriche) »[247].

En effet, la Constitution espagnole est assez unique en ce qu'elle impose à l'État des devoirs de protection de la santé des consommateurs[248], en promouvant leur information et leur éducation et en favorisant leur organisation et leur capacité à se faire entendre (article 51). L'article 60 de la Constitution portugaise va plus loin en reconnaissant explicitement les droits des consommateurs « à la bonne qualité des biens et services consommés, à la formation et à l'information, à la protection de la santé,

---

245 Voir *mutatis mutandis*, C. Ondersma, « A human-rights approach to consumer credit », *Tulane Law Review*, 2005(90), p. 373.

246 G. Larsen, R. Lawson, « Consumer rights: an assessment of justice », *J Bus Ethics*, 2013(112), p. 517.

247 M. Butt, J. Kübert, C. Schultz, *Fundamental social rights in Europe*, Working paper, European Parliament, DG for research, 1999, p. 11.

248 Voir aussi Article 76 de la Constitution polonaise et l'article 70 de la Constitution du Montenegro.

de la sécurité et de leurs intérêts économiques, et à la réparation des dommages ». En outre, les associations et groupements de consommateurs « bénéficient d'une légitimation ad causam pour la défense de leurs membres ou d'intérêts collectifs ou généraux ». Cette disposition est complétée par l'article 52, qui traite du « droit de pétition et du droit d'action populaire », lequel couvre explicitement « les infractions à la santé publique, aux droits des consommateurs (…) ». La protection des consommateurs est également reconnue dans certains pays d'Amérique du Sud, comme au Brésil (article 5, section XXXII). Ainsi, les droits des consommateurs englobent des droits substantiels et des droits procéduraux. Pourtant, en Europe, la priorité a été donnée au contenu procédural[249].

Plus récemment, des universitaires ont fait valoir que les droits des consommateurs devraient être considérés comme des droits humains, ce qui aurait pour avantage de renforcer leur protection[250]. Bien que les Principes directeurs des Nations Unies pour la protection des consommateurs[251] reconnaissent un certain nombre de droits (notamment « la protection contre les risques pour leur santé et leur sécurité », « l'accès à une information adéquate », « l'éducation des consommateurs » et « l'existence d'un système efficace de règlement des litiges et de recours pour les consommateurs »), ces derniers ne sont toujours pas considérés comme des droits fondamentaux. Pourtant, rien ne s'oppose à ce que les États empruntent cette voie. Il pourrait en effet être soutenu que les citoyens méritent protection en qualité même d'êtres humains, et non par leur statut réducteur d'acteurs sur le marché, de « consommateurs »

---

249 Selon G. Larsen et R. Lawson, ceci « is not surprising, as the primary function of markets and marketing is to bring producers and consumers together »: G. Larsen, R. Lawson, « Consumer rights: an assessment of justice », op. cit., p. 521.

250 S. Deutch, « Are consumer rights Human rights? », op. cit., 540: « The effect of recognition could influence the following issues: (1) creating additional legislation on consumer protection where such legislation is lacking; (2) promoting the enforcement of existing laws and regulations; (3) balancing consumer rights and other conflicting human rights, such as freedom of contract or freedom of occupation; (4) influencing governments and the judiciary to intervene within the existing legal rules and regulations; and (5) interpreting current legal rules to avoid conflict with other human rights ». I. Benöhr, *EU consumer law and human rights*, OUP, 2013.

251 Adoptés par l'Assemblée Générale des Nations Unies le 16 avril 1985 (Résolution 39/248) et révisés le 22 Décembre 2015 (résolution 70/186).

puisque comme nous l'avons vu, l'alimentation saine est intimement liée au concept de vie digne. La condition de droit fondamental suppose également une opposabilité aux Etats, ultimes gardiens d'une alimentation saine et durable à même de garantir une vie dans la dignité, en plus de reconnaitre les acteurs privés (industriels, voire producteurs) comme redevables de ces droits.

La Cour européenne des droits de l'homme n'a pas adopté d'approche spécifique concernant la protection des consommateurs, appréhendée classiquement sous l'angle de la CEDH, notamment concernant la liberté d'expression[252]. Les consommateurs sont donc protégés en tant que personnes humaines titulaires de droits fondamentaux. Elle a pu juger notamment que la « question de protection des droits des consommateurs (...) relevait donc d'un débat qui présentait un grand intérêt public »[253]. Dans cette perspective, les consommateurs pourraient être appréhendés comme groupe vulnérable (car placés en situation d'infériorité vis-à-vis des industriels) soumis à la force du Marché et par conséquent comme devant bénéficier d'une attention spéciale lorsque l'interprétation et mise en œuvre de leurs droits fondamentaux sont appréhendées. Cette voie nous semble plus opportune que celle consistant à détacher les droits des consommateurs des droits fondamentaux pour leur conférer un régime particulier avec le risque de normes moins protectrices. Ce serait également omettre le fait que les droits à l'alimentation, à la santé, à une vie digne, à un environnement sain, avec lesquels l'accès à l'alimentation saine et durable est intimement lié, ont le statut de droits humains fondamentaux.

L'absence de levier par les normes européennes

Inévitablement, les dispositions nationales interagissent avec les développements normatifs issus des niveaux régionaux/européen et international. Or, le droit européen n'a pas pu jouer le rôle de levier. En effet, le droit européen ne reconnaît pas, explicitement ou implicitement, le droit à une alimentation saine et/ou adéquate, ni le droit à un niveau de vie adéquat. Par conséquent, c'est de manière très limitée, indirecte et prétorienne que le droit européen a pris en considération un droit

[252] CourEDH, Koniuszewski v. Poland, no. 619/12, arrêt, 14 Juin 2016.

[253] CourEDH, Haldimann et autres c/ Suisse, no 21830/09, arrêt, 24 février 2015, para.56.

à l'alimentation. Le droit à la nutrition est donc, en Europe, une construction jurisprudentielle. Il incombe d'examiner, tant au niveau de la Charte sociale européenne que de la CEDH, les développements qui ont eu lieu.

La disposition la plus pertinente de la Charte sociale européenne est l'article 11 consacré au « droit à la protection de la santé »[254]. A partir d'une analyse critique de toutes les décisions adoptées jusqu'à présent par le Comité d'experts, il est possible de déduire de l'article 11 l'existence d'un devoir des Etats d'informer et d'éduquer les citoyens à une alimentation saine considérant l'impact sur la santé d'une nutrition déséquilibrée. C'est principalement sur la base du paragraphe 2 (et dans une moindre mesure sur la base des paragraphes 1 et 3), que cette obligation implicite intégrée dans les politiques de prévention en matière de santé publique a été formulée, sous le titre « éducation à la santé ». Cette obligation inclut le droit individuel et collectif correspondant des élèves, des étudiants et de toute personne à une éducation à une alimentation saine. Selon la formulation du Comité, il convient toutefois de distinguer deux niveaux d'actions d'où découlent deux approches différentes: prévenir les activités nuisibles à la santé (tabac, alcool, drogues) et promouvoir le développement du sens de la responsabilité individuelle (alimentation saine, éducation sexuelle, environnement). Le but de cette information et de cette éducation est de permettre aux individus d'évoluer vers un comportement individuel responsable[255]. Par conséquent, le Comité de la Charte sociale semble calquer son approche sur celle dominante du Marché en Europe selon laquelle il s'agit moins d'interdire ou d'encadrer les activités des industriels que de mieux informer les consommateurs, ce que la littérature en sociologie a qualifié de « gouvernement des conduites »[256]. Quant au cadre scolaire, l'accès des enfants à des repas équilibrés dans les cantines est obligatoire afin de les former à des

---

254 Selon l'article 11, rédigé sous forme de devoir incombant aux Etats, les parties s'engagent à prendre des mesures « tendant notamment: (1) à éliminer, dans la mesure du possible, les causes d'une santé déficiente; (2) à prévoir des services de consultation et d'éducation pour ce qui concerne l'amélioration de la santé et le développement du sens de la responsabilité individuelle en matière de santé; (3) à prévenir, dans la mesure du possible, les maladies épidémiques, endémiques et autres, ainsi que les accidents ».

255 Par ex.: ECSR, Conclusions 2005 Estonia, art. 11(2).

256 S. Dubuisson-Quellier (dir.), *Gouverner les conduites*, Presses de Sc Po, Coll. Académique, 2016, 480 pages.

habitudes alimentaires saines. Ici, une approche plus directive serait requise puisque les enfants ne seraient pas en mesure d'opérer des choix suffisamment informés. Le Comité opère ainsi une distinction selon les titulaires du droit à la protection de la santé, dont fait partie l'accès à une alimentation saine.

Quant au mécanisme de la CEDH, la Cour de Strasbourg est appelée à se prononcer très indirectement et exceptionnellement sur l'accès à une alimentation saine dans le cadre de l'appréciation des conditions de détention au regard de l'article 3 de la CEDH (protection contre la torture et traitements inhumains et dégradants). L'accès à une alimentation saine est donc un élément à prendre en compte, parmi d'autres, dans l'appréciation des conditions de détention. En effet, « (...) l'obligation des autorités étatiques de garantir la santé et le bien-être général d'un détenu comprend, entre autres, l'obligation de lui fournir une alimentation adéquate »[257]. Comme une violation de l'article 3 n'est reconnue que lorsqu'un certain seuil de gravité est atteint, la portée de cette reconnaissance a des effets limités[258]. L'absence totale de nourriture est une violation de ce droit[259], ainsi que des repas qui ne sont pas suffisamment équilibrés (par exemple, manque de protéines ou manque de fruits et légumes) ou insuffisants en quantité. Dans ces cas, la Cour a adopté une approche conséquentialiste s'interrogeant sur le point de savoir si l'alimentation inadéquate avait un impact négatif sur la santé du détenu[260]. Il existe donc une dimension quantitative et qualitative de l'alimentation adéquate. La diversité des aliments proposés est probablement le facteur le plus important pour la Cour[261]. Plus précisément, la Cour se réfère souvent aux rapports du Comité européen pour la prévention de la torture (CPT) lors de ses visites de centres de détention[262]. Pour le CPT, le droit des détenus à une alimentation adéquate est absolu (non dérogeable), ce qui permet

257 CoursEDH, Tyuryukov v Ukraine, no 35627/10, arrêt, 18 Juin 2020, para 58. Traduction non officielle.

258 De façon récurrente, une combinaison de nourriture inadéquate et d'autres conditions inhumaines de détention permettra de conclure à une violation de l'article 3: *Becciev v Moldova*, No 9190/03, arrêt, 4 Octobre 2005, para 47. *Strelets v Russia*, No 28018/05, arrêt, 6 Novembre 2012.

259 CoursEDH, Beketov v Ukraine, no 44436/09, arrêt, 19 Février 2019, para 144.

260 CoursEDH, Kurkowski v Poland, no 36228/06, arrêt, 9 Avril 2013, para 60.

261 CoursEDH, Malechkov v Bulgaria, no 57830/00, arrêt, 28 Juin 2007.

262 Idem, para 142.

d'inférer le lien implicitement établi entre droit à l'alimentation et droit à une vie digne[263] et l'adéquation de l'alimentation dépend d'un régime varié et équilibré[264]. La Cour de Strasbourg a exceptionnellement fait référence à des normes externes tel que l'article 28 de la Convention des Nations Unies relative aux droits des personnes handicapées, bien qu'aucune disposition de la CEDH (contrairement à la Charte africaine) n'autorise la Cour à le faire (ni ne l'interdise d'ailleurs).

Il n'est pas exclu que la Cour de Strasbourg soit saisie à l'avenir d'affaires invoquant l'impossibilité d'accès à une alimentation saine, au-delà du cas des détenus. Il existe déjà de rares affaires où la Cour a eu à se prononcer sur l'accès défaillant à l'eau potable. Dans l'affaire Khan contre France[265], se référant, entre autres, à des rapports publics notant l'alimentation en eau potable « manifestement insuffisante » dans le « bidonville » de la zone sud de la « lande » de Calais, la Cour a conclu à une violation de l'article 3 CEDH. Dès lors que le seul fondement utilisé est l'article 3, il sera difficile pour la Cour de reconnaitre une violation des engagements de l'Etat, sauf situation d'extrême gravité. Plus intéressante à ce titre est une décision de 2015 où la requérante allègue un « droit à l'eau potable » non au titre de l'article 3 mais sur le fondement de l'article 8 CEDH (droit à la vie privée)[266]. Cependant, la Cour n'a pas eu à se prononcer sur l'existence d'un tel droit dans le cas d'espèce.

Un arrêt récent mérite ici d'être cité car les énoncés qui y sont formulés pour le droit à l'eau pourraient être, demain, transposés au droit à l'alimentation; la Cour de Strasbourg émet effectivement des énoncés généraux « en matière socio-économique ». Dans l'arrêt Hudorovic et autres c/Slovénie[267], la Cour a admis l'applicabilité de l'article 8, au motif que « bien que l'accès à l'eau potable n'est pas, en lui-même un droit protégé par l'article 8 de la Convention », « cependant […] un défaut d'accès ancien et persistant à l'eau potable peut donc, par sa nature même, avoir des conséquences néfastes sur la santé et la dignité humaine,

---

263 Georgia (Abkhazia) D. Dranda Psychiatric Hospital, Visit 2009, CPT/Inf (2009) 38, Section 34/41, 8 December 2009, para 88.

264 Northern Ireland, C. Shannon Clinic Medium Secure Psychiatric Unit, Visit 2017, CPT/Inf (2018) 47, Section 33/39, 19 Mars 2018, para 98.

265 CourEDH, Khan c/France, no 12267/16, arrêt, 28 février 2019.

266 CourEDH, Radu c/Roumanie, Requête no 12899/06, 27 janvier 2015, décision, para.15.

267 CourEDH, Hudorovic et autres c/Slovénie, no 24816/14 & 25140/14, 10 mars 2020.

heurtant ainsi dans sa substance même le droit au respect de la vie privée et du domicile, au sens de l'article 8 »[268]. Toutefois, sur le fond, elle évoque le fait que « dans un domaine socio-économique (…), la marge d'appréciation dont jouit l'Etat est forcément étendue ». Elle ajoute également estimer « que, dans les matières appelant une hiérarchisation par l'Etat des priorités lorsqu'il s'agit d'affecter ses ressources limitées, les autorités nationales sont mieux placées que le juge international pour le faire »[269]. L'appel au principe de subsidiarité peut paraitre étrange dès lors que de l'accès à l'eau potable, comme l'a reconnu la Cour plus avant (para.116), dépend le droit absolu à la vie. Face aux exigences actuelles liées à la transition climatique, où précisément la rareté des ressources et donc l'habitabilité sur terre sont en cause, n'incombe-t-il pas à la Cour européenne de fixer une hiérarchie des valeurs, puisque précisément ce ne sont plus les intérêts de l'Etat qui doivent être invoqués, mais les intérêts d'une planète habitable et du vivant à des conditions de vie digne? La Cour de Strasbourg reste enfermée dans une approche strictement étatique et néolibérale, dans une vision formaliste du droit faisant la part belle au principe de subsidiarité; elle est engluée dans l'approche du monde d'avant pour reprendre les termes de Bruno Latour. Or, pour reprendre sa formule célèbre, « nous avons changé de monde »[270].

Selon les juges de Strasbourg,

> la question du degré de réalisation de l'accès à l'eau et à l'assainissement repose en grande partie sur une analyse complexe et propre à chaque pays des divers besoins et priorités appelant un financement. A ses yeux, les Etats doivent disposer d'une grande latitude dans l'évaluation de ces priorités et dans les choix législatifs qu'ils opèrent, compte tenu de la marge d'appréciation étendue dont ils jouissent en matière socio-économique[271].

Alors que l'accès à l'eau potable est pour le moins vital, la Cour énonce qu' « il ne faut pas y voir une obligation de supporter toute charge que représente l'approvisionnement en eau courante des domiciles des requérants » (para.156). Or, la question devrait être abordée non seulement sous l'angle des « besoins », mais aussi des « ressources » et surtout

---

[268] Para.116.

[269] Para.141.

[270] B. Latour, *Habiter la Terre*, Entretiens avec Nicolas Truonc, Les Liens qui libèrent, Arte éditions, 2022, p. 38.

[271] CourEDH, Hudorovic et autres c/Slovénie, no 24816/14 & 25140/14, para.144.

selon une hiérarchisation des priorités à une époque où l'habitabilité sur terre devient plus compliquée pour un certain nombre d'individus, à commencer par les groupes minoritaires discriminés, comme les membres de la communauté rom dans la présente affaire. La question doit être également appréhendée non selon l'opposition idéologique des droits civils et politiques d'une part, aux droits économiques, sociaux et culturels d'autre part, mais précisément comme un droit en lien à une vie digne, et donc comme un droit hautement prioritaire dans le cadre de la CEDH.

Outre le Comité de la Charte sociale et la Cour de Strasbourg, le Comité des Ministres, sous l'impulsion de l'Assemblée parlementaire du Conseil de l'Europe (APCE)[272], a adopté une approche timide mais utile fondée sur les droits humains pour certaines catégories de personnes. Dans la Résolution (2003)3 « sur l'alimentation et les soins nutritionnels dans les hôpitaux », adoptée par le Comité des Ministres le 12 novembre 2003, le paragraphe 5 du préambule mentionne clairement que « l'accès à une alimentation variée, saine et sans risque est un droit fondamental de l'être humain »[273].

Une approche similaire a été appliquée au thème de l'alimentation saine à l'école avec la Résolution (2005)3 adoptée par le Comité le 14 septembre 2005 qui réaffirme explicitement en préambule que « l'accès à une alimentation saine et sûre est un droit humain fondamental », en faisant référence à l'article 24 de la Convention des Nations Unies sur les droits de l'enfant. Selon cette résolution, les États ont le devoir de fournir aux enfants scolarisés des repas sains et abordables. Ce devoir de l'État et le droit individuel correspondant ont été réaffirmés en 2011 lorsque l'APCE a précisé que les États ont le devoir « de garantir l'accès à des aliments plus sains et leur disponibilité, notamment des fruits et légumes, pour les enfants et les jeunes, en rendant abordables, dans la mesure du possible, des choix alimentaires plus sains »[274]. Dans cette même résolution,

---

272 Cf les développements précédents de la 1ère partie.

273 CM, Résolution ResAP(2003)3 sur l'alimentation et les soins nutritionnels dans les hôpitaux, 12 novembre 2003. J. Kondrup, « Proper hospital nutrition as a human right », op. cit., pp. 135–137.

274 APCE, Rec 1966, Réso. 1804 (2011), La protection des enfants et des jeunes contre l'obésité et le diabète de type 2, 13 Avril 2011, para.5(2).

> L'Assemblée invite les Etats membres à envisager la prévention de l'obésité du point de vue du droit des enfants et des jeunes à la santé et à un environnement sain, dans le cadre de la Convention des Nations Unies relative aux droits de l'enfant, qui appelle les Etats parties à reconnaître le droit de l'enfant de jouir du meilleur état de santé possible et de bénéficier de services médicaux et de rééducation (article 24).

Ainsi, au moins pour les enfants, selon l'Assemblée Parlementaire, la protection contre l'obésité ne doit pas être appréhendée (ou pas seulement) selon la politique du Marché d'information des consommateurs, mais surtout comme un droit fondamental en lien au droit « à la santé et à un environnement sain ». Cette double filiation, que nous retrouverons dans certains ordres juridiques nationaux, est intéressante dans le contexte actuel d'une reconnaissance renforcée du droit à un environnement sain en droit interne, et peut-être un jour dans la CEDH. Tout en soulignant qu'il «soutient en particulier l'approche de l'Assemblée à cet égard, fondée sur les droits de l'homme et l'éthique », le Comité des Ministres « se félicite de l'intérêt manifesté par l'Assemblée parlementaire en soulevant la question de la responsabilité concernant la consommation alimentaire, qui peut contribuer non seulement à la protection de l'environnement et à la défense du développement durable mais aussi à la promotion de collectivités plus saines, plus prospères et mieux informées »[275]. Placer la responsabilité d'une consommation saine dans les mains des consommateurs supposés libres et suffisamment informés a pourtant clairement échoué, non point tant que les consommateurs doivent être mieux informés et éduqués mais parce que les pouvoirs publics et privés devraient assumer leurs responsabilités en mettant sur le marché des aliments sains et durables à des prix abordables.

Au niveau de l'UE, il convient de citer la résolution du 29 septembre 2011 adoptée par le Parlement européen qui reconnaît que « l'accès à une

---

[275] APCE, Doc. 11390, 1 Octobre 2007, Pour une consommation alimentaire responsable, Rec. 1786 (2007), Réponse du Comité des Ministres, 26 Septembre 2007, para.3 et Annexe 1: Avis du Comité de santé publique (Accord partiel) (CD-P-SP) sur la Recommandation 1786 (2007) de l'Assemblée parlementaire « Pour une consommation alimentaire responsable ». « Des informations communes, des normes d'étiquetage et des campagnes nationales de sensibilisation plus efficaces auraient donc leur utilité » (para.5).

alimentation suffisante et saine est un droit de l'homme fondamental »[276]. En outre, la Charte des droits fondamentaux de l'Union européenne reconnaît pour la première fois une dimension plus large de droits de l'homme et de « solidarité » concernant la protection des consommateurs[277]. Il est intéressant de rappeler l'histoire de l'article 38, car la proposition de reconnaître un droit subjectif à la protection des consommateurs ainsi qu'une proposition alternative visant à reconnaître que « la politique de l'UE garantirait un niveau élevé de protection de la santé, de la sécurité et des intérêts des consommateurs » ont été abandonnées[278]. Finalement, une approche discrète a été adoptée, l'article 38 disposant seulement que « Un niveau élevé de protection des consommateurs est assuré dans les politiques de l'Union ». Ainsi, « la Charte est abstraite et inclut la protection des consommateurs en tant qu'objectif politique, plutôt que comme un ensemble de droits exécutoires »[279].

Si le droit à une alimentation saine et durable, du fait de sa connotation de droit-créance grevant les finances de l'Etat néolibéral a du mal à percer dans les systèmes juridiques européens, une autre fenêtre d'opportunité s'ouvre-t-elle avec la reconnaissance d'un droit à un environnement sain?

C. L'espoir d'un renouveau avec une approche éco-holistique du droit à une alimentation saine

A l'évidence, une analyse comparative révèle que le droit à une alimentation saine n'est pas facile à appréhender et n'appartient pas (seulement) à la deuxième génération de droits (des droits économiques, sociaux et culturels), comme une approche trop rapide pourrait le suggérer. Le droit à une alimentation saine illustre parfaitement l'interdépendance des droits, puisqu'il est le socle indispensable à la réalisation d'autres droits.

C'est peut-être en raison de cette complexité que les constitutions et législations les plus récentes ont opté pour d'autres combinaisons. Nous formulons ici l'hypothèse que le droit à une alimentation saine, comme le droit à un environnement sain, mêle une dimension individuelle et

---

276 Résolution du Parlement européen du 29 septembre 2011 sur l'élaboration d'une position commune de l'Union dans la perspective de la conférence des Nations Unies sur le développement durable (Rio+20), para.47.

277 I. Benöhr, *EU Consumer Law and Human Rights*, op. cit., p. 1.

278 Idem, 58.

279 Idem, 83.

collective, que cette dernière n'a pas été encore suffisamment pensée, qu'il implique des droits et des devoirs pour le bénéfice des générations présentes et futures, et comporte certaines spécificités dues à la qualification de l'alimentation comme bien et fait socio-culturels et non comme un bien ordinaire.[280]

Les développements précédents et les normes référencées plus avant, sous l'angle du droit à la santé et du droit à la vie, ne permettent de couvrir que la dimension individuelle et des générations présentes du droit à l'alimentation saine dans la lignée de l'approche occidentale et individualiste des droits humains. Un droit collectif prenant en compte les générations futures pour des aliments sains et durables reste à construire. A cet égard, des développements récents semblent tracer la voie.

L'analyse en droit comparé montre effectivement différentes étapes (certes hésitantes) concernant la filiation du droit à une alimentation saine au cours des quarante dernières années. La loi suédoise sur l'alimentation (8 juin 2006) fait référence au droit à la vie et à la santé humaine en combinaison avec les droits des consommateurs. L'article 23 de la Constitution belge de 1998 associe le droit à l'alimentation au droit à la vie « dans le respect de la dignité humaine », ainsi qu'au « droit à la sécurité sociale, aux soins de santé et à l'aide sociale, médicale et juridique ». L'article 21 de la Constitution de la Biélorussie reconnaît que « tout individu doit exercer son droit à un niveau de vie digne, y compris à une alimentation appropriée, (…) ainsi qu'à une amélioration continue des conditions de vie nécessaires ». L'article 56 de la Constitution turque garantit « une vie saine physiquement et mentalement ». Il convient également de mentionner une décision adoptée par la Cour suprême indienne qui a reconnu l'existence du droit à l'alimentation comme faisant partie du droit à la vie (en l'absence, à l'époque, d'un droit à l'alimentation explicite)[281]. Plus instructive encore est l'approche brésilienne qui en fait un droit autonome, car sa réalisation affecte la mise en œuvre d'autres

---

280 D. Paturel, P. Ndiaye, « Introduction, Démocratie alimentaire, le trouble-tête de l'alimentation durable », in D. Paturel, P. Ndiaye, *Le droit à l'alimentation durable en démocratie*, Champ social, 2020, pp. 17–18. La libéralisation des produits agricoles est allée de pair avec la dépolitisation des questions alimentaires depuis les années 70 et la relégation des aliments comme biens ordinaires.

281 Cour Suprême, Inde, Pattnayak & Another v. State of Orissa, 1989, cité par A. Ayala, B. Mason Meier, « A human rights approach to the health implications of food and nutrition insecurity », op. cit., p. 15. D. Tivet, « La constitutionalisation

droits: l'article 2 de la Ley 6.412 du 17 septembre 2018 considère que « L'alimentation adéquate est un droit fondamental, inhérent à la dignité de la personne humaine, et indispensable à la pleine réalisation de ses droits tels que consacrés par la Constitution ». Dans un arrêt rendu par la Cour interaméricaine des droits de l'homme[282], la Cour a réaffirmé l'attachement à une interprétation large du droit à la vie et s'est référée à l'observation générale des Nations Unies sur le droit à une alimentation adéquate. Dans cette affaire, la Cour a conclu que le Paraguay n'avait pas respecté l'accès des communautés autochtones à leurs terres ancestrales qui n'avaient pu bénéficier d'un accès adéquat à la nourriture.

Un aspect intéressant à noter de ces dispositions qui combinent le droit à une alimentation saine avec le droit à la vie et/ou le concept de dignité[283] provient du fait qu'elles constituent un argument de poids pour considérer le droit à une alimentation saine comme un droit fondamental absolu et indérogeable[284]. Etant donné qu'une alimentation malsaine est responsable de maladies chroniques graves, la vie est affectée; par conséquent, l'interprétation du droit à la vie (combiné au droit à la santé) devrait également s'appliquer lorsque la vie est menacée à long terme et de façon chronique, et non pas seulement qu'il n'y soit « fait appel que dans des cas exceptionnels »[285]. En outre, l'universalité du droit à une alimentation saine ne peut être contestée. Une autre conséquence est que le droit à une alimentation saine ne doit pas être considéré comme une « aspiration programmatique » mais comme un droit juridiquement applicable et opposable[286].

Plus récemment, les systèmes juridiques qui ont fini par reconnaître le droit à un environnement sain tendent également à admettre le droit

d'un droit à l'alimentation en Inde », in *Un monde sans faim*, A. B. de Raymond, D. Thivet (dir.), Les Presses Sc. Po. (2021), p. 267.

282 Cour IADH, *Indigenous Community Yakye Axa v Paraguay*, 17 Juin 2005.

283 De la même façon pour le droit à l'eau: M.-C. Petersmann, *Les sources du droit à l'eau en droit international*, ed. Johanet, 2013, p. 101, qui considère le droit à l'eau comme découlant du droit à la vie, à la dignité, à une vie adéquate et au droit à la santé.

284 M. Borghi, *The right to adequate food and access to justice*, Bruxelles, Bruylant, 2006, p. 7.

285 D. Gadbin, « Le droit à l'alimentation », op. cit., pp. 617–637.

286 J. L. Vivero Pol, C. Schuftan, « No right to food and nutrition in the SGDs: mistake or success? », *BMJ Global Health*, 2016(1), p. 5.

à une alimentation saine et à l'eau potable comme des composantes ou à tout le moins en lien avec l'environnement sain. Ainsi, l'article 69 de la Constitution croate reconnaît que « chacun a droit à une vie saine. L'État garantit aux citoyens le droit à un environnement sain. Tous sont tenus, dans le cadre de leurs compétences et de leurs activités, d'accorder une attention particulière à la protection de la santé publique, de la nature et de l'environnement humain »[287]. L'article 37 de la Constitution moldave illustre mieux cette perspective renouvelée: « Article 37. Droit à un environnement sain »: « (1) Tout individu a le droit de vivre dans un environnement écologiquement sûr et sain, de consommer des aliments sains et d'utiliser des appareils ménagers inoffensifs »[288]. Dans le même ordre d'idées, selon l'article 118 de la Constitution du Panama, « l'État a l'obligation fondamentale de garantir que sa population vit dans un environnement sain, exempt de contamination (pollution), et où l'air, l'eau et les aliments satisfont aux exigences du bon développement de la vie humaine ». De la sorte, le droit à un environnement sain inclut le droit à une alimentation saine et peut comporter une dimension collective et intergénérationnelle. L'article 50 de la récente constitution ukrainienne et l'article XX de la constitution hongroise combinent également le droit à une alimentation saine avec le droit à un environnement sain.

Plus récemment, et de façon très explicite, M. David R. Boyd, rapporteur spécial « sur la question des obligations relatives aux droits de l'homme se rapportant aux moyens de bénéficier d'un environnement sûr, propre, sain et durable », a intégré (comme cinquième volet après l'air pur, un climat vivable, des écosystèmes et une biodiversité en pleine santé et l'eau potable en quantité suffisante), l'accès à une « alimentation

---

287 En plus de la reconnaissance du « droit à la santé » de chacun (article 58) et de l'article 69 – « Protection de l'environnement Toute personne a droit à une vie saine. L'Etat assure les conditions d'un environnement sain. (...) ».

288 Article 75: « (2) L'État garantit à toute personne le droit d'accéder librement et de diffuser des informations fiables sur l'état de l'environnement naturel, les conditions de vie et de travail et la qualité des aliments et des appareils ménagers. (3) La dissimulation ou la déformation des informations concernant les éléments inoffensifs pour la santé humaine sont interdites par la loi. (4) Les personnes physiques et morales sont responsables des dommages causés à la santé et aux biens d'une personne en raison d'atteintes à l'environnement ». En plus de cette disposition, l'article 47 reconnaît le « droit à l'assistance et à la protection sociales (1) L'État est tenu de prendre des mesures pour que toute personne ait un niveau de vie décent qui lui assure, ainsi qu'aux membres de sa famille, la protection de sa santé et de son bien-être, y compris la nourriture, (...) ». Traduction non officielle.

saine et durable » en la considérant comme un pilier à part entière de l'environnement sain[289]. Selon le Rapporteur, « l'alimentation saine et durable est l'un des six éléments substantiels du droit à un environnement sain, comme le reconnaissent les tribunaux régionaux, les institutions nationales des droits de l'homme, les législations nationales et la jurisprudence nationale »[290].

Ainsi, cette analyse de droit comparé révèle clairement que le droit à une alimentation saine a été très rarement interprété comme une composante du droit à l'alimentation. Il s'agit d'un droit intersectoriel, qui transcende les droits civils et politiques d'une part (droit à la vie et à la dignité humaine surtout) et les droits économiques, sociaux et culturels (droit à la santé surtout) d'autre part, en invoquant la « relation symbiotique » entre ces droits[291]. En d'autres termes, le droit à une alimentation saine et durable permet la réalisation du droit à la vie digne et à la santé. Le droit à une alimentation saine doit être associé au concept de dignité humaine[292], au droit (encore balbutiant en Europe) à une vie saine et à un niveau de vie adéquat. Il est vrai que cette dimension complexe et multifactorielle du droit à l'alimentation prévaut dans les dispositions juridiques les plus récentes. D'autres parlent en termes de « droits de synthèse » en ce que « leur respect conditionnerait la mise en œuvre de tous les autres droits de l'homme »[293]. Cette interdépendance est ainsi illustrée par l'affaire Portillo Caceres et autres c/ Paraguay dans laquelle le Comité des droits de l'homme des Nations Unies a conclu à

---

289 AGNU, A/76/179, Rapport du Rapporteur spécial D. R. Boyd, Obligations relatives aux droits humains se rapportant aux moyens de bénéficier d'un environnement sûr, propre, sain et durable, Alimentation saine et durable: réduire les effets environnementaux des systèmes alimentaires sur les droits humains, 19 Juillet 2021.

290 AGNU, A/76/179, Rapport du Rapporteur spécial D. R. Boyd, Obligations relatives aux droits humains se rapportant aux moyens de bénéficier d'un environnement sûr, propre, sain et durable, Alimentation saine et durable: réduire les effets environnementaux des systèmes alimentaires sur les droits humains, 19 Juillet 2021, para.48.

291 S. Narula, « The right to food holding global actors accountable under international law », pp. 691 et 733.

292 The concept of dignity has been referred to many times by J. Ziegler: UNGA, Report of the Special Rapporteur on the right to food, A/HRC/7/5, 10 January 2008.

293 P. Cullet, *Droits de solidarité en droit international*, étude pour le Conseil de l'Europe, 1993 (https://www.ielrc.org/content/w9301.pdf), p. 44.

une violation du droit à la vie inscrit à l'article 6 du Pacte suite au décès du requérant en lien à l'utilisation massive de produits agrochimiques[294]. Cette décision est pertinente en ce que le Comité établit également le lien avec la contamination des sources de nourriture humaine:

> In the present case, the Committee is of the view that heavily spraying the area in question with toxic agrochemicals – an action which has been amply documented – poses a reasonably foreseeable threat to the authors' lives given that such large-scale fumigation has contaminated the rivers in which the authors fish, the well water they drink and the fruit trees, crops and farm animals that are their source of food[295].

L'analyse des dispositions normatives en droit comparé a révélé une vision assez consensuelle quant aux titulaires du droit à une alimentation saine. « Toute personne » bénéficie d'un tel droit, mais certains Etats le limitent à des catégories plus vulnérables : enfants, malades, prisonniers, peuples autochtones, etc.., adoptant une posture politique positionnée sur l'offre. L'approche est majoritairement celle des droits individuels; or, le droit à l'alimentation saine peut appartenir tant à chaque personne qu'à tout mangeur. Reconnaitre la dimension individuelle comme collective a un intérêt dans la perspective d'action collective et d'une approche moins de réparation que de prévention[296]. Nous pensons ainsi au droit à participation, et plus globalement à tous les droits procéduraux.

Admettre la dimension interdépendante avec d'autres droits ne doit pas, selon nous, faire obstacle à la reconnaissance d'un droit autonome, ce qui implique de considérer un contenu propre à ce nouveau droit. Comme nous l'étudierons plus loin, ce contenu propre tient à la dimension substantielle et, par exemple, au respect d'objectifs chiffrés[297]. D'ailleurs, le droit à une alimentation saine tend à être reconnu récemment comme un droit autonome appartenant à la troisième génération de droits, mais plus souvent comme une composante du droit à un environnement sain. En fait, le droit de respirer un air pur, de boire une eau non polluée et le droit de manger des aliments sains semblent comporter des affinités. Compte

---

294 Portillo Cáceres et autres c. le Paraguay, CCPR/C/126/D/2751/2016, Communication 2751/2016, 3 Septembre 2019.

295 Idem, para. 7.5.

296 Comme pour le droit à un environnement sain: Marc Pichard, Le droit à, Etude de législation française, *Economica* (2006), p. 516.

297 S. Jankovic, « Conceptual problems of the right to breathe clean air », *German Law Journal*, 2021 (22), p. 174, qui tient ce raisonnement concernant le droit à respirer un air pur.

tenu de la reconnaissance largement admise dans les ordres juridiques nationaux, et spécialement en Europe, du droit à un environnement sain, il existerait, selon cette conception holiste, un grand potentiel de développement d'un droit à une alimentation saine. Inévitablement, le droit à une alimentation saine prend une position renouvelée dans notre ère de l'Anthropocène.

Toutefois, si l'air et l'eau peuvent être qualifiés de communs, la transposition de cette qualification aux aliments n'est pas convaincante. Indéniablement les sols et ressources naturelles dont dépendent la production alimentaire, nécessitent une protection spéciale et donc des normes spécifiques pour les générations présentes et futures. Ces éléments supposent de repenser les besoins à la lumière des ressources disponibles, de rehiérarchiser différemment les droits et devoirs en plaçant comme prioritaires les intérêts d'une vie saine sur une planète durablement habitable. Les aliments ne sauraient être définis comme des biens inappropriables et à l'usage commun à tous. Mais parce que leur production est intrinsèquement dépendante de l'usage des sols et ressources naturelles (non renouvelables) et de la biodiversité, ils acquièrent une valeur spécifique et requièrent un régime protecteur. Nous considérons ainsi que le droit à une alimentation saine devrait être distingué du droit à un environnement sain.

En approfondissant le contenu des droits et devoirs à une alimentation saine tels que reconnus en droit positif, nous pourrons identifier diverses strates correspondant précisément aux évolutions auxquelles ce droit a été soumis, passant d'une conception traditionnelle individualiste et nutritionnelle vers une approche plus collective, intergénérationnelle et holiste.

II. Les contours des droits et devoirs à une alimentation saine

Les droits et devoirs à une alimentation saine comportent trois strates, étroitement imbriquées, dont chacune bénéficie d'une reconnaissance plus ou moins solide et plus ou moins universelle.

A. Un devoir et un droit correspondant d'accès à une alimentation saine: une reconnaissance universelle

Le devoir le plus universellement admis et opposable aux Etats ainsi que le droit correspondant (individuel et collectif) est probablement l'obligation de fournir aux individus l'accès à une alimentation saine. Anand Grover, le rapporteur spécial sur le droit à la santé, énonçait en 2014 « une série de recommandations adressées aux États et aux entreprises de l'industrie alimentaire, leur demandant de prendre des mesures concrètes pour réduire la production et la consommation d'aliments mauvais pour la santé, d'améliorer la disponibilité des aliments sains et de rendre leur coût plus abordable »[298]. Le droit à une alimentation saine est appréhendé ici comme condition de réalisation de la santé, telle que définie par l'OMS. Ainsi,

> En vertu des dispositions relatives au droit à l'alimentation, les États sont tenus de garantir la disponibilité et l'accessibilité d'une nourriture suffisante en quantité et en qualité pour satisfaire les besoins alimentaires individuels et contenant une combinaison des nutriments nécessaires au développement physique et mental, à l'épanouissement et à la subsistance de l'individu, ainsi qu'à l'activité physique, conformément aux besoins physiologiques de l'être humain à tous les stades de sa vie[299].

En novembre 1996, la Déclaration de Rome sur la sécurité alimentaire mondiale réaffirme « le droit de chaque être humain d'avoir accès à une nourriture saine et nutritive conformément au droit à une nourriture adéquate et au droit fondamental de chacun d'être à l'abri de la faim »[300]. En décembre 2017, la Déclaration mondiale et le plan d'action pour la Nutrition adoptée conjointement par la FAO et l'OMS énoncent leur reconnaissance d'un droit individuel d'accès à une nourriture adéquate sur le plan nutritionnel et sûr[301]. Nous noterons, une fois de plus, l'approche par les seuls droits individuels et non collectifs.

S'il s'agit d'un droit universel, l'approche catégorielle visant les populations les plus vulnérables reste très prégnante et provient de la conception politique des droits selon laquelle il importe de limiter les obligations (issues des droits dits créances) pesant sur les Etats. Cette obligation est notamment reconnue en faveur des enfants et des jeunes,

---

298 Conseil des droits de l'homme, Rapport du Rapporteur spécial sur le droit qu'a toute personne de jouir du meilleur état de santé physique et mentale possible, Anand Grover, Aliments mauvais pour la santé, maladies non transmissibles et droit à la santé, 12, U.N. Doc. A/HRC/26/31, 1 Avril 2014, para 12.

299 Para.12.

300 https://www.fao.org/3/w3613f/w3613f00.htm (8 janvier 2023).

301 Déclaration mondiale sur la nutrition et Plan d'action proposés à la Conférence, Rome, Décembre 1992, para.1.

ainsi qu'à d'autres groupes vulnérables, car l'ingestion d'une nourriture malsaine dès le plus jeune âge peut avoir un impact important tout au long de leur vie. Pour le Comité des droits de l'enfant des Nations Unies, qui insiste sur l'approche fondée sur les droits de l'homme pour réaliser le droit à la santé des enfants, cette obligation devra être adoptée en fonction du « contexte spécifique »[302]. La convention relative à l'assistance alimentaire conclue par les Nations Unies le 25 avril 2012 fixe parmi les objectifs étatiques à l'article 1 l'obligation de fournir aux populations vulnérables une « assistance alimentaire qui améliore l'accès à, et la consommation d'une nourriture adéquate, sûre et nutritive ». La disponibilité de substances riches en graisses, en sucre ou en sel, denses en énergie et pauvres en micronutriments, ainsi que de boissons contenant des niveaux élevés de caféine ou d'autres substances potentiellement nocives devrait être contrôlée dans les écoles.

Bon nombre d'États ont adopté des dispositions législatives afin de mettre en œuvre une telle obligation. Par exemple, en Équateur, l'article 4 de la Ley Orgánica de Alimentación Escolar du 14 avril 2020 reconnait que « (f) les repas scolaires doivent être adéquats, sains, nutritifs, sûrs, diversifiés et respectueux de la culture, des traditions, de la mystique et des habitudes alimentaires qui contribuent à la croissance et au développement intégral des enfants et des adolescents, en fonction de leur âge et de leur état de santé, y compris ceux qui nécessitent une attention particulière ». De même, l'article 16 de la même loi intitulé « Repas scolaires adéquats » réaffirme le devoir de l'État dans ce domaine et formule explicitement le droit individuel et collectif correspondant[303]. Ce devoir est plus largement reconnu au sein de tous les services publics tels que les centres de détention, les hôpitaux, les écoles. Pour l'OMS,

> Les gouvernements du monde entier ont une occasion et une responsabilité uniques de montrer l'exemple en mettant en œuvre des politiques publiques

---

302 Observation Générale n°15(2013) sur le droit de l'enfant de jouir du meilleur état de santé possible (Article 24): CRC/C/GC/15, 17 Avril 2013, para.43.

303 « L'État garantit l'exercice du droit à une alimentation saine en tant que droit de l'homme, à titre individuel ou collectif, d'avoir accès à tout moment à une eau salubre destinée à la consommation humaine et à des aliments sains, sûrs et nutritifs présentant un intérêt culturel, afin qu'ils puissent être utilisés pour satisfaire leurs besoins nutritionnels, maintenir une vie saine et parvenir à un développement intégral. Ce droit de l'homme inclut l'accessibilité, la disponibilité, l'utilisation et la stabilité de l'approvisionnement en nourriture adéquate ». Traduction non officielle.

d'achat et de service d'aliments sains, qui garantissent que les aliments servis ou vendus dans les lieux publics contribuent à des régimes alimentaires sains. Les fonds publics ne devraient pas être dépensés pour des aliments qui contribuent à des régimes alimentaires malsains[304].

Ainsi, selon le cadre d'action de l'OMS de la deuxième Conférence internationale sur la nutrition qui s'est tenue en 2014, la recommandation 16 demande aux États d' « établir des normes alimentaires ou fondées sur les nutriments pour rendre accessibles des régimes alimentaires sains et de l'eau potable dans les établissements publics tels que les hôpitaux, les structures d'accueil pour enfants, les lieux de travail, les universités, les écoles, les services d'alimentation et de restauration, les administrations et les prisons »[305]. Le droit de l'individu aux soins nutritionnels dans les hôpitaux est reconnu par le Conseil de l'Europe ainsi que sur le continent latino-américain par le biais d'instruments de *soft law*[306].

Le droit à une alimentation saine/adéquate comprend donc certains aspects quantitatifs mais surtout qualitatifs. Parfois, ce droit d'accès est formulé comme un droit de consommer une alimentation saine, comme le prévoit la Constitution moldave. L'approche argentine reconnaît également le « droit de consommer une alimentation saine »[307].

L'obligation est de garantir un accès « permanent »[308] à une alimentation saine. Il s'agit également d'un devoir non délégable de l'État, comme le reconnaît explicitement l'Argentine[309]. Cette qualité

---

304 WHO, Action framework for developing and implementing public food procurement and service policies for a healthy diet, Public Food Procurement and Service Policies for a Healthy Diet (WHO 11 January 2021), 2. Traduction de l'anglais non officielle.

305 Idem.

306 Déclaration internationale de Cancun sur le droit à l'hôpital, 20 mai 2008 et Déclaration de Carthagène sur le droit aux soins nutritionnels et la lutte contre la malnutrition, 3 mai 2019. Pour le Conseil de l'Europe, voir la référence ci-dessus.

307 Ley Nº 4.952 – Régimen de Protección y Fomento de los Sistemas Socioproductivos de la Agricultura Familiar: Art. 3: « Les politiques publiques devraient donner la priorité à la souveraineté alimentaire, basée sur la production à petite et moyenne échelle, en considérant le droit des personnes à consommer des aliments sains […] ».

308 En Argentine, Ley Nº 27.519 Prórroga de la Emergencia Alimentaria Nacional, Section 2.

309 Ley 25724/2002, Art. 1: le devoir non délégable de l'État de garantir le droit à l'alimentation pour tous les citoyens. Voir également: Ley Nº 25.724, Crea el Programa Nacional de Nutrición y Alimentación. 16 Janvier 2003, Article 1: « Le Programme National Nutritionnel et Alimentaire est créé en conformité avec

non-délégable fait écho à la qualification de l'alimentation comme besoin primaire et fondamental de l'individu. Ce devoir couvre également la dimension de l'accessibilité financière. Il ressort de ce rapport conjoint préparé par les Nations Unies que les personnes ont le droit d'accéder à une alimentation saine et abordable: « Un élément clé, pour atteindre les objectifs de 2030, doit être d'améliorer la disponibilité et l'accessibilité d'aliments nutritifs composant un régime alimentaire sain »[310]. En effet, le coût d'une alimentation saine est en général particulièrement élevé[311].

L'égalité d'accès à une alimentation saine est donc devenue une question essentielle. En France, le projet d'une « sécurité sociale de l'alimentation » a été lancé pour réduire les inégalités d'accès à une alimentation saine[312]. La Suède, la Finlande et l'Estonie ont intégré la Convention relative aux droits de l'enfant dans leur ordre juridique national et offrent ainsi à tous les élèves un accès gratuit à une alimentation saine dans les écoles. En Belgique, « 2) l'accessibilité financière et physique à une alimentation quantitativement et qualitativement adéquate [est] assurée en fournissant à la population les moyens nécessaires pour assurer sa subsistance »; elle est un des objectifs de politique publique du Fonds Belge de Sécurité Alimentaire (FBSA) (bien qu'il ne soit pas formulé comme un droit individuel ou collectif)[313]. L'importance de l'accès à une alimentation adéquate et abordable a été affirmée par la Commission africaine[314], et est également au cœur de la Charte européenne de lutte contre l'obésité. L'un des objectifs poursuivis est de « parvenir à un accès universel à une alimentation abordable, équilibrée et saine, dans le respect de l'équité et de l'égalité des sexes en matière de nutrition, pour tous les citoyens de la Région européenne de l'OMS, grâce à des

---

le devoir non délégable de l'État de garantir le droit à l'alimentation de tous les citoyens ».

310 FAO, FIDA, OMS, PAM & UNICEF, L'État de la sécurité alimentaire et de la nutrition dans le monde, Transformer les systèmes alimentaires pour une alimentation saine et abordable, (Rome, 2020), XXV.

311 Idem, p. 83.

312 D. Paturel, P. Ndiaye, *Le droit à l'alimentation durable en démocratie*, Champs social, 2020. D. Paturel, « Le droit à l'alimentation durable en démocratie », *Erès*, 2021/4, n°36, pp. 163–167.

313 Art. 5, Loi abrogeant la loi du 19 février 1999 portant création du Fonds belge de survie et créant un Fonds belge pour la Sécurité alimentaire, 19 Janvier 2010.

314 Commission africaine, Principes et lignes directrices sur les droits économiques [...], op. cit., para 86.

politiques intersectorielles dans le cadre de la stratégie Santé 2020 »[315]. Parmi les principes directeurs, a été insérée l'obligation de « réduire les inégalités dans l'accès à une alimentation saine, comme indiqué dans Santé 2020 »[316]. Par conséquent, le principe de non-discrimination combiné au droit à une alimentation saine devrait renforcer la dimension d'accessibilité financière. En fait, « cela ne devrait en aucun cas signifier une légitimation du rêve néolibéral de l'État minimal, ou la création de niches de systèmes alimentaires durables et sains entourés d'une mer de pratiques conventionnelles »[317]. Une loi argentine a précisément défini ce droit comme « le droit d'avoir accès, individuellement ou collectivement, de manière régulière et permanente, à une alimentation quantitativement et qualitativement adéquate, suffisante et saine (…) »[318]. La même définition est retenue au Guatemala[319] et en Bolivie[320]. Le Mexique a adopté une loi spécifique axée sur l'obésité, qui exige des pouvoirs publics qu'ils « établissent des politiques publiques visant à promouvoir une alimentation nutritive, suffisante et de qualité afin de lutter contre l'obésité et les troubles alimentaires chez les habitants de l'État »[321].

Quant aux bénéficiaires du droit à l'accessibilité et disponibilité, il existe des positionnements diversifiés: individus, groupes, individus et groupes, uniquement des personnes vulnérables comme les enfants. Ainsi, ces diverses désignations de bénéficiaires indiquent que le droit peut être individuel et/ou admis comme un droit de groupe, alors que nous considérons que tous les mangeurs doivent en bénéficier et qu'un droit collectif doit être reconnu. Par exemple, l'article 13 de la Constitution de l'Équateur considère que tant les « personnes » que les « groupes communautaires » sont les bénéficiaires du droit à « l'accès sûr et permanent à une alimentation saine, suffisante et nutritive ». Le

---

315 OMS/Europe, Charte européenne sur la lutte contre l'obésité, EUR/06/5062700/8 (16 Novembre 2006), 5.

316 Idem, 5.

317 G. Pettenati et al., « The food system as a commons », in *Routledge Handbook of food as a commons*, op. cit., 53.

318 Ley N° 6.914 – Creación del Programa de Derecho Alimentario Saludable. 30 Novembre 2011, Art. 2.

319 Decreto N° 32/2005 – Ley del Sistema Nacional de Seguridad Alimentaria y Nutricional. 2 Mai 2005.

320 Article 10 de Ley N° 453 – Ley general de los derechos de las usuarias y los usuarios y de las consumidoras y los consumidores, 4 Decembre 2013.

321 Article 15 de la Ley de nutrición y combate a la obesidad en el Estado de Yucatán. (29 Novembre 2011).

bénéfice peut concerner l'ensemble de la population, comme l'illustre l'article L1 du Code rural français[322], ou « tous les consommateurs »[323]. Parfois, les bénéficiaires sont définis de manière plus stricte, notamment en se concentrant sur les enfants et les élèves[324], pour lesquels davantage de recommandations internationales ou de dispositions de droit contraignant ont été adoptées. L'article 99 de la Constitution du Guatemala considère que les bénéficiaires du droit à l'alimentation sont « la population »[325], bien que ce droit soit confirmé à l'article 51 pour les « mineurs et les personnes âgées ». L'article 123 de la Constitution du Honduras reconnaît le droit à l'alimentation pour les enfants et les mères.

Le devoir et le droit d'accès correspondant peuvent également inclure une approche culturelle. Par exemple, la Commission africaine a estimé en 2011 que les États doivent « Elaborer des plans et des politiques nationaux qui puissent garantir la sécurité alimentaire en incluant constamment une alimentation accessible et de qualité répondant aux exigences nutritionnelles et culturellement acceptables »[326]. Plus précisément, l'article 13 de la Constitution équatorienne considère que tant les « personnes » que les « groupes communautaires » sont bénéficiaires du droit à « l'accès sûr et permanent à une alimentation saine, suffisante et nutritive, de préférence produite localement et conforme à leurs diverses identités et traditions culturelles ».

La deuxième strate, tout comme la première, a obtenu une reconnaissance universelle et fait écho au droit des consommateurs.

B. Un devoir de mieux réglementer l'alimentation et d'informer et éduquer les consommateurs et les droits correspondants

En plus d'assurer aux citoyens l'accès à une alimentation saine, les États ont le devoir de mieux réglementer les denrées alimentaires afin que

322 Bien que non reconnu comme droit fondamental.

323 Article 60 de la Constitution du Portugal.

324 Par exemple, article 6 de la ley Orgánica de Alimentación Escolar, Devoirs et obligations des Etats, 14 Avril 2020.

325 Article 99: « Alimentation et nutrition. L'État veille à ce que l'alimentation et la nutrition de la population répondent aux exigences minimales en matière de santé ».

326 Commission africaine, op. cit., para 86 (d).

les consommateurs informés fassent des choix sains. Cet aspect, le plus développé en Europe, fera l'objet de la partie suivante en se concentrant sur les acides gras d'une part, les boissons sucrées d'autre part.

A titre d'illustration, selon l'OMS[327], les États doivent réglementer l'alimentation afin d'éliminer les acides gras trans produits industriellement, une approche approuvée en France par la Cour des comptes[328] en raison, selon elle, de l'échec de l'autorégulation. Certains pays comme l'Autriche, le Danemark, la Hongrie, l'Islande, la Norvège et la Suisse « ont pratiquement éliminé les acides gras trans produits industriellement en fixant des limites légales pour les aliments emballés »[329]. Nous détaillerons dans une prochaine partie comment cette réglementation, même très parcellaire, est un parcours semé d'obstacles et ne répond pas aux exigences fixées par une approche par les droits humains.

Au sein du Conseil de l'Europe, l'APCE a publié un certain nombre de recommandations et de résolutions pour encourager les États à mieux réglementer le marché alimentaire. Par exemple, en 1994, l'APCE a invité les gouvernements des Etats membres et de l'Union européenne à promouvoir la production d'aliments sains par l'inclusion de toutes les parties prenantes: producteurs, consommateurs et industrie alimentaire[330]. De manière encore plus directive, il a été jugé que les États devaient obliger l'industrie alimentaire à limiter l'utilisation de certains composants (graisses) et à modifier leurs recettes pour éviter de tromper les consommateurs avec des produits mauvais pour la santé. Pour l'OMS, des « critères nutritionnels » devraient également être mis en place.[331]

En raison de plusieurs facteurs très prégnants en Europe (notamment l'attachement au modèle économique néo-libéral fondé sur la liberté économique des industriels et la liberté individuelle des mangeurs de

327 OMS, <www.who.int/news/item/14-05-2018-who-plan-to-eliminate-industriallyp roduced-trans-fatty-acids-from-global-food-supply>, 14 Mai 2018 (14 Mai 2021).

328 Cour des Comptes, Rapport, La prévention et la prise en charge de l'obésité, Novembre 2019, 60.

329 Idem, 61.

330 APCE, Alimentation et santé, Recommandation 1244 (1994), 28 Juin 1994.

331 WHO, Action framework for developing and implementing public food procurement and service policies for a healthy diet, 2021: (https://apps.who.int/iris/bitstream/handle/10665/338525/9789240018341-eng.pdf), 25.

faire des choix pour leur propre santé et bien-être), les pouvoirs publics nationaux et européens ont considéré que la priorité devait être donnée à l'information et éducation des consommateurs. D'ailleurs, le droit à l'information des consommateurs fut l'une des premières priorités gouvernementales aux États-Unis[332], une trajectoire exportée ensuite sur le continent européen. L'OMS s'est également ralliée à cet enjeu. C'est ainsi que l'OMS a récemment adopté les « principes directeurs et le manuel cadre pour l'étiquetage sur le devant des emballages en vue de promouvoir des régimes alimentaires sains pour aider tous les consommateurs à faire (…) des choix alimentaires plus sains »[333]. En Espagne, le « droit à la sécurité alimentaire » est essentiellement compris comme « le droit de connaître les risques potentiels qui pourraient être associés à un aliment et/ou à l'un de ses composants; le droit de connaître l'incidence des risques émergents sur la sécurité alimentaire (…) »[334]. L'article 37 de la Constitution moldave, intitulé « Droit à un environnement sain », est très explicite quant au droit à l'information et à la transparence en matière d'alimentation saine[335]. L'Ukraine souscrit à une valeur constitutionnelle similaire du droit à l'information[336].

Lorsque les citoyens sont informés de manière complète et transparente, ils sont jugés capables de prendre une décision efficace entre des choix sains et ceux potentiellement malsains. Cette capacité à

---

332 The concept of Consumers' rights is attributed to Kennedy's 1962 address to the US Congress who enunciated four rights: the right to safety, the right to choose freely, the right to be informed and the right to be heard.

333 WHO, https://www.who.int/nutrition/publications/policies/guidingprinciples-labelling-promoting-healthydiet.pdf?ua=1 [14 Mai 2021], 10.

334 Article 1 Ley N° 17/2011 – Ley de seguridad alimentaria y nutrición., 5 Juillet 2011.

335 « (2) The State shall guarantee to every individual the right to free access and dissemination of the trustworthy information regarding (…) the quality of food and household appliances ». It further adds that « (3) Concealment or distortions of information regarding the elements that are harmless to human health are prohibited by the law. (4) Private individuals and legal entities are liable for the damages caused to a person's health and property due to ecological infringements ».

336 Article 50: « Everyone has the right to an environment that is safe for life and health, and to compensation for damages inflicted through the violation of this right. Everyone is guaranteed the right of free access to information about the environmental situation, the quality of food and consumer goods, and also the right to disseminate such information. No one shall make such information secret » (Constitution de 2004 amendée en 2019).

faire un libre choix a été qualifiée de capabilité par l'économiste Sen[337]. Cependant, l'individu évoqué par Sen est « un sujet sans substance »; « La liberté comme choix d'opportunités est un classique de l'économie sans grande portée critique. Sans anthropologie du sujet, elle n'a qu'une valeur fonctionnelle »[338]. Pour ces derniers auteurs, la théorie de la responsabilité, niée dans l'approche de Sen, est fondamentale, puisque c'est elle qui fonde l'obligation, et donc la liberté. De surcroît, les approches en sociologie et psychologie ont clairement documenté les difficultés cognitives pour les individus à s'emparer de ces affichages. Loin de s'en saisir, les consommateurs, victimes de nombreux biais cognitifs[339], deviennent davantage manipulés par l'information (nécessairement incomplète) qui peut être transmise. Si les pouvoirs publics commencent à repenser la politique d'informations compte tenu de ces limites cognitives[340], il reste beaucoup à faire.

Le droit à l'information (un droit civil et politique majeur dans les sociétés démocratiques) doit être réalisé également par l'obligation de l'État correspondant d'éduquer les gens à des habitudes alimentaires saines. De nombreux pays ont adopté des dispositions et des mesures pour se conformer à cette obligation. Au Portugal, il s'agit d'un « droit à la formation » de valeur constitutionnelle avec pour titulaires les consommateurs[341]. En Équateur, le devoir de promouvoir l'éducation à une alimentation saine auprès des mères et des enfants est tout autant

---

337 A. Sen, « Elements of a theory of human rights », op. cit., p. 332. M. C. Nussbaum, « Capabilities and human rights », *Fordham Law Review*, 1997(66), 2, pp. 273–300.

338 J. Ballet, F.-R. Mahieu, « Capabilité et capacité dans le développement: repenser la question du sujet dans l'œuvre d'Amartya Sen », *Revue Tiers-Monde*, 2009/2, n°198, pp. 303–316, para.11; para.13.

339 D. Ariely, *Predictably Irrational – The Hidden Forces That Shape Our Decisions*, Revised and expanded edition, Harper, 2011. B. Benson, *Cognitive Bias Cheat Sheet, simplified – Thinking is hard because of 4 universal conundrums*, 8 janvier 2017.

340 Rapport d'information n° 742 (2021–2022) de M. Fabien Gay, Mmes Françoise Férat et Florence Blatrix Contat, fait au nom de la commission des affaires économiques, Information du consommateur: privilégier la qualité à la profusion, déposé le 29 juin 2022.

341 Article 60 de la Constitution du Portugal; voir aussi au Brésil, Dispõe sobre a Política Estadual de Segurança Alimentar e Nutricional Sustentável e dá outras providências, LEI 15.982/2006 Art. 5 (III).

reconnu par la Constitution[342]. En Italie, l'article 7 de la loi régionale n° 34 reconnaissant, protégeant et promouvant le droit à l'alimentation[343] reconnait que « la région de Lombardie encourage et soutient les programmes et les cours d'éducation alimentaire (...) afin d'améliorer leur santé physique et psychologique grâce à une alimentation équilibrée et à un mode de vie plus sain ». L'Argentine reconnaît qu'il est du devoir de l'État de « mettre en œuvre un programme d'éducation alimentaire nutritionnelle » afin d'encourager des comportements individuels sains[344] et la responsabilité pèse sur le Ministre de la santé[345]. L'éducation aux habitudes alimentaires saines est également réglementée en Uruguay en termes généraux (« pour la population des écoles en général (étudiants, enseignants, personnel non enseignant et parents »)[346]. Au sein du Conseil de l'Europe, le Comité de la Charte sociale européenne demande aux États d'organiser l'éducation à une alimentation saine dans les écoles et de fournir des « repas scolaires équilibrés donnant aux élèves des habitudes alimentaires saines »[347]. Une « alimentation saine » doit être intégrée au programme scolaire et doit être accessible à tous les élèves. Pourtant, aucun encadrement détaillé n'existe. Il convient de noter que, eu égard la question d'éducation, l'approche est similaire à celle adoptée pour le tabagisme, les drogues et l'alcool. En termes d'éducation, le thème « d' alimentation saine » est désormais considéré comme assimilable aux priorités de lutte contre le tabagisme, les drogues et l'alcool, devenus des enjeux majeurs de santé publique.

La troisième strate de la composante des droits et obligations à une alimentation saine et durable a trait aux garanties procédurales bien

---

342 Art. 43, Constitution. Cf aussi au Zimbabwe, Article 15 (c), « L'Etat doit (...) (c) encourager et promouvoir une alimentation adéquate et appropriée par l'éducation de masse et d'autres moyens appropriés ».

343 Legge di riconoscimento, tutela e promozione del diritto al cibo in Italy/Lombardy, Legge Regionale, 6 Novembre 2015, n° 34.

344 Ley 25724/2002: art. 1.

345 Article 3 de la Ley N° 6.914 – Creación del Programa de Derecho Alimentario Saludable. 30 Novembre 2011 (par les médias et institutions scolaires).

346 Ley N° 19.140 – Normas para la promoción de la alimentación saludable en los centros de enseñanza., Art. 3, 28 Octobre 2013.

347 ECSR, Conclusions Lithuania 2009, Art. 11(2); see also ECSR, Conclusions 2013 The Former Yugoslav Rep. of Macedonia; ECSR, Conclusions Germany Art. 11(2): 2017.

ancrées en droit européen et international de l'environnement et des droits fondamentaux, mais avec un contenu démocratique très absent.

C. Participation et accès à la justice

Le troisième cercle qui se trouve au cœur de cette construction normative concerne le droit procédural d'accès à la justice et le droit à participation.

Peu de dispositions constitutionnelles ou législatives couvrent des règles procédurales spécifiques pour s'assurer que les droits (et les devoirs correspondants) à une alimentation saine et durable ne restent lettre morte et puissent être invoqués par leurs bénéficiaires pour sanctionner leur non-respect. L'article 60 de la Constitution portugaise est ici assez unique et protège les droits fondamentaux des consommateurs à des réparations et à la défense de leurs intérêts par des associations, ce qui est assez exemplaire.

Plus globalement, si l'accès à des aliments sains et durables accède au rang de besoin collectif fondamental, il serait attendu de mettre en place des actions procédurales collectives pour la défense d'un tel droit. Aussi, en plus d'un droit individuel (pour permettre aux individus dont la santé ou la vie a été impactée par une alimentation malsaine), des actions collectives et même pour défense d'intérêt diffus, comme cela est possible au Portugal, (sans qu'il soit nécessaire d'avoir la qualité de victimes) seraient un moyen approprié d'assurer une mise en œuvre effective de ces droits selon une logique non de réparation mais de défense de systèmes alimentaires sains et durables. Ainsi, les individus, les groupes d'individus ou des associations devraient se voir octroyer l'intérêt, la qualité et capacité à agir en justice dans le cas où l'un des droits ou devoirs collectifs précédents (par exemple à l'accès à des aliments sains ou durables, à l'éducation ou à l'information) a potentiellement été non garanti par les États et/ou d'autres acteurs publics et privés. Le concept d'intérêt diffus s'est avéré très fructueux pour la défense de l'environnement lorsqu'il est reconnu[348].

[348] A. Aragão, « Les intérêts diffus, instruments pour la justice et la démocratie environnementale », *VertigO – la revue électronique en sciences de l'environnement*, Hors-série 22, 10 Septembre 2015: <//journals.openedition.org/vertigo/16284> [Accessed 2 September 2021]. E. Lamprea, A. M. Paez, « Collective environmental litigation in Columbia: an empirical assessment », in *Courts and the Environment*, C. Voigt and Z. Makuch (eds), EE, 2018, pp. 190–210.

Prendre au sérieux le droit à une alimentation saine signifie également que les États doivent garantir l'effectivité de ce droit afin que les citoyens ou les groupes aient le pouvoir de rendre leurs droits effectifs.

L'autre aspect faible concerne le droit participatif des citoyens à prendre part à la gouvernance alimentaire[349]. L'actuel rapporteur spécial aux Nations Unies sur le droit à l'alimentation a ainsi clairement souligné que

> les populations sont en droit de définir ce qu'elles considèrent être une alimentation adéquate du point de vue culturel, nutritionnel, social et écologique, compte tenu de leur situation. En d'autres termes, elles décident de ce qui est entendu par « alimentation de qualité » et ont le droit de déterminer quels aliments sont considérés comme nécessaires[350].

Le cadre PANTHER (« Participation, Accountability, Non-Discrimination, Transparency, Human Dignity, Empowerment, Rule of Law ») lancé par les Nations Unies détermine un référentiel pour l'avenir[351]. Jusqu'à présent, la proposition d'avoir un droit de l'Homme à la « participation populaire » a échoué[352] et est absente de toutes les dispositions que nous avons étudiées pour cette recherche. Le droit à la participation citoyenne permettrait la prise en compte des diversités culturelles, l'acte de s'alimenter ne répondant pas seulement à un besoin physiologique ou biologique, mais aussi constituant un fait socio-culturel majeur[353]. Sur le canton de Genève, lors de l'adoption en avril 2023 du Manifeste sur le droit à l'alimentation, la dimension du droit à participation est fortement revendiquée[354].

---

349 D. Paturel, P. Ndiaye, *Le droit à l'alimentation durable en démocratie*, op. cit. L. VeneKlasen, V. Miller, C. Clarck and M. Reilly, « Rights-based approaches and beyond: challenges of linking rights and participation », *IDS Working paper*, 2004, p. 235.

350 A/75/219, Michael Fakhri, Rapport du Rapporteur spécial sur le droit à l'alimentation, Le droit à l'alimentation dans le contexte du droit et de la politique du commerce international, 22 Juillet 2020, para.12.

351 <www.fao.org/right-to-food/areas-of-work/en/> [4 Mai 2021].

352 P. Alston, « Conjuring up New Human Rights: a proposal for quality control », *AJIL*, 1984(78), n°3, pp. 613–614.

353 M. Pierri, « Food diversity between human and cultural rights, food sovereignty and protection of intangible cultural heritage », in *Food diversity between rights, duties and autonomies*, op. cit., pp. 439–455.

354 Canton de Genève, Manifeste pour le droit à l'alimentation, avril 2023 https://www.opdemge.org/ (11 Juin 2023).

Il est désormais intéressant de considérer plus en détails deux tentatives récentes (dont une seulement fut fructueuse en théorie) de reconnaissance d'un droit fondamental à une alimentation saine sur le territoire européen.

III. Les tentatives récentes de reconnaissance d'un droit autonome à une alimentation saine[355]

Deux Etats européens, le Portugal et l'Italie, ont récemment tenté de reconnaitre une approche par les droits fondamentaux de l'accès à une alimentation saine. Ces deux cas d'étude permettent de mieux analyser les leviers et obstacles qui participent à la mise à l'agenda politique et à l'adoption d'une telle approche.

A. La mise à l'agenda infructueuse de la reconnaissance d'un droit à une alimentation saine au Portugal

Le Portugal offre un cas d'étude extrêmement intéressant. Historiquement, les années 70 marquent les premiers pas vers la mise en œuvre d'une politique alimentaire et nutritionnelle avec la création de plusieurs agences, le lancement de programmes d'éducation alimentaire et surtout les premières lignes de réflexion stratégiques exprimant la nécessité de formuler et de mettre en œuvre une politique alimentaire et nutritionnelle[356]. Pourtant, l'intérêt et la capacité à définir une politique alimentaire et nutritionnelle formelle au Portugal ont diminué au cours des années 1990, non sans lien avec l'adhésion le 1er janvier 1986 à la CEE. Seule la thématique de l'éducation alimentaire continue d'être alors à l'ordre du jour de l'agenda politique. En fait, à la fin des années

---

[355] Section écrite par Elisabeth Lambert en s'appuyant sur les données obtenues par Lise Etienne (y compris par la réalisation et retranscription des entretiens).

[356] *A par destes compromissos políticos na área da alimentação e da nutrição, no mesmo período de tempo, surgiram os primeiros documentos e linhas de pensamento estratégico expressando a necessidade de formular e implementar uma política alimentar e nutricional em Portugal.* Source: P. Graça, M.J. Gregório, « Evolução da política alimentar e de nutrição em portugal e suas relações com o contexto internacional », *Revista SPCNA*, 2012, Vol. 18, nº 3, Alimentação Humana // « Evolution de la politique alimentaire et nutritionnelle au Portugal et ses relations avec le contexte international ».

1990, les initiatives dans le domaine de l'alimentation/nutrition au Portugal étaient fondées, d'une part, sur une action forte axée sur les questions de sécurité et de qualité des aliments et, d'autre part, sur une action régulière d'information et d'éducation de la population dans le domaine de l'alimentation et de la nutrition[357]. Le premier pôle s'inscrit dans le cadre des politiques européennes de sécurité sanitaire.

Une nouvelle étape va s'engager milieu des années 2000 du fait de l'augmentation inquiétante de l'obésité. Aussi, fin 2011 est mis en place le premier Programme National pour la Promotion d'une Alimentation Saine (PNPAS) avec le décret-loi no. 124/2011 du 29 décembre 2011, dans le but d'améliorer l'état nutritionnel de la population en favorisant la disponibilité physique et économique des aliments qui constituent un modèle d'alimentation sain afin que la population les valorise, les apprécie et les consomme, en les intégrant dans la routine quotidienne, comme l'un des huit programmes nationaux prioritaires de santé à développer par la Direction générale de la santé[358].

C'est dans ce contexte qu'une initiative parlementaire est élaborée en décembre 2018 en vue de faire reconnaitre le droit à une alimentation saine selon l'approche des droits fondamentaux. Cette initiative parlementaire est modifiée à plusieurs reprises. Dans l'exposé des motifs, référence est faite à une résolution adoptée par l'ONU en 2015[359]. A l'article 4 est ajoutée l'obligation étatique d'« assurer une approche intégrée et multisectorielle, comprenant une politique agricole, éducative, sociale,

---

357 *De facto, nos finais da década de 90 as iniciativas na área alimentar/nutricional em Portugal baseiam-se por um lado por uma forte ação voltada para as questões da qualidade e segurança alimentar (food safety) e por outro lado por uma ação regular de informação e educação da população na área da alimentação e nutrição.*

358 *Se constituiu o primeiro Programa Nacional de Promoção da Alimentação Saudável (PNPAS) pelo Decreto-Lei n.º 124/2011, de 29 de Dezembro, com a finalidade de melhorar o estado nutricional da população incentivando a disponibilidade física e económica dos alimentos constituintes de um padrão alimentar saudável e criar as condições para que a população os valorize, aprecie e consuma integrando-os nas suas rotinas diárias, como um dos oito programas nacionais de saúde prioritários a desenvolver pela Direção-Geral da Saúde.*

359 Résolution adoptée par l'Assemblée générale le 25 septembre 2015, Transformer notre monde: le Programme de développement durable à l'horizon 2030, para.7: il y est fait mention de la construction d'un monde où « chacun puisse se nourrir de manière saine et nutritive quels que soient ses moyens », 21 Octobre 2015.

environnementale et sanitaire ». L'article 5 fait mention des « organismes de réglementation des professions de santé » comme parties prenantes dans l'administration de la sécurité alimentaire et nutritionnelle.

En réalité, le projet fait l'objet d'une brève discussion au Parlement en Assemblée Plénière (*Debate na generalidade*). Une seconde consultation de la même Commission relative à l'Agriculture est demandée et acceptée en Assemblée, mais la Commission refuse de délivrer un second avis. Le projet de loi est modifié en prenant en compte l'avis consultatif de la Commission et des contributions des acteurs de la société civile. Le texte étant rejeté en Assemblée plénière, le processus parlementaire est stoppé. Plus tard, des associations, telles que ACTUAR et la branche locale de FIAN[360], rédigeront une pétition pour que le texte fasse de nouveau l'objet d'une proposition de loi discutée au Parlement, sans succès.

A la lecture des documents parlementaires et en tenant compte des informations données par nos interlocuteurs[361], il semble que l'échec soit lié à plusieurs facteurs: l'absence de conscience suffisante par les parlementaires de la valeur ajoutée que constituerait la reconnaissance d'un droit fondamental à une alimentation saine, la pluralité et complexité des enjeux en lien à l'alimentation et ainsi le risque d'incompatibilité des divers engagements du Portugal (notamment la politique commerciale et la Politique Agricole Commune) et enfin les craintes quant aux conséquences économiques et financières dans la mise en œuvre d'un tel droit-créance.

B. Le cas italien: une reconnaissance, en théorie, d'un droit fondamental à des aliments sains

La reconnaissance d'un droit fondamental à une alimentation nutritive en Italie est la résultante de facteurs très circonstanciels, expliquant en partie sa mise en œuvre défectueuse.

Une mise à l'agenda politique très circonstancielle

En réalité, le Président de la Commission régionale permanente Agriculture, montagnes, forêts et parcs CAVALLI fut nommé rapporteur

---

[360] Commentaire de Francisco Sarmento: https://peticaopublica.com/?pi=LeiBases alimentacao&fbclid=IwAR3r5b9O1n9SEFQ3ubJTpXs77Q1TedRZq8Bb8W8 Uhl9mHK vbBGAz0evM_Ok

[361] Entretien n°10.

du projet de loi le 13 mai 2015 et le texte fut adopté très rapidement le 27 octobre 2015. Deux motifs sont exposés par le Rapporteur pour la mise à l'agenda de cette loi: d'une part la nécessité de mettre en œuvre concrètement le droit à l'alimentation conformément à la ratification par l'Italie de conventions internationales (notamment le Pacte international relatif aux droits économiques, sociaux et culturels, ratifié toutefois depuis 1978, mais l'adhésion au Protocole additionnel date, il est vrai, de 2015; la Déclaration de Rome sur la nutrition de 2014); d'autre part, l'organisation à Milan de l'exposition universelle du 1er mai au 31 octobre 2015[362]. Ce dernier facteur, très conjoncturel, a joué un rôle majeur. Sur le premier point, effectivement la loi adoptée fait référence à la DUDH, à la définition du droit à l'alimentation par le Comité des droits économiques, sociaux et culturels des Nations Unies dans l'objectif d'une mise en œuvre concrète de l'article du Pacte international relatif aux droits économiques, sociaux et culturels et aux directives de la FAO de 2004.

Sur le second point, à l'occasion de l'Exposition Universelle à Milan en octobre 2015, une centaine de maires de grandes villes à travers le monde signent le Pacte de politique alimentaire urbaine de Milan. Une des personnes interviewées[363] confirme que l'exposition universelle de 2015 a encouragé le législateur de Lombardie à prendre des actions concrètes; d'ailleurs, Les travaux du Conseil régional se sont achevés quelques jours avant la fin de l'exposition universelle avec l'approbation à l'unanimité de la loi régionale 34/2015 sur la « reconnaissance, la protection et la promotion du droit à l'alimentation »[364].

Si l'objectif de la Conférence de Milan était en réalité très large, celui de la loi fut beaucoup moins ambitieux. L'exposition de Milan, intitulée « Nourrir la planète. L'énergie pour la vie »[365], comportait deux vastes

---

362 Consiglio Regionale della Lombardia. X Legislatura. VIII Commissione Consiliare « Agricultura, Montagna, Foreste e Parchi ». Seduta del 1° luglio 2015, Processo Verbale n.22, p. 18 du PV.

363 Entretien n°8.

364 Consiglio Regionale della Lombardia. X Legislatura. I Commissione consiliare « Programmazione e bilancio ». Seduta del 21 ottobre 2015, Processo verbale n.30, p. 5 PV.

365 E. Degiarde (dr.), Rapporto finale « EXPO Milano 2015: abitudini alimentari eprogetti di educazione alimentare in Lombardia », Istituto Regionale di Ricerca della Lombardia, Milano 2010: *L'alimentazione costituisce anche il tema scelto per Expo 2015, il cui titolo è Nutrire il Pianeta. Energia per la Vita.*

volets: « une alimentation suffisante (Nourrir la planète) (*cibo che sia sufficiente (Nutrire il Pianeta)*); de la nourriture bonne (L'énergie pour la vie) (*cibo che sia buono (Energia per la Vita))* »[366].

Au niveau régional, l'objectif était de faciliter la redistribution de la nourriture comme alternative au domaine dominant[367] et ainsi l'intention initiale du législateur était limitée à la question du gaspillage et du besoin d'une meilleure redistribution. Pour autant, il est important de rappeler que cette initiative s'inscrivait dans le prolongement d'activités menées en matière d'éducation alimentaire et nutritionnelle depuis le début des années 2000[368]. Le cadre conceptuel est également celui de l'approche par la réalisation du droit à la santé[369]. Ainsi, le Plan national de santé 2003–2005 (Piano Sanitario Nazionale 2003– 2005), reconnait qu'« il convient de diffuser des recommandations pour une alimentation saine en termes de nutriments, de choix de profils alimentaires sains, mais aussi conformes aux usages, en tenant compte des facteurs culturels et socio-économiques »[370]. Au niveau régional, cette proposition s'inscrit dans la continuité d'actions commencées avec la loi 25/2006 sur les actions de solidarité sociale[371].

---

366 E. Degiarde (dr.), Rapporto finale : op. cit.: *la questione dell'alimentazione può essere declinata sotto due aspetti, che non a caso costituiscono i due "corni" di Expo 2015, a seconda dell'ambito "geopolitico" considerato.*

367 Entretien n°8.

368 On citera notamment le décret du gouvernement régional n° 17937 du 29 juin 2004, avec lequel ont été approuvées les nouvelles lignes directrices régionales pour l'éducation alimentaire, qui admettent qu' « *il est opportun de fournir aux jeunes et à leurs familles les informations nécessaires pour devenir des consommateurs conscients, récupérant les principes d'une alimentation saine, la connaissance du chemin de la terre à la table, la saisonnalité des produits et la tradition territoriale aussi dans le marché global.* » (E. Degiarde (dr.), Rapporto finale, op. cit., p. 53).

369 E. Degiarde (dr.), Rapporto finale, op. cit.

370 *Occorre diffondere raccomandazioni per una sana alimentazione in termini di nutrienti, di scelta di profili alimentari salutari, ma anche coerenti con le consuetudini, che tengano conto dei fattori culturali e socio economici* E. Degiarde (dr.), Rapporto fnale, op. cit., p. 26.

371 Loi régionale de Lombardie n° 25 du 11 décembre 2006 « Politiques régionales d'intervention contre la pauvreté par la promotion d'activités de récupération et de distribution de produits alimentaires à des fins de solidarité sociale ».

Les discussions parlementaires ont progressivement élargi les enjeux bien au-delà du souci de gaspillage et de redistribution: ainsi, les questions de durabilité et de transition agroalimentaire ont été largement couvertes pendant les discussions.

Une difficulté majeure fut de transformer une vision de l'accès à l'alimentation comme un « privilège » en une approche par un droit fondamental, en « rupture »[372] avec ce qui était initialement en vue. Cette approche par les droits fondamentaux ressort clairement des termes utilisés par le conseiller Martinazzoli: la Région Lombardie entend protéger sur son territoire « le droit universel d'accès durable à une alimentation bonne, saine et suffisante en tant que droit humain fondamental pour tous les individus », à travers la simplification de la réglementation actuelle, qui entraîne gaspillage et inefficacité et ne permet pas de politiques de redistribution, et en soutenant et en promouvant des actions visant à lutter contre la pauvreté, à réduire le gaspillage alimentaire, à redistribuer les excédents le long de la chaîne agroalimentaire, à éduquer les gens à une alimentation saine et appropriée et à sensibiliser les opérateurs impliqués dans la gestion des déchets et des excédents alimentaires[373].

La loi régionale 34/2015 a été approuvée à l'unanimité par le Conseil régional le 27 octobre 2015.

Entre un contenu ambitieux et une mise en œuvre défaillante du texte

La loi régionale de Lombardie du 6 novembre 2015 a pour objectif de reconnaître, protéger et promouvoir un droit universel et fondamental d'accès à des aliments sûrs, sains et nutritifs en quantité suffisante et constitue en cela un cas assez exemplaire en Europe. Selon l'article 1.1, « 1. La Région Lombardie reconnaît et protège sur son territoire le droit universel d'accès à une alimentation suffisante, sûre, saine et nutritive en tant que droit humain fondamental pour tous ». L'objectif de réduction de la pauvreté par un meilleur accès à l'alimentation est clairement inscrit aux articles 2, 3 et 6 de cette loi. Selon l'article 3 notamment, « La Région Lombardie mène des politiques de lutte contre la pauvreté

---

372 Entretien n°8.

373 Consiglio Regionale della Lombardia. X Legislatura. IV Commissione consiliare « Attivita Produttive e occupazione ». Seduta dell'1 ottobre 2015, Seduta n.32/2015, p. 2 du PV.

afin d'accroître au maximum l'autonomie des personnes et de créer un environnement favorable leur permettant de choisir et d'obtenir une quantité suffisante d'aliments sûrs, sains et nutritifs pour répondre à leurs besoins alimentaires personnels et leur permettre de mener une vie active ». L'approche par les droits fondamentaux est ici remarquable et devrait permettre l'opposabilité de cette loi (d'applicabilité directe selon la rédaction assez précise) en justice.

Les objectifs de cette loi, d'application uniquement régionale, sont d'ordres quantitatifs et qualitatifs (aliments nutritifs) en lien à la protection de la vie et de la santé humaine (art. 1 al.2). Concrètement, cela prend forme par une lutte contre la précarité alimentaire (art. 3), contre le gaspillage alimentaire (art. 4 et 5) et par l'éducation et la sensibilisation au recyclage des denrées alimentaires (dans les écoles, les secteurs privés et publics, par des campagnes de communications locales, art. 5 et art. 7). En cela, la loi favorise la redistribution de produits alimentaires à des fins de solidarité sociale, en faisant appel à des organisations à but non lucratif pour lesquelles une accréditation est fournie chaque année[374]. De plus, cette loi prévoit la mise en place d'un Conseil Régional de Promotion du Droit à l'Alimentation à son article 6[375], lequel a pour originalité de devoir assurer la représentation de tous les acteurs impliqués, société civile comprise[376].

---

374 *Nelle intenzioni dei promotori, la L.R. 34/2015 rappresenta la prosecuzione di un percorso che Regione Lombardia ha iniziato nel 2006 con la L.R. 25, che promuove l'attività di recupero e distribuzione dei prodotti alimentari ai fini della solidarietà sociale, avvalendosi di enti non profit per i quali è previsto ogni anno l'accreditamento. La L.R. 34/2015 è stata approvata all'unanimità dal Consiglio Regionale il 27 ottobre 2015, a dimostrazione dell'ampio consenso da parte di tutte le forze partitiche rappresentate nell'organo, p. 17.*

375 Ses missions sont nombreuses: Contribuer à la définition des objectifs et des stratégies de la Région; Faciliter l'intégration des politiques et programmes régionaux (coordination interinstitutionnelle, cohérence entre les stratégies/objectifs); Etablir des propositions visant à minimiser les pertes et inefficacités de la chaîne agroalimentaire; Proposer des solutions de facilitation des dons des excédents alimentaires; Commander/collecter/diffuser des études et recherches; Promouvoir des programmes et cours scolaires et/ou professionnels qui visent à la réduction du gaspillage alimentaire. Dans le projet, le Conseil régional de promotion du droit à l'alimentation devait s'appeler Observatoire régional du zéro déchet, désignant ainsi une action plus ciblée de cette autorité administrative.

376 Entretien n°8, notre interlocuteur cite aussi « les représentants des associations de migrants qui travaillent dans l'agriculture. On avait mis des voix qui ne sont jamais entendues, qui ne sont jamais écoutées dans l'espace politique. »

A titre secondaire sont apparus au cours des débats et amendements des enjeux de durabilité, si bien que l'article 1 mentionne effectivement la promotion de systèmes agroalimentaires et de consommation durable comme permettant la réalisation du droit à l'alimentation. En outre, la lutte contre le gaspillage alimentaire est notamment justifiée par ses impacts environnementaux, et en lien au « développement de systèmes agroalimentaires locaux et durables ». La référence à la transformation vers des systèmes agroalimentaires durables n'était pas inscrite dans le projet de loi d'avril et il est ainsi remarquable que les débats aient permis une approche holiste. Les articles 5 à 7 de la loi précisent désormais l'objectif de transition vers une production et consommation durables. Ces différents aspects de la loi sont liés, en ce que la transition des systèmes de production et de consommation doit permettre l'accès à une alimentation quantitativement et qualitativement satisfaisante. Cette approche intégrée associant la santé, l'agriculture, le commerce, l'éducation, etc...a été saluée mais il a été relevé à juste titre que la loi ne prévoit pas de modalités d'intervention précises, en particulier eu égard la relocalisation des systèmes alimentaires[377].

Le caractère régional de la loi n'est pas, en soi, une limite à sa mise en œuvre et à sa force de frappe. Certaines initiatives régionales ont eu, par le passé, un impact important. Ainsi, la loi régionale toscane n° 50/97 sur la protection des variétés locales est l'un des rares exemples de législation en Europe visant à protéger et à valoriser les ressources génétiques pour l'alimentation et l'agriculture, conformément aux objectifs du Traité international sur les ressources phytogénétiques pour l'alimentation et l'agriculture. Cette loi a été suivie par la promulgation de lois similaires dans les régions du Latium, de l'Ombrie, du Frioul-Vénétie Julienne, des Marches et de l'Émilie-Romagne, encourageant la conservation et fournissant des incitations à l'utilisation durable des ressources génétiques autochtones[378].

Cependant, la nouvelle loi régionale de Lombardie se caractérise par une mise en œuvre très défaillante. Deux textes ont été adoptés en

---

377 T. Ferrando, V. De Gregorio, S. Lorenzini, L. Mahillon, « The Right to food in Italy between present and future. Background research », Nuove Narrazioni per la Cooperazione, *AICS*, July 2018, p. 12.

378 Report of the Special Rapporteur on the right to food on her visit to Italy, 31 August 2020, A/HRC/43/44/Add.5, p. 4.

2017 et 2018 pour mettre en place, à compter d'avril 2017, le Comité régional pour la promotion du droit à l'alimentation[379]. Le Conseil comprend sept membres représentant les associations professionnelles, deux représentants d'organisations à but non lucratif, un représentant des associations de consommateurs, un membre de l'ANCI Lombardia et un expert du monde académique. D'autres textes furent également adoptés, tel que celui approuvant un plan d'action contre la pauvreté alimentaire (2019–2020)[380]. Des projets furent financés, par exemple pour 2020 à hauteur de 200.000 euros[381] mais ce budget est jugé largement insuffisant. « les petites entités peuvent désormais également participer aux manifestations d'intérêt prévues si elles se regroupent en réseau pour atteindre une couverture territoriale suffisante pour accéder aux ressources régionales »[382].

Outre la création retardée de ce Conseil, la mise en oeuvre de cette loi a été critiquée pour être largement lacunaire: ainsi, en 2017 aucun mécanisme de récompense n'a encore été appliqué aux entités publiques et privées engagées dans la récupération et la distribution des excédents alimentaires[383]. En réalité se pose un problème d'articulations et de coordination de ces actions avec celles déjà mises en œuvre au titre de réglementations précédentes en matière de lutte contre le gaspillage alimentaire[384]. Selon la loi de 2015, le rôle de coordination semble revenir

---

379 D.g.r. du 10 Avril 2017, n° X/6482 Loi régionale n° 34 du 5 Novembre 2015. Conseil régional pour la promotion du droit à l'alimentation et le d.d.U.O. conséquent du 31 mai 2018, n° 15780. Nomination des membres du Conseil régional pour la promotion du droit à l'alimentation, loi régionale n° 34 du 5 Novembre 2015.

380 D.g.r. 891 du 26 Novembre 2018, Promotion des activités pour la reconnaissance, la protection et la promotion du droit à l'alimentation biennale 2019/2020. Déterminations.

381 Décret d'application d.d.u.o. n° 6606 du 8 Juin 2020.

382 Riccardo De Corato, S. Fossati, Esame della relazione n. 105 del 2017 « Relazionesullo stato di attuazione della legge regionale 6 novembre 2015, n. 34 legge di riconoscimento, tutela e promozione del diritto al cibo », Comitato Paritetico di Controllo e Valutazione, Regione Lombardia, 26 ottobre 2017, p. 4.

383 R. Guerini, U. Palaoro, F. Bongiovanni, A. Dal Bianco, L. Bandera, C. Lodi Rizzini, F. Maino (dir.), Rapporto di ricerca « Stato di attuazione della Legge Regionale 34/2015 sul diritto al cibo. Risultati conseguiti e proposte operative per migliorare l'impatto della legge » (Cod. Éupolis Lombardia GEN16003), Eupolis Lombardia, 2017.

384 R. De Corato, S. Fossati, Esame della relazione n. 105 del 2017 op. cit., p. 22.

à la Direction Générale de l'agriculture dans la mesure où les ressources allouées dans le budget pour financer les initiatives de promotion du droit à l'alimentation sont de son ressort alors que les objectifs de la loi de 2015 sont assurément plus larges[385]. « En effet, l'absence d'une identification initiale claire de la Direction Générale "chef de file" semble avoir été la plus grande faiblesse de la mesure: toutes les Directions Générales interrogées s'accordent à dire que c'est le "péché originel" de la loi 34/2015 »[386]. En outre, comme l'alimentation est une compétence partagée entre Etat et régions, l'articulation institutionnelle peut être source de difficultés comme frein à une approche holistique de la question[387].

Compte tenu de ces difficultés de gouvernance et pilotage, le Conseil Régional de Promotion du Droit à l'Alimentation, depuis sa mise en place en 2017, a joué un rôle minime. En effet, contrairement aux intentions initiales, ce Conseil ne remplit pas les ambitions d'une arène participative permettant une logique bottom-up; seuls les poids lourds du secteur agro-alimentaire et de la distribution auraient été intégrés, ne permettant pas à la société civile de s'impliquer[388]. En outre, la loi n'a jamais été invoquée en justice[389]. En réalité, la loi fut adoptée rapidement dans le cadre de l'exposition universelle de Milan sans concertation préalable avec les divers acteurs impliqués, ce qui constitue un obstacle à sa mise en œuvre[390].

En dépit de ces limites, cette loi a eu un effet d'entrainement non négligeable; après l'adoption de la loi régionale de Lombardie en 2015, deux autres régions (Piemont et Abrruzes) ont introduit des références au droit fondamental à l'alimentation dans certaines de leurs dispositions. Ainsi, l'article 2 des statuts de la Ville de Turin dispose que l'un des objectifs de la Municipalité est de

---

385 R. De Corato, S. Fossati, Esame della relazione n. 105 del 2017 op. cit., 2017, p. 22.

386 Idem, p. 23.

387 T. Ferrando, et al., « TheRight to food in Italy between present and future. op. cit. pp. 10–11.

388 T. Ferrando, et al., The Right to food in Italy between present and future. op. cit., pp. 11–13.

389 Entretien n°8.

390 Entretien n°8.

(o) promouvoir la mise en œuvre du droit à une alimentation adéquate, entendu comme le droit d'avoir un accès régulier, permanent et gratuit à une alimentation de qualité, suffisante, nutritive et saine, acceptable d'un point de vue culturel et religieux, qui garantisse la satisfaction mentale et physique, individuelle et collective, nécessaire pour mener une vie digne[391].

L'article 7-bis des statuts de la Commune d'Abbruzes, intitulé « Droit à l'alimentation » reconnait que

> La Région promeut le droit à l'alimentation et à une nutrition adéquate, entendu comme le droit d'avoir un accès régulier, permanent et libre à une alimentation de qualité, suffisante, saine et culturellement appropriée, qui garantit la satisfaction mentale et physique, individuelle et collective, nécessaire pour mener une vie digne,

et que pour la mise en œuvre de ce droit, la Région prend des mesures pour lutter contre le surpoids et l'obésité « en tant qu'aspects fondamentaux du droit à la santé, également dans sa spécification en tant que droit à un environnement sain, et soutient les activités d'information et de sensibilisation ». Cependant, comme ce droit n'est pas inscrit dans une loi mais dans des statuts de la Ville, sa portée juridique est contestée[392].

Conclusion

Cette partie a tenté de synthétiser le droit mou et dur, national et supranational, qui reconnaît des droits et des devoirs en matière d'alimentation saine. A partir de cette analyse, nous pouvons considérer qu'un droit à une alimentation saine existe dans certains systèmes juridiques de *lege lata*, soit explicitement, soit comme un droit implicite résultant du droit à la santé, et/ou du droit à la vie et/ou du droit à un environnement sain avec le concept de dignité en arrière-plan. Par conséquent, contrairement à l'approche réductionniste issue du Pacte des Nations Unies de 1966, le droit à une alimentation saine (et le devoir correspondant) n'est pas (ou du moins pas seulement) un droit de deuxième génération. Nous avons montré comment ce droit transcende les droits de toutes les générations, et comment il se situe à l'intersection

---

391 http://www.comune.torino.it/amm_com/statuto/statuto.html

392 Entretien n°8.

entre les droits des consommateurs, les droits à la vie digne et à la santé et la protection de l'environnement. Nous avons même soutenu que, plus récemment, il est devenu un droit autonome et qu'il présente certaines similitudes avec le droit à un environnement sain, dans lequel il est parfois absorbé. Les Etats oscillent entre une approche individuelle, de groupes mais ont très rarement franchi le pas vers un droit collectif.

Les deux initiatives récentes en Italie et au Portugal ont révélé combien l'approche par les droits fondamentaux, en lien aux questions de santé, de dignité et de droit à un environnement sain connait un nouveau soutien; ces tentatives (dont l'une a abouti) ont révélé que les enjeux d'alimentation doivent être pensés de concert avec les transitions des pratiques agricoles et écologiques. En effet, comme nous l'analyserons dans la quatrième partie, les volets nutritionnels et écologiques peuvent être pensés comme les deux faces d'une même médaille; il est question désormais de régimes sains et durables.

Le droit à une alimentation saine, inexistant dans de nombreux Etats, balbutiant ou en émergence dans d'autres, n'est qu'au début d'un processus semé d'embûches; il devrait sans doute connaître de nouveaux développements dans les années à venir, avec la multiplication des affaires portées en justice concernant les effets néfastes sur la santé humaine d'accès à des aliments malsains. L'approche *One Health* devrait offrir également des potentialités nouvelles. Ce qui n'est pas encore clair, c'est la définition de la responsabilité partagée des Etats, de l'industrie alimentaire et potentiellement des individus lorsqu'ils ne font pas de choix sains alors qu'ils y ont accès.

Cette partie a également clairement révélé des enjeux de mauvaise gouvernance que nous retrouverons dans la quatrième partie.

Sans surprise, certains Etats européens, réticents à la reconnaissance d'un droit fondamental à une alimentation saine ou nutritive, se sont ainsi engouffrés dans une voie moins ambitieuse de régulation sectorielle. Cette option peut-elle alimenter l'approche par les droits humains? En d'autres termes, est-elle portée en référence aux droits subjectifs détenus individuellement ou collectivement par les individus? C'est l'objet de la partie suivante.

3ème partie

LA RÉGLEMENTATION SECTORIELLE PAR L'ENCADREMENT DES ACIDES GRAS TRANS ET SATURÉS ET BOISSONS SUCRÉES EN EUROPE: UNE APPROCHE DES DROITS HUMAINS ABSENTE[393]

§ Le sucre, le rhum et le tabac, qui ne sont en rien des denrées de première nécessité, sont devenus des produits de consommation courante presque partout, et constituent de ce fait des supports tout à fait propices à la taxe.[394]

Nous avons expliqué, dans les deux premières parties, combien l'approche par les droits humains en Europe avait été très timide, spécialement à la lumière des développements normatifs sur d'autres continents. Il importe désormais de mieux comprendre ce que les tentatives d'encadrement réglementaire privilégiées en Europe font à l'approche par les droits humains. Permettent-elles de se passer d'un droit à l'alimentation saine et durable? Ou au contraire, pourraient-elles mettre en lumière la valeur ajoutée de cette approche par les droits fondamentaux?

Depuis une cinquantaine d'années, nos habitudes alimentaires, en Europe plus qu'ailleurs, ont profondément changé. Or, ces évolutions ont provoqué de graves répercussions sur notre santé et par conséquent

---

393 Cette partie a été rédigée par Elisabeth Lambert et Aziliz Le Bourhis (diplômée M2 en droit de l'environnement). Aziliz Le Bourhis a réalisé son stage de fin de M2 sous la direction d'Elisabeth Lambert dans le cadre du programme USIAS d'avril à juillet 2021.

394 A. Smith, *The Wealth of Nations*, 1776.

grèvent lourdement les systèmes de santé européens[395]. Deux sujets ont particulièrement préoccupé les pouvoirs publics ces quinze dernières années, à savoir la consommation d'acides gras saturés et trans d'une part, la consommation de boissons sucrées d'autre part.

Certains acides gras trans et saturés[396] se trouvent en grandes quantités dans notre alimentation puisque les industriels les ont favorisés et même commercialisés à grande échelle en raison de leurs avantages, dont leur faible coût[397]. Or, il est admis que les acides gras trans industriels ne sont aucunement nécessaires à l'alimentation humaine[398] et pourraient donc être tout à fait remplacés[399]. Par ailleurs, la consommation d'acides gras saturés est surtout problématique dans deux parties du monde: l'Europe et l'Amérique du Nord puisque « l'apport de graisses saturées est égal ou supérieur à 10% de l'apport énergétique[400]» et la situation est même plus

---

395 L'augmentation du nombre de pathologies liées à une mauvaise alimentation engendre pour les services de santé au sein de l'Union européenne une dépense estimée à deux cents milliards d'euros par an. European Heart Network, CardioVascularDisease Statistics 2017, p. 180, §1. Pour s'en tenir à un cas précis, le coût du surpoids et de l'obésité infantile en Irlande est estimé à 7,2 milliards d'euros pendant la durée d'une vie. Le coût représente 18 000£ par personne en Irlande du Nord. (2017) *Food&Drink BusinessEurope §1*

396 La catégorie des acides gras trans fait partie de la catégorie des acides gras insaturés. Le Règlement (UE) No 1169/2011 du Parlement européen et du Conseil du 25 octobre 2011 concernant l'information des consommateurs sur les denrées alimentaires (p. 25, §4), définit les acides gras trans comme « les acides gras qui présentent au moins une liaison double non conjuguée (c'est-à-dire interrompue par au moins un groupement méthylène) entre atomes de carbone en configuration trans. » Les acides gras trans naturels sont produits dans l'intestin de certains animaux et peuvent se retrouver au sein d'aliments fabriqués à partir de ces derniers comme le lait ou les produits carnés. Les acides gras trans artificiels sont fabriqués par les industriels depuis environ quatre-vingt-dix ans.

397 Les avantages étant nombreux car ils sont peu chers, semi-solides à température ambiante, ce qui les rend plus faciles à manipuler pour réaliser des aliments cuisinés. Ils ont une durée de conservation très longue et peuvent être soumis à des cuissons répétées.

398 European Commission (2019) Commission Staff working document impact assessment,p. 9, §1 « trans fats are not synthesised by the human body and are not required in the human diet ».

399 Nutrition: Trans fat Q &A World Health Organization. 4e réponse http://who.int/newsroom/a-a-detail/nutrition-trans-fat [en ligne] [26 juillet 2021].

400 OMS, Régime alimentaire, Nutrition et prévention des maladies chroniques, Rapport d'une consultation OMS/FAO d'experts, Série de Rapports techniques 916, p. 16.

préoccupante que pour la consommation d'acides gras trans[401]. De surcroit, l'OMS souligne qu'au regard de l'augmentation de la consommation d'huile de palme dans le monde, certaines régions encore épargnées pourraient être à leur tour concernées par la problématique des acides gras saturés[402]. Les acides gras saturés sont naturellement présents dans certaines graisses comme l'huile de palme, le beurre et très présents dans tous les produits d'origine animale. La proportion de graisses animales sur l'ensemble des graisses consommées est ainsi un bon indicateur; selon les études nationales, si cette proportion « est inférieure à 10% dans certains pays (République Démocratique du Congo, Mozambique, Nigéria, Sao Tomé-et-Principe, Sierra Leone), (...) elle est supérieure à 75% dans certains Etats européens (Danemark, Finlande, Hongrie, Pologne)[403] ». Pour les acides gras saturés d'origine végétale, l'impact est aussi environnemental en raison de la déforestation[404] engendrée par la consommation exponentielle d'huile de palme, de coprah ou de palmiste, y compris au sein de l'Union européenne[405]. Aussi, les appels se multiplient en vue de réduire la consommation d'acides gras[406]. Si L'huile de palme présente de nombreux avantages au stade de la production[407], les effets

401 Par exemple, seulement 2% à 4% des adultes anglais respectent les recommandations établies. WHO/ FAO Diet, Nutrition and the prevention of chronic diseases *WHO Technical Report Series*, p. 45 para. 3.

402 WHO/ FAO Diet, Nutrition and the prevention of chronic diseases, op. cit., p. 20 para. 1., avec l'exemple de l'Asie du Sud-Est.

403 OMS, Régime alimentaire, Nutrition et prévention des maladies chroniques, Rapport d'une consultation OMS/FAO d'experts, Série de Rapports techniques 916, p. 16.

404 Cabinet 3 Keel, « Déforestation importée arrêtons de scier la branche! », WWF France 2018 ; et « Stratégie nationale de lutte contre la déforestation importée 2018–2030 », *Ministère de la transition écologique et solidaire*, 2018.

405 Entre 2005 et 2015, la consommation de l'huile de palme a progressé de 64%, dont 43% de cette consommation est utilisée pour l'alimentation. INFOCOMM et CNUCED, « Huile de palme », *Nations Unies CNUCED*, p. 13, §3.

406 Pour les acides gras saturés: I. Margaritis, « Place des lipides dans l'alimentation », *AFSSA*, 2007, p. 5. Pour les acides gras trans: WHO, « Europe leads the world in eliminating trans fats », *WHO*, 2014; EFSA, « Scientific and technical assistance on *trans* fatty acids; des acides gras trans apportés par les aliments. Recommandation », AFSSA France, 2005.

407 Très rentable en raison de son fort rendement et pour le moindre besoin en engrais, son rendement est d'environ 4 tonnes/ha/an, contre 0, 4 t de soja et ses besoins en engrais sont de 213 kilos par tonne d'huile produite, contre 250 pour le soja.

sanitaires néfastes de ces acides gras sont maintenant bien documentés[408], indépendamment des problématiques de surpoids.

Par ailleurs, l'augmentation de la consommation de boissons contenant des sucres ajoutés, définies comme des boissons auxquelles « on a ajouté une quantité substantielle de sucre[409] », est admise comme l'une des principales causes de l'augmentation de l'obésité[410]. L'ensemble des méfaits[411] d'une consommation trop riche en sucre fait désormais consensus mais les mesures pour la limiter (notamment à destination des enfants) demeurent encore insuffisantes[412]. Les gouvernements ont été interpellés afin de trouver des solutions, dont la mise en place de plans d'action[413] visant l'éducation, la prévention et la taxation.

Eu égard le premier cas d'étude, nous avons décidé de nous focaliser sur les États ayant tenté d'encadrer les acides gras et ainsi nous analyserons les différentes normes réglementaires prises par le Royaume-Uni, la Suisse

---

P. Bois d'Enghien, « Peut-on se passer d'huile de palme pour nourrir l'humanité? », *La Tribune, 2015, §4.*

408 European Commission, 11 October 2016, Initiative to limit industrial trans fats intakes in the EU, p 1, §2. S.M. Teegala, W.C. Willett, D. Mozaffarian, « Consumption and health effects of trans fatty acids: a review », *Journal of AOAC International*, 2009(92), 5, pp. 1250–1257.

409 Définition de Rosannie Filato dans l'article de Jeanne Corriveau (16 décembre 2017) La « boisson sucrée », une cible à définir, *Le Devoir*, Montréal https://www.ledevoir.com/politique/montreal/515332/boissons-sucrees [en ligne] [17/11/2020].

410 Cette forte consommation vaut par exemple en Irlande où 37% des 18–64 ans consomment des boissons avec des sucres ajoutés. (Institute of Public Health in Ireland (2012) Proposed Sugar Sweetened Drinks Tax: Health Impact Assessment. Conclusions p. 89).

411 L.A. Te Morenga, S. Mallard et J. Mann, « Dietary sugars and body weight: systematic review and meta-analyses of randomised controlled trials and cohort studies », *BMJ (Clinical research* ed.), 2013, vol. 346, p. 7492. L.A. Te Morenga, A. J. Howatson, R. M. Jones et J. Mann, « Dietary sugars and cardiometabolic risk: systematic review and meta-analyses of randomized controlled trials of the effects on blood pressure and lipids », *The American Journal of Clinical Nutrition*, 2014, vol. 100, n° 1, p. 6579.

412 Selon l'Unicef (2019) Implementing Taxes on Sugar-Sweetened Beverages: an overview of current approaches and the potential benefits for children: un enfant devrait consommer moins de 25 grammes de sucre par jour alors que les cannettes de soda contiennent environ 40 grammes de sucre.

413 En France: Plan National Nutrition Santé (2001–2005) prolongé en 2006 puis en 2011 et désormais le Plan National Nutrition Santé (2019–2023). En Irlande: A healthy weight for Ireland: obesity policy and action plan 2016–2025.

et la France tout en analysant le rôle joué par les instances internationales comme l'OMS, la FAO et l'UE. Accessoirement, et dans la mesure où ces mesures sont en lien avec les actions des pouvoirs publics, nous nous attarderons sur les mesures volontaires prises par les industriels. Par contre, cet article ne couvrira pas les mesures d'étiquetage, car de nombreuses publications existent déjà sur ce sujet. Concernant les boissons sucrées, l'étude portera sur trois États européens; en France, où la première taxe est mise en place en 2012[414], le Royaume-Uni, où une mesure similaire est adoptée en 2016[415] et en 2018 avec l'Irlande[416].

Les rares études sur les acides gras ont consisté en de courtes notes sur la mise en place de telles mesures ponctuelles, comme la taxe française[417]. Quelques études traitent de l'état des lieux de la fiscalité comportementale[418] et fournissent également des recommandations[419] quant à la marche à suivre pour la mise en place de réglementations. On constate tout particulièrement l'absence d'études traitant de l'articulation des justifications sanitaires et environnementales pour l'instauration de réglementations sur certains acides gras. Plus spécialement, on relève l'absence de publication en droit comparé et d'analyse adoptant une approche en sociologie du droit en se focalisant sur les motivations et les circonstances de la mise en place de ces mesures gouvernementales. Eu égard la thématique des boissons sucrées, le cas danois, précurseur en Europe dans l'adoption de réglementations, a été plus étudié[420]. Par ailleurs, les rares publications sur la réglementation des boissons sucrées consistent en de courtes notes exposant différents

---

414 LFSS pour 2012, n°2011-1906 du 21 décembre 2011.

415 2018 N°41. La Soft drinks industry levy Regulations 2018 adoptée le 15 Janvier 2018, entre en application le 6 avril 2018.

416 La Sugar sweetened drinks tax entre en application le 1er mai 2018.

417 A. De Ravignan, « Huile de palme: la fausse bonne idée de la taxe Nutella », *Alternatives économiques*, 2016, n°357, p. 60.

418 P-Y Cusset, « L'effet des taxes comportementales Revue (non exhaustive) de la littérature », *Commissariat général à la stratégie et à la prospective*, 2013. V. Petkantchin, « Les écueils de la fiscalité dite 'comportementale' », *Note économique de l'IEM,* Rapp. Sénat n°399, 26 Février 2014.

419 S. M. Downs, A-M. Thow & Stephen R Leeder, « The effectiveness of policies for reducing dietary trans fat: a systematic review of the evidence », *WHO*, 2013.

420 A. Alemanno, I. Carreno, « Fat taxes in the EU between fiscal austerity and the fight against obesity », *Eur. J. Risk Reg.* 2011(2), p. 571.

points de vue sur l'instauration de ces taxes[421], des rapports sur la fiscalité comportementale[422] et finalement des articles rendant compte des effets de chacune de ces taxes[423]. Aucune étude ne s'attache à analyser et à comparer les taxes des trois États considérés ni à comprendre les leviers et verrous à la mise en place de ces mesures. Ce sont ces lacunes que cette recherche entend ainsi combler.

Cette partie prend pour constat de départ les hypothèses suivantes: la responsabilité prioritaire des pouvoirs publics de garantir la santé des individus mais aussi les difficultés de réglementer un secteur en raison de la liberté du commerce d'une part, la liberté des mangeurs d'autre part. La question qui se pose est donc celle de savoir comment les acteurs publics ont tenté de mieux réglementer la production, commercialisation et/ou consommation des acides gras et des boissons sucrées; quels facteurs ont pu servir de leviers et quels autres se sont révélés être des obstacles? L'approche des droits fondamentaux est-elle perceptible en filigrane de cette fabrique normative? Cet encadrement réglementaire concurrence-t-il l'approche par les droits humains?

Cette étude a ainsi pour objet de répondre aux questions suivantes: selon quels motifs et avec quels outils juridiques ces États ont-ils tenté de mieux encadrer les acides gras et boissons sucrées? Quels enjeux et quelles valeurs ont été pris en compte lors des choix opérés par les pouvoirs législatif et exécutif? Quelle est la place respective des acteurs européens, nationaux et internationaux? Comment s'articule l'encadrement réglementaire à visée nutritionnelle avec celui à visée environnementale? Dans quelle mesure les actions volontaires se sont-elles articulées positivement avec des mesures contraignantes?

La méthodologie pour cette étude de droit comparé, laquelle adopte également une approche de sociologie du droit, se focalise classiquement sur une analyse des textes législatifs et normes élaborées aux niveaux

---

421 M. Cabrera Escobar, et al., « Evidence that a tax on sugar sweetened beverages reduces the obesity rate: a meta-analysis », *BMC Public Health*, 2013, Vol. 13/1, p. 1072. R. Griffith, M. Lührmann, M. O'Connell & K. Smith, « Using taxation to reduce sugar consumption », *IFS Briefing Note BN18*, 2016.

422 Rapp. Sénat n°399, 26 février 2014.

423 D. Madden, « The poverty effects of a 'fat-tax' in Ireland », *Health Economics*, 2013 ; O. Allais, et al., « The Effects of a 'Fat Tax' on the Nutrient Intake of French Households », *International Congress of the European Association of Agricultural Economists, Ghent*, 26–29 August, 2008.

supra-national et national, mais aussi sur un examen approfondi des travaux préparatoires afférents à leur adoption afin de comprendre les enjeux et les motivations liés à l'instauration de ces mesures, le tout complété d'entretiens afin d'affiner l'analyse qualitative. Comme l'approche des pouvoirs publics est fondamentalement sectorielle, nous procéderons à une analyse des ressorts de la mise à l'agenda des acides gras et boissons sucrées (I), avant de comprendre les outils mobilisés par le législateur (II) et d'en dégager les enseignements généraux quant aux leviers et verrous à un encadrement d'une alimentation saine et durable, en lien à l'approche par les droits humains (III).

I. La mise à l'agenda législatif des acides gras et boissons sucrées

L'étude des textes préparatoires et normes adoptées appelle à s'interroger sur les raisons de la mise à l'agenda de la réglementation des acides gras (A) et des boissons sucrées (B).

A. La mise à l'agenda de la réglementation des acides gras

Nous allons examiner quels furent les facteurs conduisant à la mise à l'agenda des pouvoirs publics de la question de l'encadrement des acides gras dans l'alimentation humaine. Une analyse comparée entre acides gras trans et acides gras saturés illustre les leviers et obstacles dans la réglementation en réseau à l'échelle européenne. Les données juridiques disponibles pour les acides gras trans[424] se sont révélées plus facilement accessibles.

---

[424] Pour les acides gras trans, de nombreuses bases de données sont disponibles pour comparer les différentes législations. European Commission (2019) Commission staff working document accompanying the document, Commission Regulation amending Annex III to Regulation (EC) N° 1925/2006 of the European Parliament and of the Council as regards trans fat, other than trans fat naturally occurring in animal fat, in foods intended for the final consumer, p. 118, Tableau.

Le rôle moteur de l'OMS et de la FAO quant à la mise à l'agenda des effets sanitaires des acides gras trans et saturés

Au début des années 2000, l'OMS et la FAO jouent un rôle précurseur et de sensibilisation fondamental auprès de l'Union européenne et d'un certain nombre d'États européens.

Sur les acides gras trans industriels, il existe désormais une production de connaissances et un consensus scientifique sur leur nocivité, tant au niveau de l'OMS et de la FAO que d'agences nationales[425]. En effet, une consommation accrue en acides gras trans de 2%, augmente de 23% le risque de maladies coronariennes. Une consommation encore plus importante multiplie tous les risques de mortalité. Dans tous les cas, elle entraîne un coût économique important sur les services de santé et l'assurance maladie. Par exemple, au Royaume-Uni, en 2010, 180 000 personnes décédaient de maladies cardiovasculaires pour un coût de 26 milliards d'euros[426]. Parmi elles, 80 000 personnes décédaient de maladies coronariennes dont 7 000 personnes à cause de la consommation d'acides gras trans[427]. Un excès de consommation d'acides gras trans peut également entraîner des conséquences sur le fœtus et le développement du jeune enfant lors de l'allaitement[428].

Le problème posé par les acides gras trans n'est pas comparable à la problématique liée à la consommation d'autres aliments néfastes pour la santé. En effet, contrairement à la consommation du sucre encadrée lors des régimes en lien à l'apparition de certaines pathologies (obésité, surpoids, diabète...), la consommation d'acides gras trans ne fait pas

---

425 Pour exemple, les études élaborées par des organisations internationales: WHO, « Europe leads the world in eliminating trans fats », *WHO*, 2014; FAO, « Fats and fatty acids in human nutrition », *FAO food and nutrition paper n°91* 2008; EFSA, « Scientific and technical assistance on *trans* fatty acids », 2018. Au plan national: TSO, « Update on trans fatty acids and health », 2007; AFSSA, « Avis de l'agence française de sécurité sanitaire des aliments sur l'estimation des apports en acides gras trans de la population française », 2009 ; « Trans fatty Acid Survey », *Food Safety authority of Ireland*, 2007.

426 N. Townsend, K. Wickramasinghe, P. Bhatnagar, et al., « Coronary heart disease statistics », *British Heart Foundation* 2012.

427 The Richardsons Group (2010) Memorandum: Drink and drug driving law – written evidence.

428 P. Rüegg, «Too many unhealthy trans fatty acids », *ETH* 2007; L. Massonat, « Les acides gras chez la femme enceinte », *HAL* 2017, p. 50 §2.

l'objet de la même surveillance, même si un certain nombre de produits dépassent les seuils conseillés. De plus, la consommation est très inégale entre États européens et entre différents groupes socio-économiques au sein d'un même pays[429]. Si l'ensemble de la consommation d'acides gras trans doit diminuer, il est assurément plus facile de supprimer les acides gras trans industriels qui sont ajoutés à une préparation et ne sont pas naturellement présents dans le produit brut. Aussi, les mesures instaurées par les États ont surtout pour objectif d'agir sur les acides gras trans industriels d'autant que très peu d'aliments naturels ont des taux d'acides gras trans dépassant les limites conseillées[430]. Dès lors, les acides gras trans d'origine naturelle ne sont pas pris en compte dans la mise en place des mesures considérées puisqu'ils sont en quantités relativement constantes et basses et leur présence dans les produits tirés de ruminants contribue à l'« apport de nutriments essentiels au régime alimentaire de l'UE »[431]. Certaines études expliquent même qu'il n'est pas prouvé que la consommation de tels acides gras trans ait un impact négatif sur la santé[432]. A l'inverse, certains produits composés d'acides gras trans industriels dépassent largement les seuils conseillés. De plus, il est admis que les acides gras trans industriels utilisés en raison de leurs avantages pratiques et financiers pourraient être remplacés facilement par des acides gras plus sains pour la santé[433].

Indéniablement, les études sont nombreuses pour constater la nocivité sur la santé[434] d'une consommation d'acides gras saturés trop

---

429 Les plus concernés étant les adolescents masculins, les étudiants ainsi que les consommateurs de fast-food. S. Stender, A. Astrup, J. Dyerberg, « Tracing artificial trans fat in popular foods in Europe: a market basket investigation », *BMJ Open.*, 2014(4), vol. 5.

430 Selon un rapport de l'AFSSA de 2005 « *Risques et bénéfices pour la santé des acides gras trans apportés par les aliments – Recommandations »:* la limite recommandée pour la consommation d'acides gras trans serait de 2% de l'AET (Apports énergétiques totaux).

431 COM (2015) 619 final p. 16 §6.3 .

432 D. Mozaffarian, M.J. Stampfer, « Removing industrial trans fat from foods », *BMJ*, 2010, 340: c1826.

433 Les acides gras trans pourraient être remplacés par des acides gras monoinsaturés (les omégas 9) et les acides gras poly-insaturés (les omégas 3 et 6), indispensables à une bonne santé cardiovasculaire. Dr F. Mendy, « Un regard passionné sur les lipides ou matières grasses », *EDP Sciences,* 2016, p. 73 pour les acides gras mono-insaturés, p. 97 pour les acides gras polyinsaturés.

434 Des apports importants d'acides gras saturés augmentent le risque cardiovasculaire. Publication du Conseil Supérieur de la Santé n°8464.

importante[435]. Contrairement aux acides gras insaturés, les acides gras saturés causent la formation d'athéroscléroses responsables de maladies cardiaques[436].

Nos recherches permettent de constater que deux organisations internationales, l'OMS et la FAO, ont joué un rôle majeur dans la prise de conscience des dangers des acides gras trans jugeant nécessaire que ce combat soit mené conjointement[437]. En 2002, l'OMS avec la FAO dans leur mobilisation pour la prévention des maladies non transmissibles, recommandent une réduction de la consommation des acides gras trans[438]. En 2003, ces deux organisations préconisent que la consommation d'acides gras trans soit même la plus faible possible[439]. Aussi, le Codex Alimentarius qui réunit un ensemble de « normes de lignes directrices et de codes d'usages[440]» elaborées par la FAO et l'OMS considère nécessaire d'introduire des limites maximales d'acides gras trans industriels dans les produits finis[441]. De façon tout à fait concomitante, en 2003, le Danemark[442] va être le premier État européen à limiter les acides gras trans industriels dans le monde avec la mise en place d'une limite législative à 2% de la teneur totale en graisses[443]. Cette taxe fut motivée par une évaluation des risques demandée par le *Danish Veterinary and Food Administration* et conduite par le Conseil National

---

435 Notamment: J. B. German & C. J Dillard, « Saturated fats: what dietary intake? », *Am J Clin Nutr*, 2019.

436 « Les gras saturés, les maladies du cœur et de l'AVC », *Frmcoeur.ca*, 2015, p. 7 §1. AFSSA , « Acides gras alimentaires et cancers: état des connaissances et perspectives », *NACR*, 2003, p. 48.

437 Pour la FAO: Prepared by Canada, « Joint FAO/ WHO food standards programme codex committee on nutrition and food for special dietary uses », *FAO WHO*, 2017, p. 3, §3 & 8. Pour l'OMS: OMS, « Healthy diets », *Fact sheet n°394* 2018, p. 1 §4.

438 La consommation devant être inférieure à 1% du besoin énergétique total: « The joint WHO/ FAO Expert consultation on diet, nutrition and the prevention of chronic diseases », *WHO*, 2002.

439 WHO/ FAO, « Diet, nutrition and the prevention of chronic diseases », *Technical report series*, 2003, p. *916*.

440 Site web du Codex Alimentarius [12 juillet 2021].

441 Bundesamt für Gesundheit, « Notice d'information. Les acides gras trans: recommandations de l'Office fédéral de la santé publique », 2006, p. 2 §4.

442 Order No. 161, 11 Mars 2003.

443 « Replace trans fat », *WHO*, 2018, p. 3 §1.

pour la Nutrition sur la base d'études scientifiques internationales déjà menées sur ce sujet[444]. Le risque de la consommation des acides gras trans avait déjà été discuté au début des années 1990[445] et une étude en 1995 avait été dirigée pour évaluer la consommation d'acides gras trans dans toute l'Europe[446]. Le Danemark a donc finalement suivi les recommandations formulées par des organisations comme l'OMS[447] de limiter l'apport d'acides gras trans[448].

Ce rôle d'alerte de l'OMS et de la FAO va être réitéré et affiné géographiquement afin de resserrer la pression sur les États européens. Effectivement, en 2014, le bureau régional de l'OMS pour l'Europe, soulignant que l'Europe est la région du monde la plus affectée par les maladies non transmissibles[449], se positionne sur plusieurs objectifs[450], dont celui d'inciter les États membres à prendre des mesures individuelles et d'appeler l'Union Européenne à émettre une interdiction générale ou une limite de consommation pour l'ensemble des États et ainsi harmoniser les réglementations[451]. L'OMS et la FAO revendiquent donc l'interdiction des acides gras trans ou l'adoption d'une politique par seuils. En 2016, le Canada présentait à la Commission du Codex Alimentarius une proposition d'étiquetage pour mentionner l'absence d'acides gras trans dans un produit[452]. Cette question avait déjà été soulevée, au Sénat français, en 2008 par Mme Odette Terrade après une étude épidémiologique mettant en exergue la relation entre le cancer du sein et le taux d'acides gras trans dans le sang[453]. Le Ministère de

---

444 National Nutritional Council, *The Influence of trans fatty acids on health*, 2003, Fourth edition.

445 W. C. Willet et al, « Intake of *trans* fatty acids and risk of coronary heart disease among women », *Lancet,* 341, 1993, pp. 581–585.

446 G. Van Poppel et al, « Trans fatty acids in foods in Europe: the TRANSFAIR Study», *J Food Composit Anal,* 11, 1998, pp. 112–136.

447 « Diet, Nutrition and the prevention of chronic diseases, Report of the joint WHO/FAO expert consultation », WHO Technical Report Series, 2003, No. 916.

448 Ministry of Food, Agriculture and Fisheries of Denmark, « Danish data on *trans* fatty acids in foods ».

449 Comité régional de l'Europe, « La stratégie européenne sur les maladies non transmissibles », *OMS Europe*, 2004, p. 1 §1.

450 WHO, « European Food and Nutrition Action Plan 2015–2020 », 2014.

451 Idem, p. 10, §9.

452 Joint FAO/ WHO, « Food standards programme codex committee on Nutrition and foods for special dietary uses» , CX/NFSDU 16/38/10, 2016.

453 Question écrite n°04351 de Mme Odette Terrade JO Sénat du 08/05/2008, p. 903.

l'économie, de l'industrie et de l'emploi estimait à cette époque que les mesures concernant l'étiquetage relatif aux qualités nutritionnelles des aliments était issues d'une harmonisation communautaire[454]. L'indication des acides gras trans sur l'emballage restait donc facultative. La seule marge de progression devait être initiée par les démarches volontaires des industriels[455].

Selon un second objectif, présenté par l'OMS, qui couvre aussi les acides gras saturés, chaque État devrait exiger des industriels la réduction de politique de promotion des produits contenant de tels acides gras tout en soutenant parallèlement l'importance de la consommation de fruits et légumes[456].

Les incitations financières se cumulent aux incitations sanitaires puisqu'une étude de l'OMS défend les bénéfices d'une restriction des acides gras trans sur la santé mais aussi sur l'économie des dépenses de santé au sein de l'Union européenne. Selon une étude de 2016 pilotée par C. Martin-Saborido, la potentielle réduction des coûts de santé sur l'ensemble du territoire européen s'élèverait à cinquante et un millions d'euros sur la durée moyenne d'une vie[457]. On peut supputer que ces arguments financiers ont aidé et encouragé les États à prendre des mesures, afin que le Ministère de la santé soit épaulé par le Ministère du budget au moment des arbitrages gouvernementaux, notamment face aux Ministères de l'économie et de l'agriculture.

Sur cette question assez consensuelle des acides gras trans d'origine industrielle, il était donc assez évident pour des organisations comme l'OMS et la FAO non seulement d'endosser un rôle d'alerte mais aussi d'aller au-delà en suggérant des mesures précises, telle que l'interdiction radicale ou une réglementation par seuils.

Concernant les acides gras saturés, la mobilisation de l'OMS et de la FAO fut également pionnière. Selon un rapport d'experts préparé conjointement par l'OMS et la FAO en 2010, la consommation d'acides

---

454 Directive n°90/496/CEE du 27/09/1993.

455 Réponse du Ministère de l'économie, de l'industrie et de l'emploi. JO Sénat du 26 Juin 2008. p. 1286.

456 WHO, « European Food and Nutrition Action Plan 2015–2020 », p. 11, §2.

457 C. Martin-Saborido, « Public health economic evaluation of different European Union–level policy options aimed at reducing population dietary trans fat intake », *The American Journal of Clinical Nutrition*, 2016, p. 1218, §4.

gras saturés ne doit pas dépasser 10% du besoin énergétique total et 7% pour les groupes à risque élevé[458]. Dans ce rapport de 2010, il est admis qu'un régime alimentaire riche en acides gras saturés contribue (avec d'autres facteurs et notamment la sédentarité) à « l'épidémie mondiale de diabète de type 2[459]» et provoque une intolérance au glucose. De plus, « Il apparaît clairement que l'apport d'acides gras saturés est directement lié au risque cardio-vasculaire[460]». De façon plus stricte, l'EFSA (European Food Safety Authority, Autorité européenne de sécurité des aliments), quant à elle, recommande que la consommation d'acides gras saturés soit la plus basse possible[461].

L'effet d'entraînement sur certains États européens et sur l'UE

Le Danemark fut le premier État européen à rapidement réagir aux alertes et recommandations lancées par l'OMS et la FAO et a, de ce fait, voulu endosser un rôle moteur au sein de l'Union européenne.

La prise de position tardive de l'Union européenne sur les acides gras trans pourrait s'expliquer par le constat selon lequel une grande majorité de la population européenne consomme une quantité d'acides gras trans en dessous des seuils maxima conseillés[462]. Toutefois, des inégalités sont visibles entre les États et surtout entre les classes sociales et les différentes tranches d'âge au sein d'un même État[463]. En réalité, le changement au sein de l'Union européenne s'est effectué sous l'effet de plusieurs facteurs, d'une part la pression du Danemark, d'autre part la production

---

458 OMS, Régime alimentaire, Nutrition et prévention des maladies chroniques, Rapport d'une consultation OMS/FAO d'experts, Série de Rapports techniques 916, p. 75.

459 Idem, p. 62. « Les indications selon lesquelles les acides gras saturés augmentent le risque de diabète de type 2 et les PNA sont protecteurs sont plus convaincantes que celles qui concernent plusieurs autres nutriments auxquels on a attribué une influence ».

460 Idem, p. 75.

461 EFSA, « Scientific opinion on dietary reference values for fats, including saturated fatty acids, polyunsaturated fatty acids, monosaturated fatty acids, trans fatty acids, and cholesterol », *EFSA Journal*, 2010, p. 2,§2.

462 European Commission, « Report from the Commission to the European Parliament and the Council regarding trans fats in foods and in the overall diet of the Union population », 2015, p. 8 §3.

463 11 Octobre 2016, Initiative to limit industrial trans fats intakes in the EU Context.

scientifique plus prégnante. En effet, initialement, l'Union européenne s'était opposée à la volonté du Danemark d'imposer une taxation sur les graisses. La Commission européenne a même engagé des poursuites pour « possible discrimination des chaînes de fast-food étrangères », finalement abandonnées[464].

Parallèlement, en 2003, face à la pression du Danemark, la Commission européenne sollicite une opinion scientifique de son agence, l'EFSA, sur la présence des acides gras trans dans l'alimentation et ses conséquences sur la santé, étude publiée à l'été 2004[465]. Cette étude conclut à une présence importante d'acides gras trans dans l'alimentation humaine dans des proportions différentes selon les produits et les pays; concernant les effets sur la santé humaine, il est admis qu'« une consommation élevée d'Acides Gras Trans peut augmenter le risque de maladie coronarienne » et « est positivement associée au risque de maladie cardiovasculaire[466] ». Cette étude apparait comme un des facteurs de modification de la politique européenne. En effet, en mars 2007, en raison de la multiplication des preuves scientifiques sur la nocivité des acides gras trans[467], la Commission revient sur sa décision d'interdire au Danemark l'adoption de mesures de taxation.

De nouveaux moyens de pression seront cependant nécessaires pour déclencher une initiative européenne. En avril 2015, l'Organisation Européenne des Consommateurs (BEUC) avait envoyé une plainte au commissaire en charge de la santé et de la sécurité alimentaire[468], plainte relayée cinq mois plus tard par des entreprises de l'agroalimentaire ainsi que des ONG appelant la Commission à agir[469]. Certaines entreprises

---

464 H. Jacobson, « Bruxelles veut une limite d'acides gras trans dans les aliments industriels », *Euractiv*, 2015, §8.

465 EFSA, « Opinion of the Scientific Panel on Dietetic Products, nutrition and allergies on a request from the Commission related to the presence of trans fatty acids in food and the effect on human health of the consumption of trans fatty acids », 8.7.2004, https://www.efsa.europa.eu/en/efsajournal/pub/81 [19 Août 2022].

466 Cf 79. p. 21, §4.

467 « Stop Press: Commission drops Danish trans fat case », *EU food law Weekly 2007*, p. 295.

468 A cette date, la commissaire était Vytenis Andriukaitis.

469 H. Jacobsen, « Bruxelles veut une limite d'acides gras trans dans les aliments industriels », *Euractiv*, 2015, *§8*.

avaient déjà pris les devants en s'engageant volontairement dans le cadre de la « Plate-forme de l'Union européenne relative à l'alimentation, l'activité physique et la santé »[470]». Le rapport de la Commission européenne, finalement rendu le 3 décembre 2015[471], mentionne parmi ses sources, les recommandations de l'OMS, ce qui illustre l'influence, au moins pour partie, des études et alertes émises par cette organisation[472]. Ce rapport, toutefois, sollicite de nouvelles études pour recueillir de meilleures informations notamment sur la limite légale des acides gras trans et les différentes autres mesures envisageables[473], avec le projet « de lancer rapidement une consultation publique et de procéder à une analyse d'impact complète »[474]». L'impression est bien celle d'une volonté de retarder l'échéance de décisions à l'échelle de l'UE. Finalement, des mesures concrètes furent seulement prises en 2021 avec l'instauration d'une limite de 2% (2g pour 100g de graisses)[475].

Un nouveau détour par le niveau national devient alors pertinent. En effet, parallèlement à cette impossibilité pour la Commission européenne de se saisir de cette question, les mesures législatives se multiplient au niveau national comme en Autriche[476] (2009), en Hongrie[477] (2014) et en Lituanie[478] (2015). D'autres États ont choisi de faire le pari de mesures volontaires prises par les industriels

---

470 A. B. Marzouq, « Bruxelles tarde à publier son rapport sur la présence d'acides gras trans dans les aliments », *Agra alimentation.* §3.

471 European Commission, « Report from the Commission to the European Parliament and the Council regarding trans fats in foods and in the overall diet of the Union population », COM (2015) 619 final, p. 17 §2.

472 COM (2015) 619 final p. 5 Tableau 2 / p. 8 Tableau 5.

473 COM (2015) 619 final P.18 §3.

474 COM (2015) 619 final P.18 §3.

475 Règlement (UE) 2019/649 de la Commission du 24 avril 2019 modifiant l'annexe III du règlement (CE) n° 1925/ 2006 du Parlement européen et du Conseil en ce qui concerne les acides gras trans, autres que ceux naturellement présents dans les graisses d'origine animale, Article 1.

476 Le 1er septembre 2009, l'Autriche a imposé une limite de 2g pour 100g de graisses ou d'huile.

477 Le 18 février 2014, la Hongrie impose une limite de 2g pour 100g de graisses ou d'huile.

478 11 Octobre 2016, Initiative to limit industrial trans fats intakes in the EU, p. 5, §4.

comme l'Allemagne[479], les Pays-Bas[480], la Pologne[481] ou encore le Royaume-Uni[482]. En raison des différentes prises de position des États, des disparités ont émergé au sein du marché intérieur pouvant créer des entraves et une concurrence déloyale[483].

De plus, l'autre phénomène assez spécifique est celui des effets directs sur les industriels provoqués par l'émergence de la science et de recommandations par des organismes tels que l'OMS et la FAO. La publication d'études scientifiques (notamment par l'OMS) et la médiatisation faite autour de ces alertes ont encouragé certains industriels à modifier spontanément la composition des produits[484]. Toutefois, ces mesures volontaires se révèlent très insuffisantes et surtout variables d'un Etat à un autre. Il existe toujours un nombre important de produits contenant un taux extrêmement élevé d'acides gras saturés et trans sur le marché européen[485]. Selon une des personnes interviewées à la FAO, « il faut faire preuve de courage et s'en prendre aux acteurs du secteur privé. Je ne pense pas que le simple fait de dialoguer avec eux va les faire changer »[486]. Selon une autre interlocutrice de la FAO, la solution consiste à les associer à l'élaboration des lignes directrices: « Alors comment on va faire, il faut travailler avec eux »[487].

Malgré une réponse tardive de l'Union européenne, l'Europe est la région du monde qui a connu la progression la plus importante en

479 F. Southey, « Germany calls for food manufacturers to voluntarily reduce sugar, fatsand salts », *Food navigator*, 2019.

480 MVO, « MVO position on trans fatty acids in End-products », 2017, §2.

481 « Eliminating trans fats in Europe », *WHO*, 2015, p. 4 Tableau 3.

482 COM 619 final, based on the Commission Staff Working Document SWD (2015) 268, Résultats de la consultation de la Commission sur 'trans fatty acids in foodstuffs in Europe'.

483 11 Octobre 2016, Initiative to limit industrial trans fats intakes in the EU, p. 6, §2.

484 MC Craig-Schmidt, « World-wide consumption of trans fatty acids », *Atherosclerosis Supplements*, 2006, 7(29, pp. 1–4.

485 European Commission, « Report from the Commission to the European Parliament and the Council regarding trans fats in foods and in the overall diet of the Union population », p. 8, §1. S. Stender, A. Astrup, J. Dyerberg 2012, « A trans European Union difference in the decline in trans fatty acids in popular foods: a market basket investigation », *BMJ Open* 2012, 2(5).

486 Entretien n°4.

487 Entretien n°2.

matière d'encadrement réglementaire des acides gras trans cette dernière décennie[488], mais c'est aussi le continent le plus consommateur de ces graisses.

Eu égard les *acides gras saturés*, les rapports de l'OMS et de l'EFSA sont à l'origine des propositions formulées au niveau européen, avec un moindre succès toutefois. Institutionnellement, la mobilisation pour veiller à réduire la consommation de graisses saturées est réalisée en utilisant, non la Commission européenne comme pour les acides gras trans, mais la plateforme du GHN (Groupe de Haut Niveau sur la santé, la nutrition et l'activité physique), laquelle est composée des représentants des pays de l'UE, de la Norvège et de la Suisse pour favoriser l'« échange de bonnes pratiques et d'informations, et élabore(r) des approches communes à titre volontaire »[489]. En 2012, une réduction générale de 5% des acides gras saturés au sein des produits alimentaires en quatre ans et une réduction additionnelle de 5% pour 2020[490] sont proposées. Il ne s'agit que de recommandations quand bien même les effets en termes de santé publique sont particulièrement impactants. L'Union européenne prend surtout des mesures concernant les allégations nutritionnelles[491] et rappelle que la réduction d'acides gras saturés est seulement bénéfique s'ils ne sont pas substitués par des acides gras trans[492]. Il s'agit de déporter sur le consommateur un choix plus responsable de santé publique.

---

488 WHO, « Countdown to 2023 who report on global trans fat elimination 2020 », *WHO.*

489 Nutrition, surcharge pondérale et obésité –stratégie de l'Union européenne synthèse du document COM (2007) 279 final. Le GHN travaille notamment à la réduction de l'exposition des enfants aux publicités pour des produits riches en graisses.

490 Le niveau de référence étant celui de 2012. Annex I: saturated fat 12/06/2012. Ares (2012)699700, p. 2, §2.

491 Une allégation alimentaire « faible teneur en graisses saturées » est possible pour les aliments dont « la somme des acides gras saturés et des acides gras trans contenus dans le produit n'est pas supérieure à 1,5 g par 100 g de solide ou à 0,75 g par 100 ml de liquide, la somme des acides gras saturés et des acides gras trans ne pouvant pas produire, dans les deux cas, plus de 10% de l'énergie ». Une allégation alimentaire « sans graisses saturées » est possible seulement si « la somme des acides gras saturés et des acides gras trans n'excède pas 0,1 g de graisses saturées par 100 g ou par 100 ml ». Règlement n°1924/2006 du Parlement européen et du Conseil du 20 décembre 2006 concernant les allégations nutritionnelles et de santé portant sur les denrées alimentaires, p. 15, §6 et 7.

492 Commission, Regulation (EU) No 1047/2012, 8 Novembre 2012. (5).

Parmi les acides gras saturés figure l'huile de palme qui présente des spécificités requérant une analyse séparée.

Le cas spécifique de l'huile de palme

Environ un tiers des aliments contient de l'huile de palme, ce qui fait de cette huile, celle la plus consommée au monde. En 2010, on constate que l'huile de palme représente 25% de la consommation mondiale d'huiles[493]. Or, elle soulève de nombreuses problématiques d'ordre social en raison des conditions de travail au sein des plantations mais aussi environnementales avec la déforestation de milliers d'hectares de forêts tropicales[494]. Pourtant, la connaissance scientifique sur les impacts environnementaux délétères de la production et donc de la consommation d'huile de palme est assez récente[495]. Depuis l'explosion de la production d'huile de palme, la perte de biodiversité est édifiante; en 2011, la biodiversité aurait déjà décliné de 12,1% en Malaisie[496].

En France, la consommation d'acides gras saturés est la plus importante d'Europe[497] et bien au-dessus des recommandations de l'OMS[498]. L'importation d'huile de palme y est en augmentation[499]. Ce

---

493 Ce qui correspond à 42 millions de tonnes par an. Sénat 12 novembre 2012, Compte rendu intégral *JORF* n°66 S, p. 4559 §2.

494 En 2018, on constatait qu'au moins 150 000 kilomètres carrés de forêts tropicales avaient été détruits pour satisfaire la demande d'huile de palme. Canton de Genève. Exclusion de l'huile de palme et de ses dérivés des discussions de libre échange entre la Suisse et la Malaisie et l'Indonésie, 2018, p. 2, §3.

495 Comme A. Genetet, « Enjeux sanitaires et environnementaux de l'huile de palme », *Les notes scientifiques de l'office Assemblée nationale*, 2018 ; M. Barthel & al (pour 3keel) & J. Fry & al (pour LMC International), « Study on the environnemental impact of palm oil consumption and on existing sustainability standards, Final Report », *European Commission, DG Environment*, 2017.

496 LP Koh, J. Miettinen, SC Liew & J. Ghazoul, « Remotely sensed evidence of tropical peatland conversion to oil palm », *PNAS*, 2011.

497 En 2014, l'apport total en acides gras saturés était de 14,4% alors que la consommation conseillée par l'EFSA (Autorité européenne de sécurité des aliments) était, à cette époque, inférieure ou égale à 12%. J. Tressou, S. Pasteau, S. Darrigo Dartinet, N. Simon & C. Le Guillou, « Données récentes sur les apports en acides gras des Français », *OCL*, 2016, 23(3) D303.

498 Selon une estimation de 2007, WHO growth reference, Résultats dans (2013) Nutrition, Physical activity and Obesity France WHO.

499 Avec une consommation estimée en moyenne à 2,8g/jour/personne sur les 75g de lipides consommés quotidiennement. Données destinées aux parlementaires

contexte national particulier permet de comprendre pourquoi le débat sur l'huile de palme a surtout eu lieu en France, avant de s'élargir à d'autres zones géographiques.

Lors de la discussion de l'examen du projet de loi de financement de la sécurité sociale pour 2013, Yves Daudigny présente un amendement demandant la taxation de l'huile de palme[500]. Sa proposition peut paraître assez surprenante puisque dans un rapport consacré à la fiscalité comportementale co-écrit par Catherine Déroche, des doutes avaient été émis quant à l'efficacité des taxes comportementales, notamment sur les graisses[501]. Les deux co-rapporteurs mentionnent que cette taxe peut porter préjudice à la consommation de nutriments essentiels à la santé, que les conséquences sur le poids des personnes ne sont que très faibles et qu'existent des disparités entre les ménages aisés et les classes plus modestes.

La question de cette taxation a occupé les parlementaires français de longues années et le cheminement législatif est révélateur de la complexité à réglementer un sujet mêlant des enjeux divers. Lors de la présentation de cette potentielle taxation dans les projets de loi de financement de la sécurité sociale pour 2013 et pour 2015, les principaux arguments revendiqués étaient d'ordre sanitaire. En 2016, lors des débats sur le projet de loi pour la reconquête de la biodiversité, les arguments désormais se portent sur les aspects environnementaux. En réalité, un autre enjeu va prendre assez vite le dessus, à savoir la difficulté de justifier une grande disparité des taux de taxes entre les différentes catégories d'huiles[502]. Un

---

et réunies par Alain Rival, chercheur du Cirad, Odile Morin, chargée de communication scientifique à l'Institut des corps gras (Isterg) et le docteur Jean-Michel Lecerf, spécialiste en maladies métaboliques. A. De Ravignan, « Huile de palme: la fausse bonne idée de la taxe Nutella », *Alternatives économiques*, 2016, n°357, p. 60.

500 Débattu lors de la séance du lundi 12 novembre 2012 au Sénat.

501 Y. Daudigny & C. Deroche, Rapport d'information fait au nom de la mission d'évaluation et de contrôle de la sécurité sociale et de la commission des affaires sociales. « Fiscalité et santé publique: état des lieux des taxes comportementales », 2014, p. 61, §4.

502 En 2016, lors des discussions pour l'adoption du projet de loi pour la reconquête de la biodiversité, les tarifs applicables sont « d'environ 190 euros par tonne pour l'huile d'olive, d'environ 170 euros/tonne pour l'huile d'arachide, d'environ 113 euros/tonne pour les huiles de coprah et de palmiste, d'environ 104 euros/tonne pour l'huile de palme et d'environ 87 euros/tonne pour l'huile de colza et l'huile de pépins de raisin. » Rapport fait au nom de la commission du développement durable et de l'aménagement du territoire sur le projet de loi modifié par le Sénat

rapprochement des taux semblerait souhaitable pour des raisons de clarté comme l'ont demandé certains parlementaires[503]. En effet, l'huile d'olive, huile la plus taxée, l'est presque deux fois plus que l'huile de palme alors qu'elle est souvent transformée en France avec des olives en provenance majoritairement d'États européens[504] et qu'elle n'a pas l'inconvénient de contenir une importante concentration de mauvais acides gras saturés[505] (notamment les acides palmitiques). Cette différence de taux devient donc encore plus injustifiable.

Ces divers enjeux, sanitaires, environnementaux et fiscaux, n'ont pas eu pour effet de renforcer le soutien au texte, comme on aurait pu l'imaginer, mais ont eu au contraire l'effet inverse de multiplier des forces d'opposition et de rajouter de la confusion et de la complexité.

En 2013, lors de l'introduction par Yves Daudigny d'un article 23 bis du projet de loi de financement de la sécurité sociale pour 2013 en vue de modifier l'article 1609 *vicies* du Code général des impôts, est rappelée la consommation importante de chaque citoyen français[506]. Les arguments sanitaires apparaissent ainsi officiellement en première ligne. Le but, tel que présenté, n'est en aucun cas de pénaliser le consommateur mais seulement d'inciter les distributeurs et les industriels à modifier la composition de leurs produits. Le taux est fixé à 300 euros par tonne,

---

pour la reconquête de la biodiversité de la nature et des paysages n°3564 par Mme Geneviève Gaillard, 2016, p. 208, §2.

503 Anne-Yvonne Le Dain dans le rapport fait au nom de la commission du développement durable et de l'aménagement du territoire sur le projet de loi modifié par le Sénat pour la reconquête de la biodiversité de la nature et des paysages n°3564 par Mme Geneviève Gaillard, op. cit., p. 217, §5.

504 L'Espagne, la Grèce et l'Italie étant les trois plus grands producteurs d'huiles d'olive en 2020–2021. C. Le Galliard, « Le COI prévoit une production mondiale d'huile d'olive autour de 3.19 millions de tonnes », *Jus d'olive Magazine d'actualités*, 2020.

505 L'huile d'olive est composée de 15% d'acides gras saturés contre 51% pour l'huile de palme. http://www.huiledoliveextravierge.com/composition.php [27 Juillet 2021].

506 En moyenne, un français consomme deux kilogrammes d'huile de palme par an. Y. Daudigny, R. Kerdraon, I. Pasquet, C. Demontés & J-P Godefroy, Rapport fait au nom de la commission des affaires sociales sur le projet de loi de financement de la sécurité sociale pour 2013 adopté par l'Assemblée Nationale, 2012, n°107, p. 113, §4.

ce qui permettrait un rendement d'environ 40 millions d'euros, affecté à la Caisse Nationale d'Assurance Maladie des Travailleurs Salariés (CNAMTS). Les ambitions de cette taxation sont cohérentes avec un programme organisé les années précédentes, de 2006 à 2010: « Programme national nutrition santé » qui rassemblait trois promesses, l'une d'entre elles étant la limitation du sel, des graisses et du sucre[507].

Pourtant, les oppositions formulées se positionnent sur le terrain environnemental. En premier lieu, le rendement important de l'huile de palme: supprimer l'huile de palme signifierait produire cette importante quantité d'huile avec d'autres oléagineux qui nécessiteraient une superficie beaucoup plus importante[508]; en second lieu, les conditions d'exploitation sociale concerneraient désormais peu de productions car des normes volontaires comme la RSPO[509] ont été mises en place. Cependant, ces normes sont peu contraignantes. Arnaud Gauffier[510] explique que la RSPO n'empêche pas l'utilisation de certains pesticides encore autorisés en Asie mais interdits en Europe[511]. De plus, Laure Grégoire[512] souligne que cette certification n'est pas suffisamment respectée et, en raison de son coût élevé, elle n'est pas accessible à tous, notamment aux petits producteurs[513]. Cette initiative volontaire a été créée en 2004[514] et les

507 Deuxième Programme national nutrition santé 2006–2010. Ministère de la santé et des solidarités, p. 8 §2.

508 En effet, le palmier à huile correspond à 35% de la production mondiale alors qu'il représente seulement 7% des surfaces occupées par des plantes oléagineuses A. De Ravignan, « Huile de palme: la fausse bonne idée de la taxe Nutella », op. cit., p. 60.

509 La certification RSPO https://www.rspo.org/certification [en ligne] [consulté le 26 Juillet 2021].

510 Directeur de la conservation WWF France.

511 Notamment le pesticide « Paraquat ».

512 Porte-parole de l'Alliance pour la préservation des forêts (un collectif d'industriels et de distributeurs de l'agroalimentaire).

513 Le coût de certification s'élève entre 2$ à 40$ par hectare, prix très élevé pour les petits producteurs qui représentent 40% de la production d'huile mondiale. M.H. Aubert et al., « Durabilité de l'huile de palme et des autres huiles végétales », *CGEDD et CGAAER,* p. 27, §1.

514 L. Abeille, AN, 22 juin 2016, Compte rendu intégral, *JORF* n°66 [2] p. 4647, §9.

membres[515] ne sont pas obligés d'utiliser de l'huile de palme durable alors qu'ils peuvent utiliser le sigle RSPO[516].

Lors de la deuxième présentation du projet de taxe avec le projet de loi de financement de la sécurité sociale pour 2015[517], un amendement[518] est présenté par Mme Archimbaud, MM. Desessard et Gattolin (membres du groupe des écologistes) qui font part de leur volonté de taxer l'huile de palme à hauteur des autres huiles et non pas davantage, avec pour unique motivation la préoccupation environnementale en faisant référence à la culture industrielle du palmier à huile. En réponse aux critiques émises en 2013, certains critères de durabilité seraient pris en compte. Ainsi, un producteur d'huiles de palme respectant certaines exigences (ces dernières devant être précisées par le gouvernement) pourrait se voir exonérer de la taxe[519]. Ceci pose toutefois la question de savoir si la culture de l'huile de palme peut être durable.

Les oppositions relèvent l'incohérence de la politique fiscale et les effets incertains des taxes comportementales[520] par référence au rapport de Yves Daudigny et Catherine Deroche[521]. Certains parlementaires, dont M. Jean-Marie Vanlerenberghe[522], aimeraient éviter de multiplier les taxes spéciales sur des assiettes restreintes. Au regard des avis défavorables, Mme Archimbaud retire finalement son amendement[523].

---

515 Les membres sont des producteurs, comme la Malaysian Palm Oil Association, des multinationales comme Unilever, ce qui inclut les marques Cajoline, Carte d'or, Timotei et des banques ainsi que WWF.

516 Pour illustrer ses propos, Laurence Abeille prend l'exemple de la société Unilever qui entre 2012 et 2013 arguait le sigle RSPO alors qu'elle n'utilisait que 3% d'huile de palme durable.

517 La première évocation est faite lors de la séance du 10 novembre 2014 au Sénat par Jean Desessard (Membre d'Europe Écologie les Verts).

518 Sénat, 13 novembre 2014, Compte rendu intégral, *JORF* n°104 S. Amendement n°277 pour insérer un article à la suite de l'article 12 *quinquies*, p. 8101, §7.

519 Idem, p. 8102, §14.

520 Sénat, 13 novembre 2014, Compte rendu intégral, *JORF* n°104 S. p. 8102, §20.

521 Y. Daudigny & C. Deroche, Rapport d'information fait au nom de la mission d'évaluation et de contrôle de la sécurité sociale et de la commission des affaires sociales. « Fiscalité et santé publique: état des lieux des taxes comportementales », 2014.

522 Rapporteur général de la commission des affaires sociales.

523 Sénat, 13 novembre 2014, Compte rendu intégral, *JORF* n°104 S. p. 8103, §13.

En 2016, les enjeux environnementaux vont à nouveau clairement être mis en avant mais vont être parasités par des éléments d'ordre économique et commercial. Lors du projet de loi pour la reconquête de la biodiversité en 2016, Mme Archimbaud, propose une nouvelle fois la rédaction d'un article additionnel pour la mise en place d'une taxe sur les huiles de palme[524]. Les arguments sur le plan environnemental vont être développés, tels que par exemple l'idée d'une « déforestation importée[525] ». Entre-temps, le contexte a changé et permet de renforcer ce cadrage. En effet, il faut garder à l'esprit que l'huile de palme n'est plus seulement utilisée dans le secteur agro-industriel mais également pour les biocarburants. De plus, la France s'est engagée dans de nombreux accords comme le programme « zéro déforestation » de la Convention sur la diversité biologique[526], l'Accord de Paris[527] ou la Déclaration de New York sur les forêts[528]. Des arguments de politiques économique et commerciale vont venir complexifier les débats. Ainsi, la question de la protection du secteur économique français est soulevée[529]. L'accent est mis sur les mille deux cents emplois que représente l'huile de palme en France[530]. De surcroît, l'impact sur les relations avec les pays producteurs (Indonésie et Malaisie) imprègne fortement les débats[531]. Anne-Yvonne

---

524 Proposition d'un article additionnel avant le Chapitre I et après l'article 26 lors de son amendement n°367, introduisant un article 564 quater B dans le Code général des impôts.

525 N. Bassire & F. Tuffneli, Rapport d'information déposé par la commission de développement durable et de l'aménagement du territoire en application de l'article 145–7 du Règlement sur la mise en application de la loi n°2016-1087 du 8 août 2016 pour la reconquête de la biodiversité, de la nature et des paysages, 2016, n°1096, p. 173, §3.

526 Convention ouverte à la signature le 5 juin 1992 lors de la Conférence des Nations Unies.

527 Adopté lors de la COP 21 le 12 décembre 2015.

528 Générée par le sommet du Secrétaire général de l'ONU sur le climat en septembre 2014.

529 Par Ronan Dantec expliquant que la taxation doit défendre les huiles d'origine française, le colza par exemple. Sénat 21 janvier 2016, Compte rendu intégral, *JORF* n°6 S p. 459, §15.

530 G. Gaillard, Rapport n°3564, op. cit., p. 211, §1.

531 AN, 22 juin 2016, Compte rendu intégral, *JORF* n°66 [2], p. 4647, §5. Nicolas Dhuicq rappelle que la France a des contrats en négociation pour plus de deux

Le Dain rappelle un autre aspect économique: la plus forte rentabilité des palmiers par rapport aux autres oléagineux et la différence de salaires pour les producteurs[532] entre une production de palmiers et une rizière. En outre, le débat glisse sur les aspects de légalité de cette taxe. Cette taxation pourrait être jugée contraire à l'accord de New York sur les forêts[533], aux règles de l'OMC et à l'accord d'Amsterdam[534]. M. Bignon, rapporteur de la commission de l'aménagement du territoire et du développement durable, évoque le fait que cette taxe pourrait être perçue comme une mesure de protection de certaines huiles françaises, sauf à pouvoir argumenter que la taxe soit nécessaire « pour atteindre un objectif et qu'il n'existe pas de solutions alternatives moins restrictives pour le commerce; qu'elle vise à protéger des ressources naturelles épuisables, en l'espèce les forêts primaires d'Asie du Sud-Est »[535].

Lors de la séance au Sénat du 21 janvier 2016[536], un amendement est présenté[537]. Il est question d'une taxe avec un taux progressif pour laisser aux industriels le temps d'adapter leurs recettes. Dans ce cas,

---

cents cinquante avions Airbus mais également une cinquantaine d'avions de transport régional et des satellites: « nous risquerions de faire l'objet de mesures de rétorsion ». AN, 22 juin 2016, Compte rendu intégral, *JORF* n°66 [2] p. 4647, §5. Argument renouvelé dans J. Bignon (2016), Rapport fait au nom de la commission de l'aménagement du territoire et du développement sur le projet de loi adopté avec modifications par l'Assemblée Nationale en seconde lecture, pour la reconquête de la biodiversité, de la nature et des paysages n°577, p. 218, §3.

532 Le revenu moyen d'une palmeraie à huile est d'environ 2 100 euros à l'hectare alors que pour une rizière, ce dernier est de 200 euros. G. Gaillard, Rapport n°3564, op. cit., p. 217, §3.

533 Signé par la France en 2004.

534 La « Déclaration d'Amsterdam » « Towards Eliminating Deforestation from Agricultural Commodity Chains with European Countries » a pour objectif de soutenir l'engagement du secteur privé de s'approvisionner entièrement en huile de palme durable en Europe et cela d'ici 2020. Lors de son écriture, elle a été signée par la France, l'Allemagne, les Pays-Bas, le Royaume-Uni et le Danemark.

535 J. Bignon, Rapport fait au nom de la Commission de l'aménagement du territoire et du développement sur le projet de loi adopté avec modifications par l'Assemblée Nationale en seconde lecture, pour la reconquête de la biodiversité, de la nature et des paysages, n°577, 2016, p. 218, §3.

536 Sénat 21 janvier 2016, *JORF n°6 S. (C.R.)*

537 Idem, Titre V Amendement, n°367.

la taxe serait de 300 euros la tonne d'huile de palme pour 2017 puis augmenterait jusqu'à atteindre 900 euros en 2020. Son produit devait être affecté au fonds de solidarité vieillesse et non à la MSA comme pour les taxes du même ordre. Certains membres de l'Assemblée marquent leur opposition, notamment en rappelant « les enjeux sanitaires et économiques [538] ». Finalement, l'amendement est adopté.

Pourtant, une confusion supplémentaire va intervenir puisque certains parlementaires conditionnent la poursuite de ces débats au rendu des conclusions du rapport de Razzy Hammadi et Véronique Louwagie[539] concernant la taxation des produits alimentaires[540] qui proposent que les taxes de rendement soient supprimées en raison des conditions trop complexes de recouvrement. A la lumière de l'ensemble de ces critiques, ce projet de taxe est annulé et un autre article est adopté selon lequel l'État s'engage à proposer dans les six mois un dispositif fiscal sur les huiles végétales et permet une meilleure harmonisation tout en prenant en compte le critère de durabilité et en le favorisant objectivement. Le gouvernement mandate le CGEDD et le CGAAER de réaliser un rapport sur la durabilité de l'huile de palme et des autres huiles végétales[541]. Cette mission conclut que les inégalités de taux des taxes entre les différents types d'huiles végétales et l'huile de palme doivent être supprimées (première recommandation), que la voie fiscale ne semble pas être la voie la plus adaptée pour promouvoir les huiles végétales alimentaires durables (deuxième recommandation) et qu'il faudrait privilégier la mise en place d'une mesure à l'échelle européenne (troisième recommandation). On constate que l'accent est mis sur la précision du critère de durabilité qui doit être certifié par des organisations internes indépendantes[542]. On peut

---

538 Idem, n°6 S. (C.R.). Jérôme Bignon, p. 458, §17.

539 Razzy Hammadi a été député de 2012 à 2017 et Véronique Louwagie est députée depuis 2012, réélue en 2017 et 2022.

540 AN, 22 juin 2016, Compte rendu intégral, *JORF* n°66 [2] p. 4646, §16. V. Louwagie & R. Hammadi, Rapport d'information en conclusion des travaux d'une mission d'information sur la taxation des produits agroalimentaires, 2016, N°3868.

541 N. Bassire & F. Tuffneli, Rapport d'information déposé par la Commission de développement durable et de l'aménagement du territoire en application de l'article 145–7 du Règlement sur la mise en application de la loi n°2016-1087 du 8 août 2016 pour la reconquête de la biodiversité, de la nature et des paysages, 2016, N°1096, p. 175, §1.

542 J. Bignon, Rapport, n°765, op. cit., p. 13597, §3.

regretter que ce rapport se concentre principalement sur la problématique de l'huile de palme liée aux biocarburants[543].

Il est essentiel de mentionner les effets des activités des lobbys pendant ces débats. Les deux producteurs majeurs d'huile de palme[544] ont exercé une pression importante vis-à-vis des produits français lors des débats au sein de l'hémicycle, en menaçant de limiter l'importation des fruits et légumes français[545]. Une délégation malaisienne s'est déplacée en septembre 2016 pour obtenir l'abandon du projet de la taxe[546]. L'Indonésie a menacé la France aussi de rétorsions économiques[547]. La taxe sur l'huile de palme n'a donc pas vu le jour.

Le récit chronologique détaillé des débats en France a semblé important afin de révéler combien l'enjeu lié à la santé humaine a été très rapidement oublié pour se concentrer sur les données économiques, financières, de politiques commerciale et étrangère et combien la pluralité d'enjeux sur un même objet est facteur de renforcement des oppositions et non source d'obtention d'un consensus. Nous retrouverons ce même phénomène dans la partie suivante lorsqu'il s'agit d'alimentation durable. Il est remarquable de constater que la question de l'accès à une alimentation saine est totalement occultée.

Ce débat franco-français s'est un peu élargi à d'autres terrains géographiques. Au Royaume-Uni, la question est soulevée à de multiples

---

543 M.H. Aubert & al., « Durabilité de l'huile de palme », op. cit.

544 Selon INFOCOMM et CNUCED (2016), Huile de palme, *Nations Unies CNUCED,* l'Indonésie produit 31 Mt et la Malaisie 19,6 Mt, ce qui représente environ 85% de la production mondiale.

545 A. De Ravignan, « Huile de palme: la fausse bonne idée de la taxe Nutella », op. cit., p. 60.

546 Malsang, « L'huile de palme malaisienne vient faire du lobbying à Paris », *Agence France Presse ECOFI,* 2016 ; le ministre Mah Siew Keong ayant rencontré la secrétaire d'État à la biodiversité Barbara Pompili.

547 Le parlementaire Nicolas Dhuicq fait part de menaces de rétorsion économique sur les contrats d'Airbus et des satellites. M. Jacque, « Pourquoi la France hésite à taxer davantage l'huile de palme », *Les Echos*, 2016.

reprises au sein de l'hémicycle[548] en 2019, plus sous l'angle environnemental. Comme en France, il est fait mention par Thérèse Coffey de la traçabilité et du reporting pour augmenter davantage l'utilisation d'huile de palme certifiée notamment avec le RSPO[549], sachant que le Royaume-Uni utilise 75% d'huile de palme durable en 2017[550] alors qu'en 2010 ce pourcentage était seulement de 16%[551]. Le gouvernement, membre de la déclaration d'Amsterdam, expose ainsi sa stratégie: elle n'est pas de limiter l'importation d'huile de palme par la mise en place de taxes ou de quotas pour son utilisation mais de se projeter vers une consommation d'huile de palme à 100% produite durablement, tout en prenant en compte que les conditions du RSPO peuvent s'avérer insuffisantes[552] et que la traçabilité de l'huile de palme au sein des produits industriels est très limitée[553]. Ces questionnements au sein du Parlement font écho à la mise en place de pétitions concernant l'importation de l'huile de palme et sa vente au Royaume-Uni[554]. Même si certaines n'ont pas reçu l'accueil escompté, l'une d'entre elles, initiée par Jessica Wilkinson après le visionnage d'une série documentaire à propos des effets de l'industrie de l'huile de palme sur les orangs outans[555], a réuni jusqu'à 89 802 signatures[556]. Comme

---

548 Question de Vernon Coaker du 27 février 2019 pour the Department for Environment, Food and Rural Affairs. UIN 226537.

549 Comme en France, il est aussi reconnu que cette certification présente de véritables lacunes: John Mc Nally, Hansard. Palm Oil Volume 651, 10 Décembre 2018.

550 Réponse de Dr Thérèse Coffey le 4 Mars 2019 au nom du Department for Environment, Food and Rural Affairs.

551 Réponse de Dr Thérèse Coffey le 19 juillet 2019 à Alex Sobel.

552 Le RSPO se concentre sur la conservation des forêts primaires et « high conservation value forest» et non pas sur la déforestation en général. https://rspo.org/about/supporting-bodies#biodiversity-high-conservation-values [en ligne] [consulté le 07/09/2022].

553 Palm Oil, Volume 651, 10 Décembre 2018.

554 Entre autres: « Palm oil to be clearly labelled on products containing it, to help consumers », pétition close le 20 mai 2019 et ayant reçu 186 signatures. « Ban Palm Oil in products produced or sold in the UK », pétition close le 3 mai 2017. « Ban the use of Palm oil in products on sale in the UK », pétition rejetée le 8 octobre 2020 en raison d'une pétition menée en parallèle. « Ban the sale of palm oil products in the UK », close le 11 Novembre 2020.

555 Documentaire « Orangutan Diary » diffusé pour la première fois en 2007.

556 « Ban the sale of products containing unsustainably sources palm oil in the UK », Pétition close le 16 Novembre 2018.

en France, la problématique de l'huile de palme n'est ainsi pas étudiée à travers le prisme de la forte concentration en graisses saturées mais plutôt à travers la problématique environnementale.

De même, au niveau européen, le Parlement ne veut pas établir une limite de consommation mais souhaite la mise en place d'un système de certification unique. Cette demande est formulée par les parlementaires à la Commission européenne. Ils demandaient l'élimination progressive d'ici 2020 de l'utilisation d'huiles végétales provenant de la déforestation dans les biocarburants et un système unique de certification pour l'huile de palme[557]. A nouveau, l'enjeu sanitaire est inexistant. A ce jour, des actions volontaires des États européens ont été prises, mais elles sont peu concluantes[558]. A l'échelle européenne, la pression des pays producteurs y est encore plus forte[559] qu'en France lors des débats de 2016.

L'étude de la mise à l'agenda législatif des boissons sucrées va permettre de révéler des tendances communes très instructives.

B. La mise à l'agenda législatif des boissons sucrées

La mise à l'agenda politique de la question de la taxation des sucres ajoutés est la résultante d'un faisceau de facteurs ayant émergé pendant les années 2000, avec une temporalité et des ressorts très proches de ceux rencontrés pour les acides gras. On constate à l'origine des initiatives des pressions externes puis un effet domino entre États.

---

557 Résolution du Parlement européen 2016/2222 sur l'huile de palme et la déforestation des forêts tropicales, §43–47. Les parlementaires demandent également la mise en place d'un meilleur système de traçabilité de l'huile importée aux frontières et « l'application de barrières tarifaires et non tarifaires non discriminatoires fondées sur l'empreinte carbone de l'huile de palme ».

558 Par exemple, en France, avec le Plan Hulot demandant la fin de l'importation d'huiles contribuant à la déforestation. La fin de l'avantage fiscal de l'huile de palme votée le 19 décembre 2018 par le Parlement.

559 B. Dekonink, « Huile de palme: le torchon brûle entre l'Indonésie et l'Union européenne », *Les échos*, 2019. Le Président indonésien ayant déclaré que des possibles mesures de rétorsion avec un relèvement des droits de douane de 8% à 18% à l'importation sur la poudre de lait écrémé pourraient être envisagées. §5.

Une pression externe sur les États en vue de la taxation de produits sucrés

Certaines organisations internationales ont joué un rôle majeur au début des années 2000. Ainsi, l'OMS[560], l'OCDE[561] et l'UNICEF[562] ont publié de nombreuses recommandations pour guider les États dans la mise en place de mesures et ont documenté les effets néfastes de ces aliments sur l'apparition de pathologies comme le diabète[563]. Encore aujourd'hui, certaines d'entre elles sont très actives sur le sujet[564].

En 2015, l'OMS édite de nouvelles directives[565] sur l'apport recommandé de sucre; ainsi elle préconise de diminuer les apports de sucres libres à moins de 5% au lieu de 10%[566] et elle propose des solutions pour lutter contre l'obésité. Une des mesures alors proposées aux États est la mise en place d'une taxe mondiale sur les boissons sucrées avec pour objectif de réduire le taux de personnes en surpoids[567]. L'OMS recommande que le montant de la taxe soit assez élevé, de l'ordre de 20%, pour qu'une baisse proportionnelle de la consommation de ces produits soit notable, et que la contribution acquise par cette taxe permette de financer des subventions pour l'achat d'aliments plus sains.

---

560 WHO, Fiscal Policies for Diet and Prevention of Noncommunicable Diseases Technical Meeting Report, 2016 ; WHO, Using price policies to promote healthier diets WHO Europe, 2016 ; WHO, Fiscal policies for diet and prevention of noncommunicable diseases: technical meeting report Geneva, 2016.

561 F. Sassi, A. Belloni & C. Capobianco, « The Role of Fiscal Policies: in health promotion », *OECD Health Working papers*, 2013 ; OECD, « The heavy burden of obesity: the economics of prevention », *OECD Health policy Studies*. 2019.

562 Unicef, Enfants, nourriture et nutrition. Bien grandir dans un monde en mutation, 2019, p. 7, §17. Unicef, Implementing Taxes on Sugar-Sweetened Beverages: an overview of current approaches and the potential benefits for children , 2019.

563 OMS, Rapport mondial sur le diabète, 2016, p. 12.

564 WHO, Success through lessons learned and challenges faced, 2022 ; WHO, Policy brief: Taxing sugar-sweetened beverages, 2022.

565 OMS (2015), Directive: Apport en sucres chez l'adulte et l'enfant, Résumé d'orientation, 2015, p. 5, §1.

566 En 2002, les recommandations visaient à ce que la consommation de sucres libres ne soit pas supérieure aux apports journaliers: OMS, « Régime alimentaire, nutrition et prévention des maladies chroniques: rapport d'une consultation conjointe d'experts FAO/ OMS », OMS », Série de rapports techniques, 2003, No. 916.

567 WHO, « Fiscal Policies for Diet and Prevention of Noncommunicable Diseases », Technical Meeting Report, 5–6 May 2015, 2016, pp. 9, 24.

Les recommandations, comme pour les acides trans, sont ainsi assez précises. Ainsi que le souligne l'UNICEF, cette mesure fiscale semble être la plus simple pour réduire l'excès de calories[568].

Dans le même temps, la production scientifique autour des origines de l'obésité début des années 2000 se multiplie[569] et permet de souligner qu'une lute efficace contre l'obésité requiert des mesures bien plus fortes que les messages nutritionnels et l'information des consommateurs. Cette production scientifique trouve un écho favorable auprès d'organismes d'experts indépendants. Ainsi, en 2012, l'institut irlandais *Public Health in Ireland* propose que soit instaurée une taxe sur les boissons avec des sucres ajoutés. Le *Ireland's obesity policy and action plan 2016–2025* cite le rapport du rapporteur spécial des Nations Unies à l'alimentation[570] incitant à la mise en place de cinq mesures principales, dont la taxation des produits trop sucrés et trop gras[571]. Le 22 octobre 2015, la *Public Health England*, agence exécutive indépendante du Département de la Santé au Royaume-Uni chargée de protéger et d'améliorer la santé nationale, publie un rapport relatif à la réduction du sucre nommé « the Evidence for Action ». Il recommande l'introduction d'une taxe sur les aliments contenant du sucre ajouté avec un taux entre 10% à 20%[572]. Or, à cette période, le gouvernement anglais soutient encore le point de vue de l'inutilité de nouvelles taxes au motif que d'autres mesures efficaces existeraient déjà[573]. Toutefois, d'autres pressions viendront d'acteurs privés. Au Royaume-Uni, la société civile est très mobilisée et sait utiliser les moyens médiatiques pour insuffler des changements. Un des acteurs emblématiques de la lutte contre la

---

568 Unicef, Implementing Taxes on Sugar-Sweetened Beverages, op. cit., p. 5, §1.

569 Par exemple: Foresight: B. Butland, S. Jebb, P. Kopelman et al., « Tackling obesities: future choices – project report » (2nd Ed), London: Foresight Programme of the Government Office for Science 2007. McKinsey: McKinsey Global Institute, « Overcoming obesity: An initial economic analysis », 2014. The Organization for Economic Cooperation and Development (OECD), « Obesity Update », 2014.

570 Olivier De Schutter, Report Submitted by the UN Special Rapporteur on the Right to Food, United Nations General Assembly, 2012.

571 « A healthy weight for Ireland 2016–2025 », *Department of Health,* 2016, p. 22, §1.

572 « Sugar Reduction. The evidence for action Public Health England », 2015, p. 41, §2.

573 N. Ismail, « The sugar Tax Debate: Should the government consider a U-turn? », *Research gate*, 2016, p. 1, §1.

« malbouffe » est Jamie Oliver[574]. Progressivement, sa lutte est devenue plus offensive, notamment depuis la sortie d'un documentaire analysant les effets dramatiques de la consommation de sucre en Angleterre, notamment chez les enfants[575]. Avant l'instauration de la taxe à l'échelle nationale, elle fut testée avec succès dans l'ensemble de ses restaurants en Angleterre[576] et l'argent récolté fut versé pour l'éducation alimentaire et la mise en place de fontaines à eau dans les écoles. Le combat de Jamie Oliver n'a pas pris fin avec la mise en application de la taxe nationale, car très critique des nouvelles mesures prises, il demanda en 2020 l'instauration d'autres mesures plus fortes[577].

La problématique des caries est aussi fortement soulignée au Royaume-Uni lors des discussions au sein du Parlement[578] et est également abordée par Jamie Oliver[579]. Il est souligné que les boissons sucrées sont la principale raison du développement de caries, lesquelles engendrent de lourdes opérations dès le plus jeune âge et donc davantage de frais.

Un effet d'entraînement entre États en vue de la taxation des boissons sucrées

A la suite du rapport de l'OMS, mais également de ces diverses incitations, le nombre d'États[580] mettant en place des mesures de taxation augmente de façon très importante (comme avec l'Irlande et le Royaume-Uni). La France, en adaptant sa taxe en 2018 pour viser un objectif

574 Il est connu pour sa chaîne de restaurants, ses nombreux livres de cuisine et les émissions de télévisions qu'il anime.

575 *Jamie's Sugar Rush* (2015) réalisé par Vicki Cooper.

576 S. Boseley, « Will a sugar tax work? Well, it did at Jamie Oliver's Italian restaurants », *The Guardian*, 2017. En 2015, Jamie Oliver a décidé de mettre en place une taxe qui s'élève à 10p sur les boissons avec des sucres ajoutés.

577 Jamie's open letter to the Prime Minister publiée dans le Daily Mail le 31 mai 2020: https://www.jamieolivergroup.com/media/jamies-open-letter-to-the-prime-minister/ [en ligne] [consulté le 04/08/2021].

578 Motion sur Childood tooth decay EDM 100: 29 Juin 2017, signée par 34 membres du Parlement. Un quart des enfants de moins de 5 ans aurait des caries et c'est la cause principale des admissions à l'hôpital pour les enfants de 5 à 9 ans. https://edm.parliament.uk/early-day-motion/50561 [04 Août 2021].

579 *Sugar Rush*, op. cit., 26 000 enfants vont à l'hôpital chaque année pour se faire arracher des dents en raison de caries.

580 E. Ralph, « The state of sugar and health taxes in 2021 », §2 *Kerry website* [en ligne] [consulté 10 Août 2021].

sanitaire, s'est rapprochée des recommandations de l'OMS. Toutefois, le chemin est encore long pour atteindre l'ensemble des objectifs[581]. Ces rapports internationaux sont la première source d'incitation pour les gouvernements à prendre des mesures de lutte contre l'obésité. En effet, à l'exception de l'alcool, du tabac et des secteurs de l'énergie, l'Union européenne autorise les États à introduire et à maintenir des taxes nationales non-harmonisées et à établir des modalités propres[582]. Cependant, lors de la mise en place de nouvelles taxes qui pourraient impacter le commerce intérieur, certains États préfèrent recevoir la confirmation de la Commission européenne. Ainsi, la taxe irlandaise devait entrer en vigueur le 7 avril 2018 mais reste en attente jusqu'à l'acceptation par la Commission européenne. En effet, le 24 avril, la Commission européenne conclut que la taxe irlandaise ne peut pas être considérée comme un avantage sélectif pour les produits irlandais et n'implique pas une aide d'État. Elle considère également que cette taxe est compatible avec les objectifs de l'Irlande de lutte contre l'obésité et des autres maladies liées à la consommation de sucre. Elle souligne que les boissons avec des sucres ajoutés peuvent être considérées différemment des autres produits sucrés. En effet, ces boissons sont la principale source de calories dépourvues de toute valeur nutritionnelle, ces boissons étant particulièrement susceptibles d'entraîner une surconsommation et ainsi d'augmenter le risque d'obésité[583].

Lors de la présentation du plan pour lutter contre le cancer, le 3 février 2021, la Commission européenne explique sa volonté de faire le bilan des

---

581 L'OMS recommande fortement que la consommation de sucre soit en moyenne inférieure à 50 grammes par personne et par jour et pour les enfants, inférieure à 40 grammes par jour. L'OMS émet une recommandation conditionnelle de 25 grammes par adulte et par jour et 20g par enfant et par jour. Communiqué de presse (2015) L'OMS appelle les pays à réduire l'apport en sucres chez l'adulte et l'enfant. En 2021, la consommation en France ne respecte pas ces deux recommandations car en moyenne, les adultes consomment 58 grammes de sucre par jour et les enfants 67 grammes. Cultures sucre (2021) Recommandation de l'OMS [12 Septembre 2022] https://www.cultures-sucre.com/mieux-consommer/recommandation-de-loms/.

582 Fiscalité sur le site Eur-lex: eur-lex.europe.eu/summary/chapter/taxation.html?root_default=SUM_1_CODED%3D21& locale = fr [en ligne] [consulté le 14 Août 2021].

583 State Aid: Commission clears Ireland's sugar sweetened drinks tax 24 April 2018 IP/ 18/3521.

taxes sur la malbouffe dans l'ensemble des États européens et d'étudier « ensuite la possibilité de nouvelles mesures fiscales concernant les sucres et les boissons rafraîchissantes [584] ». Le mouvement de taxation au niveau national pourrait ainsi être accompagné par les institutions européennes.

Nous observons également un effet d'influence horizontale entre Etats eux-mêmes. Ainsi, le Royaume-Uni[585], en 2018 a confirmé sa volonté d'agir pour limiter la vente des boissons énergisantes pour les mineurs. Cette prise de conscience suit l'instauration de la taxe sur les boissons dites « énergisantes » en France[586]. Il faut souligner qu'en 2018, la taxe française sur les boissons dites « énergisantes » a finalement été supprimée. Le Royaume-Uni pouvait ainsi profiter de cet échec pour ne pas encourager une taxation similaire. La volonté du Royaume-Uni était de cibler uniquement les enfants puisque plus de deux tiers des enfants âgés de 10 à 17 ans et à peu près un quart des enfants âgés de 6 à 9 ans ont bu une boisson dite « énergisante » pendant l'année. De plus, les adolescents britanniques âgés de 10 à 17 ans consomment en moyenne plus de 50% de la quantité moyenne des adolescents européens[587]. Si le gouvernement n'a pas interdit la vente de boissons dites « énergisantes », les principales marques de supermarchés avaient pris en compte cette consommation et interdisaient la vente de boissons contenant plus de 150mg de caféine par litre aux enfants de moins de 16 ans[588]. Cette consommation demeure très importante à l'heure actuelle.

---

584 3 février 2021. Communication de la commission au Parlement européen et au Conseil. Plan européen pour vaincre le cancer. [SWD(2021) 13 final] P13 §2. L'ensemble de ces actions devant être fait pour 2022 mais n'est à ce jour par encore réalisé.

585 Department of Health and social Care, 30 August 2018, Ending the sale of energy drinks to children https://www.gov.uk/government/consultations/ending-thes ale-of-energy-drinks-to-children [21 Septembre 2022].

586 Taxe mise en place en France le 1er janvier 2014 à l'article 1613 bis A du Code général des impôts. Taxe censurée partiellement par le Conseil Constitutionnel (décision n°2014-417 QPC du 19 septembre 2014) en raison d'une différence de traitement entre les boissons qualifiées d'énergisantes et les boissons contenant un même taux de caféine.

587 Government response to the House of Commons Science and Technology Committee report on energy drinks and children, p. 6, §4 https://assets.pub lishing.service.gov.uk/government/uploads/system/uploads/attachment_data/ file/788862/govt-response-to-science-and-technology-committeeenergy-drinks-report-web.pdf [consulté 21 Septembre 2022].

588 « UK supermarkets ban sales of energy drinks to under 16s », *The Guardian*, 2018.

La décision de coordonner les dates de mise en application des taxes sur les boissons sucrées en Irlande et au Royaume-Uni est due à la proximité géographique des deux États et à la volonté de limiter le commerce transfrontalier contournant la taxe. Le Royaume-Uni a instauré la taxe deux ans auparavant mais a laissé ce laps de temps pour que les industries puissent s'adapter et potentiellement réduire la quantité de sucres dans leurs produits.

Certains États européens[589] ont décidé de viser les boissons contenant des sucres ajoutés comme la Belgique[590], la Finlande[591], la Hongrie[592], la Lettonie[593], la Norvège[594] ou encore le Portugal. Comme le dévoile l'OMS[595], les justifications avancées pour ces taxes sont très différentes. Pour certains, la fiscalité est le principal moteur avec des considérations de santé limitées ou implicites[596] alors que pour d'autres les objectifs de santé publique apparaissent très explicitement[597]. L'OMS note également que les taxes sont globalement indirectes et que celles plus récentes ont eu tendance à appliquer des taux de taxation plus élevés et à une gamme de boissons plus large comme le lait sucré, les jus ou encore les boissons édulcorées[598].

---

589 Comme le Portugal: « Portugal brings down obesity by taxing sugary drinks », *WHO Europe*, 2020. La Belgique: « Nouveau le 1er janvier: la taxe soda entre en vigueur », *RTBF*, 2017.

590 https://globalfoodresearchprogram.org/wp-content/uploads/2020/08/SugaryDrink_tax_maps_2020_August_REV.pdf#:~:text=LATVIA%3A%20%E2%82%AC0.074%20per%20L%20%28%240.09%29%20excise%20on%20drinks,flavorings.%20Implemented%20May%202004%3B%20increased%20tax%20rate%202016. [en ligne] [consulté 13/10/2022] 0,068 euros par litre en 2020 instaurée en 2016. Global Food Research Program UNC.

591 Idem, 0,22 euros par litre en 2020 instaurée en 2011.

592 Idem, 0,02 dollars par litre en 2020 instaurée en 2011.

593 Idem, 0,074 euros par litre en 2020 instaurée en mai 2004.

594 Idem, 0,36 dollars par litre en 2020 instaurée en 1981.

595 WHO, « Success through lessons learned and challenges faced », 2022, p. 8, §1.

596 Comme la Belgique depuis 2015 avec un taux de 6,8133 euros par hectolitre. WHO, « Success... », op. cit., p. 8, Figure 1.

597 Comme la Lettonie depuis 2020 avec un taux de 7,4 euros par hectolitre s'il y a moins de 8g pour 100mL et 14 euros pour les boissons contenant plus de 8g pour 100mL.

598 WHO, « Success ... », op. cit., p. 2, §2.

Les taxes se trouvent inscrites au sein de vastes programmes nationaux pour lutter contre le phénomène de surpoids. Des mesures avaient déjà été mises en place en Irlande avec le programme Laya *Super Troopers* qui se base sur trois piliers (activité physique, nutrition, bien-être)[599] ou celui intitulé *Food Dudes* qui se concentre sur l'alimentation saine au sein des écoles (avec les trois composantes légumes, fruits et produits laitiers)[600]. Pour sa part, malgré son objectif de rendement en 2012, on constate que le principe de la taxe française s'inscrit parfaitement dans la perspective du Plan National Nutrition Santé (2011–2015)[601]. Ce plan avait pour but de réduire la prévalence du surpoids et de l'obésité en diminuant notamment la consommation de sucres.

Comme pour les acides gras, nous retrouvons trois leviers moteurs communs: la production scientifique, le rôle d'assistance et de levier joué par des organisations spécialisées que sont l'OMS, la FAO et l'UNICEF et un effet d'entraînement réciproque entre États européens.

Ce constat de ressorts très semblables pour la mise à l'agenda législatif de l'encadrement des acides gras et boissons sucrées va-t-il se retrouver concernant les choix et arbitrages à opérer quant aux moyens d'encadrer cet accès à une alimentation plus saine et durable?

II. Les arbitrages et choix d'encadrement des acides gras et boissons sucrées: une grande variabilité

La question de l'encadrement des acides gras s'est posée différemment pour les acides gras trans d'une part, pour les acides gras saturés d'autre part. Pour les premiers, le but est potentiellement de les éradiquer car ils ne sont pas utiles pour les besoins énergétiques et sont fabriqués par les industriels; pour les seconds, le but est de limiter leur consommation et

---

599 Ce programme encourage les enfants et leur famille à vivre une vie plus saine: https://layasupertroopers.ie [25 Août 2021].

600 Il est notamment utilisé pour mettre en place le programme européen « en faveur de la consommation de fruits, de légumes et de lait à l'école ». What is Food Dudes? https://www.fooddudes.ie/ [4 Août 2021].

601 Ce plan présente comme premier axe la réduction « de l'obésité et du surpoids dans la population », p. 7. Plus spécifiquement, il cherche à « réduire de 25% au moins, en 5 ans, la proportion d'enfants consommant plus d'un demi-verre de boissons sucrées par jour », p. 14, objectif spécifique 3-3-3-4.

ainsi d'identifier des sources de graisse de meilleure qualité. Dans les deux cas, la réglementation affecte tant la liberté d'entreprendre que les choix de consommation individuelle. Au niveau des industriels, ce sont les seuils d'acides gras saturés dans les produits transformés ou ultra-transformés qui peuvent poser problème.

Selon l'OMS, avant d'effectuer un choix de politique publique, trois facteurs doivent être intégrés: premièrement, tenir compte de l'ensemble des produits qui devraient être visés (tout spécialement les produits *discount*); deuxièmement, prendre en compte équitablement l'ensemble des groupes socioéconomiques et finalement, évaluer le coût de cette mesure[602]. La réduction par l'engagement volontaire des industriels est une solution jugée insuffisante par les organisations internationales ayant pris le rôle de moteur sur ces questions (l'OMS et la FAO), lesquelles optent pour une limitation législative de certains acides gras dans les produits consommables. La taxation des produits alimentaires composés d'un certain taux d'acides gras saturés ou trans est une solution jugée inadaptée à ce problème sanitaire.

Or, la réduction par l'engagement volontaire a pu quelques fois se révéler efficace, comme au Canada, mais à la condition de pouvoir s'appuyer sur un solide système de surveillance. Ainsi, il devait être fait état des avancements et si les objectifs fixés n'étaient pas atteints, alors une limitation réglementaire serait cette fois mise en place[603]. Au contraire, à New-York, les simples engagements volontaires ont eu des effets limités[604]. L'OMS souligne que les bénéfices des engagements volontaires sont circonscrits par le nombre d'entreprises qui ont bien voulu s'y soumettre, mais également limité aux produits qu'ils ont bien voulu reformuler. Une entreprise pourrait donc présenter des produits sans aucun acide gras trans et en même temps continuer à vendre une certaine gamme

---

602 WHO Europe, Eliminating trans fats in Europe, p. 1, §6. A. Żbikowska, K. Krygier, « Changes in the fatty acids composition, especially trans isomers, and heat stability of selected frying fats available on the Polish market in the years 1997 and 2008 », *Polish Journal of Food and Nutrition Science*, 2011, 61(1): pp. 45-49 ; S. Stender et al., « A trans European Union difference », op. cit.

603 M. L'Abbé, S. Stender, C. Skeaff et al, « Approaches to removing trans fats from the food supply in industrialized and developing countries », *European Journal of Clinical Nutrition*, 2009, p. 2, Figure 1.

604 Idem, 63: S5, p. 11, §3.

de produits avec un taux élevé d'acides gras trans, d'autant plus que les produits sans acides gras trans sont souvent plus chers. Cette solution ne ferait que renforcer la différence de consommation entre les ménages avec un haut revenu où la consommation en acides gras trans est déjà très faible avec les ménages plus pauvres où la consommation en acides gras trans reste problématique[605]. L'Union Européenne a suivi ces avis et a donc favorisé la limitation législative plutôt que la taxe. Au niveau national, compte tenu des particularités de chaque système juridique et politique, les choix opérés reflètent plus d'hésitations et des mesures diversifiées.

Aussi, on constate une variété de réponses: des engagements volontaires des industriels dans certains États, le choix majoritaire d'une réglementation par seuils et l'échec assez remarquable de la politique de taxation.

A. Le pari gagnant des engagements volontaires des industriels

Certaines études[606] montrent que la mise en place d'engagements volontaires est d'effet incertain et que les bénéfices sont souvent moindres comparativement à l'instauration de mesures législatives. C'est pourquoi, il peut être proposé de combiner les deux mesures, ce qui fut le choix opéré par la Suisse.

La Suisse a ainsi instauré une limitation pour les acides gras trans et des initiatives parallèles ont été organisées sur la base du volontariat, par exemple avec Actionsanté et Swiss Pledge[607]: Actionsanté est organisée par l'Office Fédéral de la Santé Publique (OFSP) et l'Office Fédéral de la sécurité alimentaire et des affaires vétérinaires (OSAV) et a pour objectif d'encourager les entreprises à mener des actions dans un but sanitaire, notamment agir sur la composition des aliments; avec Swiss Pledge, certains industriels ont renoncé à la publicité de divers produits s'adressant aux enfants âgés de moins de douze ans. Toutefois, les bénéfices

---

605 OMS, Eliminating trans fats in Europe: A policy brief, 2015, p. 5.

606 ICF, Study to support the impact assessment of the initiative to limit industrialtrans fats in the EU, 2018, p. 124, §4 et WHO Europe, Eliminating industrial trans fats in Europe, 2015, p. 8, §1.

607 Le programme s'inspire de l'EU Pledge européen et comprend notamment des entreprises comme Coca-Cola, Danone, Intersnack....

de ces actions sont incertains et potentiellement limités[608] en raison de l'absence de contrôle et de sanctions par un organisme tiers. En effet, l'industriel peut considérer que la contrepartie n'est pas en adéquation avec les efforts effectués et ainsi refuser, soit de s'engager, soit de respecter son engagement. Au contraire, il peut profiter de ces engagements pour promouvoir une image plus respectueuse de la santé des consommateurs. Pour cela, il doit prendre des risques, comme par exemple la modification de la recette de son produit, avec le danger que le goût apparaisse différent au consommateur. On souligne notamment que les critères définis par les gouvernements sont souvent « plus restrictifs que ceux arrêtés par l'industrie[609]». Ainsi, il est fondamental que ces engagements ne soient pas réservés au secteur de l'industrie mais que le gouvernement agisse toujours en toile de fond, soit pour soutenir les entreprises dans leurs démarches, soit de manière plus contraignante en cas d'inaction.

C'est surtout le Royaume-Uni qui illustre la politique par engagements volontaires des industriels, dans le cas présent pour les acides gras trans. Étonnement, le Royaume-Uni a décidé de prendre des mesures sur les acides gras trans et non sur les acides gras saturés alors que la consommation excessive de ces derniers semblait être un enjeu prioritaire. La consommation d'acides gras trans s'élevait, en 2010, à 0.8% du besoin énergétique total[610], un seuil inférieur à celui recommandé par le COMA[611] alors que la consommation des acides gras saturés dépasse de 20% (12,5% des besoins énergétiques) le seuil des 11% recommandé par ce même comité[612], ce qui leur a valu d'être qualifiés en 2009 par Tim Smith, directeur général de la FSA d'« ennemi numéro un au Royaume-Uni[613]».

608 S. M Downs et al, « The impact of policies to Reduce trans Fat Consumption: A systematic Review of the Evidence », *Current Developments in Nutrition,* 2017, p. 1, §4.

609 OSAV, Marketing et publicité, 2018, https://www.blv.admin.ch/blv/fr/home/lebensmittel-und-ernaehrung/ernaehrung/ werbung-und-marketing.html [19 Septembre 2022].

610 Résultats provenant de l'étude réalisée par National Diet et Nutrition surveys en 2010.

611 « Nutritional Aspects of Cardiovascular Disease », *COMA*, 1994.

612 Seuil réduit à 10% avec (2019), Saturated fats and health SACN (successeur du COMA).

613 P. Christen, « Royaume-Uni: une campagne choc contre les acides gras saturés », *Process Alimentaire*, 2009.

Au final, la priorité est placée sur les acides gras trans. Cette incohérence est justifiée par les grandes disparités de consommation des acides gras trans au sein de la population, malgré un taux global très faible[614]. De plus, en 2006, Lord Warner rappelle que des autorités comme l'EFSA démontrent que la dangerosité d'une consommation trop forte d'acides gras trans est plus élevée que pour les acides gras saturés[615]. A la même période, des études se concentrent sur les problèmes de santé liés aux acides gras trans.

Le Royaume-Uni adopte une mesure peu coûteuse en optant pour l'engagement volontaire des industriels à supprimer et remplacer les acides gras trans plutôt que pour leur interdiction[616]. Selon certaines études, l'interdiction totale d'acides gras trans industriels pourrait permettre d'économiser de 64£ millions à 264£ millions aux services de santé[617]. Dans un manifeste, la Faculté de santé publique et la Royal Society of Public Health demandent une interdiction totale des acides gras trans industriels pour 2011[618]. Pourtant, aucune interdiction réglementaire sur la production des acides gras trans, en dépit de propositions de lois en ce sens[619] sources de nombreux débats[620], ne sera adoptée. En 2010, Lord Giddens souligne notamment les résultats très encourageants de l'interdiction des acides gras trans industriels au Danemark et suggère que le Royaume-Uni suive ce précédent. De plus, il mentionne

614 Une étude non-publiée faite dans l'arrondissement londonien de Tower Hamlets note que certains individus pourraient consommer un niveau dangereux d'acides gras trans. Rapport non publié, cité dans NHF draft position paper on trans fats.

615 1 Novembre 2006: Column WA32 §5. Réponse de Lord Warner à Baroness Miller Chilthorne Domer.

616 Commons debates 31 January 2005 Column 754W –continued §23. https://publications.parliament.uk/pa/cm200405/cmhansrd/vo050131/text/50131w48.htm#50131w48.html_sbhd4 [en ligne] [26 Août 2021].

617 K. Allen et al., « Potential of trans fats policies to reduce socioeconomic inequalities inmortality from coronary heart disease in England: cost effectiveness modelling study », *BMJ*, 2015.

618 J. Stagg, « Doctors demand ban on trans fats in food », *The caterer*, 2010, §1.

619 R. Simpson , « Public consultation. Limit on trans fats (Scotland) Bill. Improving Scotland's diet and protecting public health », 2009. Il propose une limite de 1% de graisse trans industrielle dans les produits alimentaires: https://archive.scottish.parliament.uk/s3/bills/MembersBills/documents/200910ConsultationSummaryFinal.pdf [05 Octobre 2022].

620 Food: Regulation and Guidance. Volume 721: debated on Thursday 7 October 2010 Lord Patel. https://hansard.parliament.uk/Lords/2010-07/debates/10100714000815/ FoodRegulationAndGuidance [30 Septembre 2022].

qu'il serait nécessaire de taxer les chaines de fast-food en raison des conséquences sanitaires et du coût de ces dernières[621]. En octobre 2009, le NHF (National Health Fund) propose la préparation d'une loi pour imposer un seuil d'acides gras trans industriels à 2% avec un mécanisme de surveillance par un organisme indépendant.

Le choix de se tourner vers les engagements volontaires, soutenu par la Food Standards Agency (FSA)[622] s'explique par la confiance de parlementaires envers les industriels, qui, pour satisfaire les besoins de leurs clients, seraient forcés de modifier leurs recettes. Si la mesure s'inspire du précédent lié au sel, ici le projet semble plus complexe car le but est de réduire des graisses qui ne sont pas seulement des ingrédients ajoutés mais une partie intégrante des produits alimentaires[623]. En 2007, un engagement volontaire est signé entre les membres du British Retail Consortium[624], ce qui est salué par le Parlement[625]. Ces engagements volontaires ont tout de même leurs limites: ils ne couvrent pas les aliments importés, ils ne sont assortis d'aucune sanction et l'étiquetage se révélerait confus[626]. Dans les faits, de nombreux industriels auraient adopté de tels engagements[627]. Au total, plus de 1.5£ milliard de produits alimentaires ont été reformulés pour éliminer les acides gras trans[628]. En 2012, la majorité des supermarchés, beaucoup d'industriels ainsi que des

---

621 Idem.

622 Créé en 2000: c'est un département indépendant du gouvernement travaillant pour la protection de la santé publique et des intérêts des consommateurs dans le cadre de l'alimentation. Commons debates, 23 Janvier 2007, Column 1758, §25.

623 House of Commons, Dame Deirdre Hutton, 10 Mai 2006. Scientific Advice, Risk and evidence.

624 A. Fletcher, « UK food retailers "committed to removing trans fats" », *Food navigator*, 2007.

625 Removal of trans fats from food. EDM 776: tabled on 30 January 2007. Motion text.

626 R. Simpson, « Public consultation », op. cit., p. 13, §1.

627 Par exemple, Marks & Spencer a complètement interdit les acides gras trans au sein de l'ensemble de ses aliments à partir de janvier 2007 (House of Commons Dame Deirdre Hutton 10 Mai 2006. Scientific Advice, Risk and evidence). Masterfoods UK, Nestlé et McVitie's les ont également réduits ou éliminés de leurs confiseries et de leurs biscuits.

628 A. Fletcher (2006) Food industry initiates trans fat removal programme *Food navigator*. A. Fletcher, « UK food retailers », op. cit., §13.

chaînes de fast-food adoptent un engagement volontaire[629] pour retirer et ne plus utiliser d'acides gras trans. Ces engagements auraient permis l'économie de cinq années de dépenses pour les soins de santé[630], des effets positifs documentés dans la littérature scientifique[631].

Si l'OMS n'était pas initialement favorable à des mesures volontaires des industriels, elle salue ce succès et est convaincue que les États pourraient éradiquer 7% des maladies cardio-vasculaires avec des investissements très peu coûteux à l'instar du Royaume-Uni[632]. Toutefois, l'OMS souligne que les mesures volontaires sont seulement efficaces dans les États avec un gouvernement assez puissant pour responsabiliser les parties prenantes et mettre en place un système de contrôle solide[633].

Même si le Royaume-Uni s'est focalisé initialement davantage sur les acides gras trans, des mesures ont été prises pour limiter également la consommation d'acides gras saturés. En octobre 2007, la FSA demande de lutter contre la consommation des graisses saturées[634] trop élevée[635] et définit le 5 février 2008 un programme pour aider à réduire la consommation de graisses saturées de 13.3% à 11%. Ce programme va

---

629 The Voluntary Public Health Responsibility Deal Agreement, « More than 3 billion people protected from harmful trans fat in their food », *WHO*, 2020, p. 20.

630 K. Allen et al., « Potential of trans fats policies », op. cit., p. 351 : h4583.

631 J. Hutchinson et al., « Comparison of high and low trans fatty acid consumers: analyses of UK National Diet and Nutrition Surveys before and after product reformulation », *Public Health Nutr.*, 2018 Feb; 21(3), pp. 465–479. H. Rippin et al., « An exploration of socioeconomic and food characteristics of high trans fatty acid consumers in the Dutch and UK national surveys after voluntary product reformulation », *Food & Nutrition Research*, 2017, 61: 1412793.

632 WHO, Nutrition: trans fat Q&A, 14th question: Why should governments prioritize eliminating trans fat from the food supply?, 2018.

633 WHO, « Countdown to 2023 WHO report on global trans fat elimination », 2020, p. 19 §2.

634 FSA, FSA nutrient and food-based guidelines for UK institutions, 2007, p. 4, Tableau 1. La FSA recommande de ne pas consommer plus de 11% de son apport énergétique journalier en graisses saturées.

635 Pour les enfants de quatre à dix-huit ans, la consommation était de 12.4%, pour les adultes de 19 à 64 ans, elle était de 12.5% et culminait à 14.3% pour les personnes âgées de plus de 75 ans. « Saturated fats and health », *SACN*, 2019, p. 54 §3.

encourager les industriels à reformuler leurs produits mais s'accompagne aussi de campagnes de sensibilisation des consommateurs à une meilleure hygiène alimentaire globale, spécialement en 2009[636]. Cette décision est motivée par le succès des mesures volontaires prises pour diminuer la consommation d'acides gras trans. Grâce à ce programme, les distributeurs, ainsi que les industriels, réalisent quelques efforts[637]. Par exemple en 2009, McVitie's annonce investir 5£ millions pour réduire une nouvelle fois les acides gras saturés dans trois catégories de ses biscuits[638].

Toutefois, il ressort du rapport rendu par la SACN en 2019[639] que la consommation de graisses saturées est toujours trop élevée au RU, autour de 12% alors que la consommation recommandée est de 10%. Pourtant, le RU poursuit sa politique d'incitation auprès des industriels de reformulation de leurs produits, une option saluée par l'OCDE qui propose, en 2018, au G20, un engagement global entre les gouvernements et les industries en suivant le modèle présent au Royaume-Uni[640].

Milieu des années 2010, aux Pays-Bas[641], les industriels créent « The Dutch Alliance for Sustainable Palm Oil » dans le but d'atteindre 100% d'huile de palme durable d'ici 2020. Cette collaboration entre industriels est la première en la matière et a inspiré d'autres alliances en Europe, Amérique du Nord et Asie du Sud-Est[642].

---

636 Campagne réalisée par la FSA: K. Nettleton, « FSA launches hard-hitting saturated fat *Campaign* », 2009. Le budget était de 3,5 milliards d'euros.

637 Pour exemple, Asda a supprimé de l'ensemble de ses produits environ trois cents tonnes de graisses saturées de 2008 à 2009, Walkers a également annoncé avoir pris la décision d'utiliser de l'huile de tournesol pour la fabrication de leurs chips et ainsi réduire les graisses saturées de 70% à 80% dans leurs produits. P. Christen, « Royaume-Uni: une campagne choc contre les acides gras saturés », *Process Alimentaire*, 2009, §4.

638 S. Writer (2009) McVitie's reduces saturated fat of three of its biscuits by a further 50% *Talking retail.*

639 Saturated fats and health, 2019, p. 202, Recommandations.

640 OECD, « The heavy burden of Obesity », *OECD Health Policy studies*, 2019, p. 35, §1.

641 National agreement to improve product composition 2014–2020, The Hague: CentraalBureau Levensmiddelenhandel, 2014. Dans cet accord, les industriels et le gouvernement en 2020 ont pour but de diminuer la consommation de plusieurs catégories de produits, notamment les acides gras saturés (contenus dans l'huile de palme).

642 Sustainability in the palm oil sector https://www.netherlandsandyou.nl/your-countryand-the-netherlands/malaysia/and-the-netherlands/sustainable-palm-oil §9 [en ligne] [consulté le 28 Septembre 2022].

En France, où les tentatives de mise en place d'une taxe sur l'huile de palme ont échoué, ces projets de taxation ont eu le mérite d'inciter certaines entreprises, comme Ferrero, à revoir leur recette en raison de l'impact médiatique suscité par ces discussions parlementaires. La France étant le premier pays consommateur de Nutella, composé à 20% d'huile de palme[643], l'entreprise s'est engagée dans une vidéo publicitaire à utiliser uniquement «de l'huile de palme durable sans dérivés ni mélanges »[644]. La marque Casino a adopté des mesures plus radicales, puisqu'elle s'est engagée à ne plus utiliser d'huile de palme dans ses produits alimentaires[645]. Système U en a fait un argument de communication dans une publicité faisant état des dégâts de la production d'huile mais a été condamné par le Tribunal de commerce de Paris le 4 décembre 2012 pour « dénigrement caractérisé au préjudice du produit huile de palme » à la suite d'une plainte de l'Association interprofessionnelle de la filière palmier à huile de Côte d'Ivoire (AIPH)[646]. La France est ainsi le pays européen où le plus grand nombre d'entreprises a renoncé à l'utilisation d'huile de palme[647]. Globalement, on constate en 2016 un recul de l'importation d'huile de palme en raison de la diminution de la consommation alimentaire[648]. De surcroît, les débats sur la production d'huile de palme ont incité les pays producteurs à améliorer leur image[649].

Au-delà de la gouvernance par l'incitation des industriels à une évolution de leurs recettes sur une base volontaire, des États ont opté pour la réglementation de seuils maximum réglementaires.

643 A. Laroche, « Nutella, L'huile de palme et la santé », *L'observatoire des aliments* 2018.

644 A. Gorius, « Ferrero et la « taxe Nutella »: la mobilisation générale », *JDN*, 2013.

645 AFP, « L'huile de palme va disparaître des produits alimentaires de la marque Casino », *Le Monde*, 2010.

646 Système U avait été assigné en justice pour publicité mensongère. « Le tribunal a ordonné la cessation de toute nouvelle diffusion de ce film et condamné Système U à verser une astreinte de 3000 euros par jour en cas de non-respect de cette décision ». A. Rival et P. Levang, *La palme des controverses*, Edition Quae, 2013, pp. 5–10, §13.

647 Propos de Sylvain Angerand, membre de l'association Les amis de la Terre dans G. Van Kote, « L'huile de palme, une méfiance très française », *Le Monde*, 2012, §5.

648 M.H. Aubert et al., « Durabilité de l'huile de palme », op. cit., p. 41, §2.

649 G. Van Kote, « L'huile de palme... », op. cit., §2.

B. La gouvernance par des seuils réglementaires

Après le Danemark, la Suisse est le second État européen à limiter les acides gras trans. Cette prise de position n'est pas sans lien avec la production scientifique sur place et la sensibilisation médiatique qui s'en est suivie. En effet, les alertes sur les effets néfastes des acides gras trans ont été très nombreuses dans les années 90, comme rappelé plus avant. A la suite d'une étude de l'École polytechnique fédérale de Zurich conduite en 2006[650] qui révèle qu'un tiers des cent vingt aliments pris en compte dans cette étude contient un taux excessif de graisses, l'Office Fédéral suisse de la Santé Publique (OFSP) publie des recommandations après avoir rencontré des représentants de l'industrie alimentaire[651]. L'OFSP a clairement influencé la prise de décision du Parlement car il souligne que les mesures volontaires ne sont pas suffisantes[652]. Pourtant, à cette époque, une motion demandant la mise en place d'une limitation sur les acides gras trans dans les aliments, est rejetée par le Conseil fédéral au motif qu'elle « semble toutefois prématurée à l'heure actuelle et pourrait même, dans certaines conditions, avoir des répercussions négatives sur la santé[653] ». Comme sur d'autres terrains, le Conseil fédéral sollicite des études complémentaires et espère aussi attendre la législation communautaire pour s'y conformer[654]. Entretemps, des industriels tels que Migros et Coop ont déjà pris les devants en projetant d'éliminer complètement les acides gras trans des produits maison[655] avant fin 2008. Ce changement est motivé par l'OFSP qui, déjà en août 2006, soulignait la nécessité de consommer le moins possible d'acides gras trans et envisageait de prendre des mesures concrètes en mentionnant que l'Union européenne débattait d'une possible obligation de « déclarer les

---

650 Étude TransSwissPilot menée entre 2006 et 2007 soutenue par l'OFSP. D. Favre , « Après les AGT: l'huile de palme ! », *Bon à savoir*, 2009, no 1, p. 30, §2.

651 OFSP, Les graisses dans notre alimentation. Recommandations de l'Office fédéral de la santé publique 2007.

652 Une position soutenue par Graf-Listscher Edith (2007) Motion 07.3045 Acides gras trans. Fixation d'une valeur limite dans la législation.

653 Avis du Conseil fédéral du 30 mai 2007, §4, pour la motion « Acides gras trans. Fixation d'une valeur limite dans la législation » déposée le 14 mars 2007 par Edith Graf-Litscher.

654 Ibid.

655 E. Haas, « Le Conseil fédéral limite la teneur en acides gras », *La liberté*, 3 mars 2008, §5.

acides gras trans issus de la solidification industrielle de matières grasses et d'introduire des quantités maximales »[656].

C'est en 2008 que la Suisse impose cette limitation: les acides gras trans ne doivent pas être supérieurs à 2g pour 100g d'huile comestible végétale[657], laissant un an aux producteurs et aux industriels pour effectuer les changements nécessaires[658]. Cependant, les acides gras saturés semblant moins nocifs pour la santé, certains industriels les ont utilisés en remplacement des acides gras trans, ce qui n'est pas la solution à privilégier. Cette problématique est relevée par la FAO qui souligne l'importance de mener parallèlement et avec la même importance des campagnes contre ces deux catégories d'acides gras pour éviter ce risque de déplacement du problème[659].

L'UE va finalement opter pour une réglementation par seuils concernant les acides gras trans. Les premières mesures ont visé les préparations pour nourrissons où les acides gras trans ne doivent pas dépasser 3% du total des graisses[660]. Ce seuil correspond à un niveau d'apport conduisant à un risque accru de maladies cardiovasculaires[661]. A partir de 2021, l'UE instaure une limitation de 2g d'acides gras trans pour 100g de graisses[662]. Cette proposition, présentée par la Commission européenne, mise à l'ordre du jour en octobre 2018, est adoptée le 24 avril 2019[663]. Ce revirement fait suite à deux études menées quelques années plus tôt par la Commission européenne: un rapport sur les acides gras trans au sein des denrées alimentaires dans l'Union européenne[664] et une évaluation d'impacts pour

---

656 OFSP, « Les acides gras trans: recommandations de l'Office fédéral de la santé publique », *Bundesamt für Gesundheit,* 2006, p. 2, §3.

657 Introduit par le ch. I de l'O du DFI du 7 mars 2008 (RO 2008 993).

658 Swiss limit unhealthy transfats (2008) swissinfo.ch.

659 Prepared by Canada : « Joint FAO/ WHO food standards programme codex committee on nutrition and food for special dietary uses », *FAO WHO,* 2017, p. 3, §8.

660 Commission Directive 2006/141/EC on infant formulae and follow-on formulae (OJ L 401, 30.12.2006, p. 1).

661 « Les acides gras trans » *ANSES*, 2016, *§5.*

662 Règlement (UE) 2019/649 de la Commission du 24 avril 2019 modifiant l'annexe III du règlement (CE) no 1925/2006 du Parlement européen et du Conseil en ce qui concerne les acides gras trans, autres que ceux naturellement présents dans les graisses d'origine animale.

663 Règlement (UE) 2019/649 de la Commission.

664 Commission européenne (2015) Rapport de la commission au parlement européen et au Conseil en ce qui concerne les acides gras trans dans les denrées alimentaires

limiter les acides gras trans industriels[665]. En 2018, la Commission élabore une évaluation des potentiels impacts économiques, environnementaux et sociaux de l'instauration d'une limitation sur les acides gras trans. Une étude est demandée à l'EFSA qui recommande en 2018 la plus faible consommation d'acides gras trans possible[666].

Par le programme REPLACE[667], l'OMS recommandait de limiter la consommation d'acides gras trans à moins de 1% des apports énergétiques totaux, soit 2,2 grammes pour un individu consommant 2000 calories par jour[668]. L'approche de l'UE aboutit aux mêmes conclusions car un adulte doit avoir un apport maximal en graisses totales entre 30% et 35%[669]. Plus précisément, l'UE a repris quatre des six recommandations figurant dans ce rapport, à savoir (1) « examiner les sources alimentaires d'acides gras trans et les changements de politiques nécessaires », (2) « promouvoir le remplacement des acides gras trans produits industriellement par des huiles et des graisses plus saines », (3) « adopter des lois » et enfin (4) « sensibiliser les décideurs politiques »[670]. Désormais, l'UE doit se concentrer sur deux éléments importants, à savoir « évaluer et suivre la teneur en acides gras trans dans l'alimentation et l'évolution de la consommation d'acides gras trans dans la population » et « veiller à la bonne application des politiques et des réglementations »[671]. L'objectif final du plan REPLACE est la disparition

---

et, de manière générale, dans le régime alimentaire de la population de l'Union. COM (2015) 619 final.

665 European Commission, Inception Impact Assessment. Initiative to limit industrial trans fats intakes in the EU, 2016.

666 EFSA, « Scientific and technical assistance on *trans* fatty acids », op. cit., p. 5, §4.

667 OMS, REPLACE trans fat. Un programme d'action pour éliminer les acides gras trans (AGT) industriels, 2018.

668 Communiqué de presse 14 mai 2018, Plan de l'OMS pour éliminer de l'alimentation les acides gras trans produits industriellement, *OMS, §15.*

669 FAO, « Fats and fatty acids in human nutrition », *FAO food and nutrition paper* », 2008, n° 91, p. 14, §4. Pour un individu ayant un apport calorique journalier de 2000 kcal, cela représente environ 600 à 700 kcal, ce qui correspond à un peu moins de 100g de lipides et donc à moins de 2 grammes d'acides gras trans si les limitations sont respectées.

670 Chacun représentant un module du plan REPLACE « trans fat free by 2023 ».

671 Communiqué de presse, 14 mai 2018, op. cit., *§5.*

des acides gras trans industriels en 2023. Ainsi, l'UE devrait adopter une limitation plus faible si elle veut suivre ce même objectif. De surcroît, dans la logique de gouvernance par les labels[672], l'UE (article 30(7) du règlement (UE) No1169/2011 dit INCO) s'est tournée vers la régulation par l'information aux consommateurs. La déclaration nutritionnelle est ainsi devenue obligatoire à partir du 13 décembre 2016 pour les acides gras saturés dans tout produit pré-emballé[673].

Le 3 décembre 2015, un rapport rendu par la Commission européenne conclut que la limitation législative serait la mesure la plus efficace. Une proposition de résolution sur les acides gras trans est présentée le 17 octobre 2016[674] et se base sur les deux textes précités, les publications de l'OMS ainsi que sur l'existence de mesures prises au Danemark[675], en Autriche[676] et en Hongrie[677]. Cette proposition souligne qu'il est nécessaire d'adopter une approche harmonisée au niveau de l'Union européenne. Ainsi, elle propose d'introduire une limite relative aux acides gras trans[678]. Elle observe que la mise en place d'une politique d'étiquetage est une mesure très coûteuse comme souligné par l'OMS[679] et limitée par le manque de

672 H. Bergeron, P. Castel & S. Dubuisson-Quellier (2014) « Gouverner par les labels: une comparaison des politiques de l'obésité et de la consommation durable », in *Gouverner & action publique,* Presses de scicences po, pp. 9–32.

673 Article 30 (1) (b) Règlement (UE) n° 1169/2011 du Parlement européen et du Conseil du 25/10/2011.

674 Initiative to limit trans fats intakes in the EU. European Commission, 11 October 2016: file:///E:/Stage/European%20trans%20fat%20regulation/lu/2016_sante_143_trans_fats_en.pdf [en ligne] [5 Octobre 2022].

675 Order No. 161, 11 Mars 2003.

676 Jahrgang 2009 Bundesgesetzblatt für die Republik Österreich. Verordnung des Bundesministers für Gesundheit über den Gehalt an trans-Fettsaüren in Lebensmitteln (Trans-Fettsäuren-Verordnung) https://extranet.who.int/nutrition/gina/sites/default/filesstore/AUT%202009%20BGBLA_2009_II_267.pdf [en ligne] [6 Octobre 2022].

677 71/2013. (XI. 20.) EMMI rendelet az élelmiszerekben lévő transz-zsírsavak megengedhető legnagyobb mennyiségéről, a transz-zsírsav tartalmú élelmiszerek forgalmazásának feltételeiről és hatósági ellenőrzéséről, valamint a lakosság transzzsírsav bevitelének nyomon követésére vonatkozó szabályokról (en hongrois). Hungarian Decree 71/2013 of the Ministry of Human Resources on the highest permitted amount of trans fat in food products.

678 Initiative to limit trans fats intakes in the EU., op. cit., p. 7, §2.

679 OMS, Eliminating trans fats in Europe: A policy brief, p. 6, §4.

sensibilisation des consommateurs. Au contraire, une limite relative à la teneur en acides gras trans permettrait d'obtenir de meilleurs résultats à un moindre coût. On constate donc que la limite législative des acides gras trans mise en place depuis le 2 avril 2021 a été fortement inspirée par l'ensemble de ces textes et résulte d'un long cheminement.

Si la France, comme d'autres pays, n'a pris aucune mesure spécifique pour la limitation de la consommation des acides gras trans car les apports moyens sont assez faibles ou du moins inférieurs aux limitations imposées[680], à présent, elle doit respecter la limite de l'Union européenne des 2g d'acides gras trans pour 100g de graisses.

Contrairement aux engagements volontaires et à la gouvernance par les seuils, l'outil de taxation s'est révélé inapproprié ou impossible à mettre en œuvre.

C. L'échec de la taxation en matière d'acides gras: des obstacles économiques trop importants

Le Danemark illustre l'échec évident en matière de taxation des graisses. En effet, cet État a établi deux mesures majeures pour la diminution des acides gras: une limitation des acides gras trans en 2003 (toujours en vigueur) et une taxation des acides gras saturés en 2011 (premier État à établir une taxe sur une certaine catégorie d'acides gras). Cette dernière a consisté en une taxe sur tout produit alimentaire contenant plus de 2.3g d'acides gras saturés pour 100g de graisses[681], taxe finalement abolie en janvier 2013[682]. Cette taxe a été présentée dans un ensemble de réformes fiscales en 2009, avec pour but de réduire le taux de l'impôt sur le revenu tout en remplaçant cette perte par de nouvelles

---

680 En 2009, au sein de l'ensemble de la population, cet apport était d'environ 1% à 1,5% de l'apport énergétique total et donc inférieur au seuil de 2%. AFSSA (2009) Avis de l'agence française de sécurité sanitaire des aliments sur l'estimation des apports en acides gras trans de la population française (Saisine n° 2007-SA-0220), p. 16, §1.

681 Créée en octobre 2011, cette taxe était de 16.00 DKK (ce qui correspond à 2,15 euros) par kg d'acides gras saturés dans les produits laitiers, taxe devant être payée par les producteurs et importateurs. Cette taxe était assez importante car par exemple pour une plaquette de beurre, l'augmentation était de 30 centimes.

682 T. Jorgensen et al, « Tax on saturated fat-does it work? », *European Journal of clinical nutrition*, 2016 (70), p. 867, §1.

taxes relatives à l'énergie, l'environnement ou encore la santé[683]. Le but était de récolter 1 milliard de DKK par an[684]. Après divers amendements, la taxe est adoptée en mars 2011 et entre en vigueur à partir du 1er octobre de la même année.

Outre le fait que la taxe n'ait pas été impulsée par des préoccupations de santé publique, Mette Gjerskov, ministre de l'Agriculture et de la Pêche explique que « la fat-tax est l'un des impôts les plus nuisibles qu' [ils aient] mis en place depuis très longtemps » [685]. En effet, cette taxe a impacté le pouvoir d'achat des consommateurs danois car les prix du beurre et de l'huile auraient augmenté de 9%. Par conséquent, les consommateurs ont favorisé les achats de denrées alimentaires aux frontières (entre autres en Allemagne)[686]. Ce revirement a eu lieu au même moment que les débats du Parlement pour la taxe Nutella; il peut donc avoir eu de réels impacts sur les décisions françaises. Toutefois, il faut encore noter que la taxe danoise a été supprimée pour des raisons économiques alors que les résultats sanitaires de sa mise en place semblaient encourageants; en effet, le niveau de consommation a diminué et le profil nutritionnel des aliments s'est amélioré[687].

Au RU, l'option d'une taxation sur les acides gras saturés est très vite écartée. Le Parlement britannique relève l'absence de preuve pour connaître les bénéfices d'une taxe sur les acides gras saturés sur la diminution du taux de l'obésité et sur la baisse de la consommation de graisses. A la lecture du Plan national pour la stratégie alimentaire[688], aucune taxe sur les acides gras saturés n'est mise en place. Cette taxe semble impossible à établir car les acides gras saturés[689] sont présents naturellement dans de nombreux produits alimentaires. De plus, cette

---

683 Danish Tax Reform 2010. Paper to the OECD WP 2 meeting November 2009, Ministère Danois, p. 11, https://www.skm.dk/media/6883/danish-tax-reform_2010.pdf [en ligne] [consulté le 3 Octobre 2022].

684 Ibid.

685 M. Rabreau, « Le Danemark abolit la taxe sur les graisses », *Le Figaro Economie,* 2012, §1.

686 Idem, §2.

687 OMS Europe, L'Europe, leader mondial en matière d'élimination des acides gras trans, 2014.

688 H. Dimbleby et al, *National food Strategy: The plan*, 2021, online.

689 Idem, p. 188, §7.

taxe devrait viser les produits carnés, ce qui semble impossible aux auteurs de cette stratégie.

Les cas français et suisse, focalisés sur l'huile de palme, sont plus spécifiques. L'échec des tentatives, à trois reprises, de taxation des acides gras saturés avec l'huile de palme en France en est une illustration saillante. Elle suscita de nombreux questionnements, déjà quant à sa base de rattachement. On se rappelle en effet comment les enjeux, initialement sanitaires, sont devenus environnementaux avant de glisser sur le terrain des politiques économique et commerciale. Lors des deux premières tentatives d'adoption, la taxation est inscrite dans des projets de loi de financement de la sécurité sociale. En 2016, lorsque cette même proposition est présentée dans le projet de loi pour la reconquête de la biodiversité, sa place est mise en cause, au motif qu'un rattachement aux lois de finances serait plus adéquat[690].

L'absence de consensus apparaît également quant au choix du taux de la taxe. Certains privilégiaient un taux progressif censé être plus efficace. Les premiers amendements prévoient un taux jugé très important car devant culminer à 900 euros par tonne d'huile de palme à partir de 2020. Après quelques discussions, la commission révise le taux à la baisse (à 90 euros par tonne) pour l'unifier avec les taux des autres huiles végétales. M. Bricout propose l'amendement n°958 rectifié pour que le taux soit progressif et permette aux industriels de modifier leurs recettes progressivement; il propose également une exonération pour les productions durables. Cet amendement étant adopté, les taux initiaux sont tous divisés par dix. Ainsi, avant la suppression totale de cette taxe, les taux sont de 70 euros en 2016 jusqu'à 90 euros par tonne en 2020[691].

L'affectation des rendements de la taxe fut tout autant controversée. Un amendement n°340 propose de la ratacher à l'assurance maladie plutôt qu'à la CNAMTS comme elle l'était à l'origine pour la taxation des boissons avec des sucres ajoutés et des édulcorants (cf ci-dessous)[692]. Or, comme pour la taxe sur les boissons avec des sucres ajoutés et des édulcorants,

---

690 Sénat 11 mai 2016 Compte rendu intégral *JORF* n°46 S, p. 7430, §10.

691 Explication de M. Bricout AN 17 mars 2016, Compte rendu intégral, *JORF* n°29, p. 2101, §14.

692 Article 5 octies du PLF pour 2012.

certains députés[693] cherchaient plus ou moins ouvertement à éponger des déséquilibres budgétaires.

Le rapport sollicité par le gouvernement lors des débats sur le projet de loi pour la reconquête de la biodiversité en 2016, rendu en décembre 2016, illustre la façon dont le débat va être enterré. Il constate que l'ensemble du régime de taxation des huiles permet un rendement de 125 millions d'euros pour 2016, ce qui représente 1,3% des recettes de la branche maladie. Au total, il existe soixante-six taux différents pour les huiles incorporées dans les produits alimentaires[694], sans que cette différenciation ne soit véritablement justifiée[695]. Le rapport envisage d'autres alternatives de taxation, notamment une taxe basée sur la durabilité de l'huile. Une option envisagée est l'instauration par voie réglementaire d'« une obligation de durabilité pour les huiles alimentaires produites ou importées sur le territoire national[696] ». Cette mesure semble impossible car incompatible avec les règles commerciales de l'Union européenne. Finalement, « encourager et faciliter un dialogue partenarial et incitatif pour viser progressivement à une huile de palme vraiment durable » et « zéro déforestation » » serait l'option à favoriser.[697] Le rapport note qu'il serait essentiel que cette approche soit accompagnée d'un « cadre régulateur public [ce qui] donnerait de meilleurs résultats[698] » à l'échelle européenne. Au niveau européen, les réflexions se concentrent sur la problématique des biocarburants et non sur l'alimentation, évacuant

---

693 Argument proposé par André Reichardt lors de la présentation de l'amendement n°257 rectifié *bis* lors de la séance du 14 novembre 2012 p. 4718 §7. Il propose une réduction du droit d'accises sur les bières et trouve une nouvelle source de rendement avec une potentielle taxation de l'huile de palme.

694 Arrêté du 25 avril 2012 fixant pour les produits alimentaires importés ou qui font l'objet d'une acquisition intracommunautaire, les conditions d'application de la taxe spéciale sur les huiles instituée par l'article 1609 vicies du code général des impôts. Projet de résolution du Parlement européen sur l'impact de l'huile de palme sur la déforestation des forêts tropicales humides.

695 M.-H. Aubert et al., « Durabilité de l'huile de palme », op. cit., p. 39, §3.

696 Idem, p. 43, §2.

697 Idem.

698 Idem, p. 45, §2.

l'enjeu de santé publique[699]. Le CGEDD en France convient également « qu'un meilleur encadrement des biocarburants serait plus pertinent qu'une taxation sur les huiles alimentaires »[700]. On comprend ainsi comment l'exécutif français va renvoyer la question au niveau européen d'une part, au bon vouloir des industriels d'autre part. La préoccupation sanitaire sur les acides gras saturés est désormais bien lointaine.

En Suisse, les mêmes préoccupations commerciales ont coupé court aux discussions sur l'huile de palme. La problématique est soulevée par des organismes gouvernementaux[701] qui réalisent des études sur cette question au milieu des années 2010. En 2015, l'OFEV, dans une étude comparant l'huile de palme à quinze matières premières transformées en Suisse, conclut que l'huile de palme est la moins bien classée pour l'ensemble des critères environnementaux et sociaux: non-respect des conventions OIT et des droits d'utilisation des terres[702]. De plus, la consommation en Suisse a beaucoup augmenté passant début des années 2000 d'environ 9 000 tonnes[703] à 30 000 à 40 000 tonnes en 2018, dont 80 à 90% sont utilisés pour la fabrication d'aliments[704]. Un autre enjeu (rencontré dans la partie suivante sur les OGMs) est soulevé, à savoir le traitement différencié entre huile importée et huile produite localement[705]. Cette problématique est mise en avant en 2016 par J-P Grin, conseiller national[706], lors des discussions pour la suppression des droits de douane dans le cadre d'un accord de libre-échange avec la Malaisie en 2012. Le gouvernement se retranche derrière les accords commerciaux pour soutenir le *statu quo*.

699 Rapport 2013-055, L'impact de la consommation de l'Union européenne sur la déforestation, proposition pour une politique communautaire spécifique, des mesures législatives et autres initiatives à considérer par la Commission.

700 « Huile de palme: la taxe spéciale est une fausse bonne solution », *Actu environnement,* 2016, *§2.*

701 Comme l'Office fédéral de l'environnement.

702 Canton de Genève, Exclusion de l'huile de palme et de ses dérivés des discussions de libre-échange entre la Suisse, la Malaisie et l'Indonésie, Emission 36,9°, 8 octobre 2018, p. 1, §2.

703 « La palme de la malbouffe – Contre la dépression: pilule ou placebo? », *RTS,* Emission 36,9°, 8 octobre 2008, §3.

704 Canton de Genève, Exclusion de l'huile de palme et de ses dérivés des discussions de libre-échange entre la Suisse, la Malaisie et l'Indonésie, 2018, p. 1, §2.

705 Idem, p. 1, §3.

706 J-P Grin (2016) : Motion 16.3332 Négociation avec la Malaisie, sans l'huile de palme!

Ainsi, dans les cas français, britannique, danois comme suisse, ce sont donc des raisons économiques et commerciales qui firent obstacle à l'instauration de la taxe sur les acides gras saturés; ni les arguments de santé publique, ni ceux d'origine environnementale n'ont fini par peser. De surcroît, une taxe censée influencer les comportements des consommateurs sur des produits difficilement substituables (beurre, huiles, margarines, viande…) a pour conséquence de pénaliser financièrement les foyers déjà les plus pauvres.

Nous allons à présent examiner comment cet outil de taxation va être mobilisé pour limiter la consommation de boissons sucrées.

D. La taxation des boissons sucrées au prisme de grandes variations

Si la mise à l'agenda des questionnements alimentaires en Europe se réalise de façon assez concomitante et selon des ressorts semblables, ce phénomène n'empêche pas des choix politiques différents. Cela étant, le choix majoritaire s'est opéré pour la taxation des boissons sucrées, comme recommandé par l'OMS et l'UNICEF, dans un objectif commun de réduction de la consommation.

Des contextes nationaux différents

En réalité, des divergences nationales assez importantes se manifestent en lien à la culture juridique et politique du pays, et aussi compte tenu de la situation de santé publique. Ce n'est pas un hasard si le Royaume-Uni et l'Irlande se présentent comme précurseurs, tant les préoccupations de surpoids et d'obésité y ont été historiquement plus prégnantes. Le 22 octobre 2015, le Public Health England (PHE) publiait un rapport sur la réduction du sucre en recommandant l'introduction d'une taxe sur les produits sucrés, y compris les boissons avec des sucres ajoutés[707]. En France, le taux d'obésité est un peu moins important qu'en Irlande ou au Royaume-Uni, mais l'évolution n'en demeure pas moins préoccupante[708].

---

707 N. Ismail, « The sugar Tax Debate », op. cit., p. 1, §1.

708 La France a un taux de surpoids de 16% contre 28% au Royaume-Uni selon Surpoids en Europe; Paul (2021), Causes statistiques et solutions! *Statistiques*

Au RU, des actions volontaires pour réduire la quantité de sucre dans les denrées alimentaires sont mises en œuvre en même temps que la taxe sur les boissons avec des sucres ajoutés, l'objectif étant de réduire de 20% la quantité de sucre dans les produits alimentaires. Cet objectif est loin d'être obtenu, le PHE révélant en 2020 que la quantité de sucre n'a été réduite en moyenne que de 3%[709]. Ces stratégies reprennent les méthodes ayant fait leur preuve sur la consommation de sel[710]. L'impact limité de tels engagements volontaires permet d'expliquer l'instauration d'une taxe le 17 janvier 2018[711].

En Irlande, la justification de la taxe est logiquement d'ordre sanitaire, la problématique du surpoids étant connue depuis les années 1990, aussi bien chez les enfants que chez les adultes[712]. Les estimations de la proportion de l'obésité pour 2025 en Irlande sont alarmantes: environ 38% de la population serait obèse[713] et en 2030, 90% de la population serait en surpoids[714]. Il est logique que le gouvernement irlandais vise les boissons contenant des sucres ajoutés puisque 14% de la population irlandaise en consomment tous les jours et le pourcentage est encore plus important parmi les 15–24 ans[715].

---

mondiales, https://www.statistiques-mondiales.com/surpoids-en-europe-causes-statistiques-et-solutions%e2%80%89/#Quelques_chiffres_sur_le_surpoids_en_Europe [4 Août 2021].

709 « Dismal » sugar reduction: Industry falls short on voluntary targets as PHE reveals 3% drop, 8 October 2020. Toutefois, des inégalités sont présentes entre les différentes catégories de produits car par exemple les céréales de petit déjeuner, les yaourts mais aussi les boissons n'étant pas prises en compte par la taxation ont vu en moyenne leur taux de sucre réduit d'au moins 10% en moyenne.

710 En 2003, le Royaume-Uni a mis en place un programme pour la réduction volontaire de sel en collaboration avec les industriels. FJ He, HC Brinsden & GA MacGregor, « Salt reduction in the United Kingdom: a successful experiment in public health », *Journal of Human Hyptertension*, 2014 (28), *345–352.*

711 En vigueur le 6 avril 2018.

712 J.L. O'Neill et al., « Prevalence of overweight and obesity in Irish schoolchildren, using four different definitions », *Eur. J. Clin. Nutr.*, 2007, 61 (6), pp. 743–751.

713 Ireland set to introduce sugar sweetened beverage tax in 2018, Rachel Arthur, 11 October 2017, beveragedaily.com.

714 Department of Health, Introducing A Tax On Sugar Sweetened Drinks HealthRationale, Options And Recommendations, p. 8.

715 22% d'entre eux boivent des boissons sucrées, Healthy Ireland 2016, survey, p. 19, §7.

Toutefois, l'adoption de la taxe a été retardée en Irlande par l'obstruction des industriels. En effet, le département de la santé avait déjà envisagé, en 2011, la mise en place d'une taxe sur les boissons contenant des sucres ajoutés[716]. Lors de ces premières discussions, on constate la réticence des industriels qui réclament de nouvelles politiques et mentionnent également l'impact négatif d'une taxe sur le sucre pour les emplois[717]. En 2016, alors que le plan « Ireland's obesity policy and action plan 2016–2025 » recommande l'introduction d'une taxe sur le sucre[718], les industriels rendent public leur désaccord par la rédaction du document « SSD Tax: All cost, No benefit *Irish beverage council* » où ils exposent l'ensemble de leurs arguments. Tout d'abord, ils considèrent que leurs actions contribuent à adopter un mode de vie plus sain grâce à l'offre de boissons sans sucre. Par ailleurs, les exemples étrangers auraient révélé que la taxe n'est pas la meilleure solution[719] et que les mesures les plus efficaces sont la reformulation des recettes des produits alimentaires et le contrôle des portions[720]. Pour eux, la consommation de boissons sucrées n'est pas corrélée à l'obésité car seulement 4% de la population obèse en consomme[721]. Certains mettent ainsi davantage en cause l'inactivité[722]. De plus, une telle taxe n'aurait qu'un effet de substitution vers d'autres produits sucrés pour les consommateurs[723]. La taxe ne sera finalement adoptée qu'en 2018.

En France, l'objectif sanitaire initial devient très vite d'ordre financier avant de redorer la justification de santé publique. Le projet d'une taxe

---

716 N. Campbell et al, « How are frames generated? Insights from the industry lobby against the sugar tax in Ireland », *Social Science & Medicine*, 2020, 264, p. 2 1.1

717 « SSD Tax: All cost, No benefit, Irish beverage council », *IBEC*, 2017, p. 9, §1.

718 Ireland set to introduce sugar sweetened beverage tax in 2018, op. cit.

719 Prise en compte de l'exemple français où le taux de consommation en 2015 était plus élevé de 4,2% par rapport à 2011 avant la taxe. « FactCheck: Do taxes on sugary drinks actually work? » (2016) *thejournal.ie*; http://www.thejournal.ie/sugar-softdrinks-tax-does-it-work-health-benefits-facts-2918363-Aug2016/ [28 Juillet 2021].

720 R. Dobbs et al., *Overcoming Obesity: An Initial Economic Analysis*, McKinsey Global Institute, McKinsey and Company, 2014.

721 « SSD Tax: All cost, No benefit », op. cit., p. 15, §2.6.

722 A. Connor, « Coca-Cola Funds Scientists Who Shift Blame for Obesity Away From Bad Diets », *New York Times*, 9 août 2015.

723 « SSD Tax: All cost, No benefit », op. cit., p. 28, §5.2.

sur les boissons sucrées est présenté en 2011 à l'article 46 du projet de loi de finances pour 2012[724]. La taxe doit s'élever à 3,58 euros par hectolitre de boisson. Parallèlement, il est décidé dans le même projet de loi, un abaissement des charges sociales patronales dans l'agriculture. Par cette décision, on comprend le glissement de la perspective sanitaire en une perspective de rendement, afin d'équilibrer les comptes. C'est ainsi qu'un lien se tisse entre la création de cette taxe et le financement de la décision de l'abaissement des charges sociales. Pour répondre à ce besoin d'équilibre des 120 millions d'euros manquants pour la CNAMTS, la taxe[725] double passant de 3,58 euros à 7,16 euros[726]. La taxe ne perd pas totalement son objectif premier car une partie de son rendement est destinée au régime général d'assurance maladie. On pouvait escompter que les parlementaires adoptent une taxe suivant la stratégie du double dividende visible en fiscalité environnementale[727] afin d'inciter au changement des comportements (« premier dividende ») et à une redistribution de ses recettes pour des mesures en faveur de la santé[728] (« second dividende »: par exemple la subvention de produits plus sains permettant dans le même temps une meilleure adhésion du public à la mesure fiscale[729]). L'ambiguïté de cette double finalité est décrite par les propos de Jean Raphaël Pellas: « le couple fiscalité-santé publique paraît révéler, à l'instar de Janus, un double visage: d'un côté, il s'agit d'accompagner de manière incitative des comportements humains plus vertueux, et, de l'autre, il s'agit d'assigner à ce mode de taxation une fonction budgétaire pour faire face à des investissements » [730].

---

724 Projet de LF pour 2012, n°3775, 28 septembre 2011.

725 Article 46 du PLF pour 2012.

726 Amendements n°57 et n°311 présentés par Charles de Courson et adoptés par l'Assemblée nationale lors de la 3e séance du jeudi 20 octobre 2011.

727 Terme expliqué par M. Chiroleu-Assouline, « Le double dividende Les approches théoriques », *Revue française d'économie*, 2011, pp. 119–147.

728 Communiqué de presse de l'OMS du 11 octobre 2016, *L'OMS préconise l'application de mesures au niveau mondial pour réduire la consommation de boissons sucrées.*

729 Ch. Julia et al., « Public perception and characteristics related to acceptance of the sugarsweetened beverage taxation launched in France in 2012 », *Public Health Nutrition*, 2014, p. 2679, §1.

730 J. R. Pellas, « Fiscalité et santé publique », *Revue Française de finances publiques*, 2017, n°138, p. 293.

Au cours des discussions, le contenu de l'article 46 bascule à l'article 5 octies du Projet de loi de finances (PLF) avec certaines modifications, notamment l'ajout de l'article 5 nonies concernant les boissons contenant des édulcorants, mais est rejeté par le Sénat. En seconde lecture, suite à l'absence de compromis devant la Commission Paritaire, le Sénat rejette l'ensemble du texte. C'est seulement en dernière lecture que l'Assemblée Nationale rétablit ces taxes[731]. Saisi, le Conseil Constitutionnel rend une décision de conformité à la Constitution étant donné que ces taxes ne conduisent pas à ce que des contribuables placés dans la même situation soient soumis à une imposition différente[732].

Un changement majeur s'opère lors des discussions relatives à la loi de financement de la sécurité sociale pour 2018. Certains parlementaires présentent différentes possibilités de modifications de cette taxe. Dans son rapport, Olivier Véran désire introduire un nouvel article (article 13bis) dont l'objectif est de garder cette taxe mais de modifier les taux en les rendant progressifs suivant la quantité de sucre contenue dans les boissons[733]. L'objectif de cette taxe se pose alors à nouveau, Olivier Véran proposant qu'elle reprenne son but premier, à savoir la santé publique. Référence est faite aux travaux de l'OMS[734]. Olivier Véran[735] constate que le taux choisi en 2011 n'a pas eu les effets escomptés, les industriels n'ayant, de fait, pas modifié leur recette et aucune réduction notable de la consommation des boissons contenant des sucres ajoutés ou édulcorants n'ayant été constatée[736]. En 2017, le débat relatif à la suppression de la taxe des boissons contenant des édulcorants est à nouveau à l'ordre du jour. Finalement, il est décidé que le montant de la taxe sur ces boissons sera divisé par deux. Toutefois, cet assouplissement est contrebalancé par le fait que, désormais, il est possible de cumuler deux taxes lorsque

---

731 Elles se trouvent désormais inscrites aux articles 26 et 27 du PLF.

732 CC, Décision n°2011- 644, 28 décembre 2011, p. 5, §13 et 14.

733 Cette idée avait été présentée dans un amendement CF77 d'Eric Coquerel et Amélie de Montchalin en suivant le modèle anglais de la « sugar levy ».

734 WHO, « Using price policies to promote healthier diets », *WHO Europe,* 2016, p. 34, §6.

735 Rapport fait au nom de la commission des affaires sociales sur le projet de loi de financement de la sécurité sociale pour 2018 le 18 octobre 2017 par Olivier Véran rapporteur public, amendement AS412.

736 Exposé des motifs, amendement n° 1210 présenté par O. Véran, rapporteur au nom de la commission des affaires sociales, PLFSS 2018, n° 269, AN, 24 Octobre 2017.

la boisson contient à la fois sucres et édulcorants[737]. Cette nouveauté s'explique par la volonté du législateur d'éviter que les industriels ne substituent les édulcorants au sucre.

Comme les taxes ont été mises en place pour des raisons à la fois sanitaire et budgétaire, cette dualité de fonctions a impacté des conditions différentes de mise en œuvre, à savoir des assiettes distinctes, des taux différents ainsi que l'affectation des rendements à plusieurs fonds.

Des modalités distinctes

En Irlande, la SSDT (Sugar-Sweetened Drinks Tax) concerne toute boisson prête à être commercialisée, telles que les cannettes de boissons softs mais également les boissons concentrées comme les sirops[738] ou encore les boissons énergisantes. Les sucres pris en compte sont le sucrose, le glucose et la dextrose et non pas les sucres naturels comme le fructose présent dans les purs jus de fruits, le lait ou les substituts tels que les boissons à base de soja. Initialement, les boissons à base de lait n'étaient pas concernées en raison des bénéfices qu'elles présentaient pour la santé[739]. Depuis le 1er janvier 2019, la SSDT s'applique également à certaines catégories de boissons protéinées végétales et de boissons contenant des matières grasses de lait si le niveau de calcium est inférieur à 119 milligrammes pour 100 mL[740]. Cette extension d'assiette est justifiée par la quantité de sucre dans certains cafés[741]. Une exemption est possible si la quantité produite par l'entreprise ne dépasse pas un certain seuil[742].

---

737 Séance au Sénat 13 novembre 2017: l'amendement n°98 rect, visant à instaurer la possibilité de cumuler les deux taxes lorsqu'une boisson présente du sucre et des édulcorants, est adopté.

738 Sugar Sweetened Drinks Tax (SSDT), Taxable sugar sweetened drinks, https://www.revenue.ie/en/companies-and-charities/excise-and-licences/sugarsweetened-drinks-tax/taxable-sugar-sweetened-drinks.aspx [en ligne] [28 Septembre 2022].

739 Comme l'apport de calcium par exemple: Government welcomes European Commission approval of Sugar-Sweetened Drinks tax – Department of Finance 24 April 2018, https://www.gov.ie/en/press-release/a4d22a-government-welcomeseuropean-commission-approval-of-sugar-sweetened-/ Notes to the editor [28 Juillet 2021].

740 Sugar sweetened Drinks Tax (SSDT), Overview.

741 Au début de la taxe des produits comme le Venti Vanilla Latte de Starbucks n'étaient pas pris en compte alors qu'ils contiennent 18g de sucre pour 100mL. Ce qui représente 44 grammes pour l'ensemble du produit alors que l'OMS recommande de ne pas dépasser 50g de sucre par jour (environ 10% des apports journaliers).

742 Si la production est inférieure à 13 000 litres et n'est pas soumise à la déclaration nutritionnelle obligatoire, le producteur n'a pas à payer la taxe.

Contrairement à l'Irlande et au Royaume-Uni, la taxe française prend en compte les boissons contenant des édulcorants. Une taxe spéciale, prévue pour les boissons énergisantes, est entre-temps supprimée[743]. Selon la législation française, les édulcorants sont classés dans la catégorie des additifs alimentaires définis comme « des substances ajoutées en petite quantité aux aliments pour leur donner des propriétés spécifiques mais qui ne sont pas consommées comme aliment en soi »[744]». Cela étant, l'extension de la taxe aux boissons contenant des édulcorants, n'est pas réellement justifiée sous l'angle de la santé publique mais purement sous celui de l'équilibre des comptes, ce qui fut critiqué par certains parlementaires[745].

En réalité, cet élargissement est peut-être surtout critiquable sous d'autres aspects. Premièrement, on observe que cet élargissement limite « l'effet signal »[746] de la taxe car elle soumet deux produits disposant de caractéristiques distinctes à une hausse de prix. Deuxièmement, elle diminue l'efficacité de « l'effet prix » car l'augmentation du prix sera moins visible s'il est généralisé aux produits de substitution. Cet amendement avait pour but d'uniformiser le taux des boissons sucrées et celui avec édulcorants et ainsi éviter l'effet de substitution pour rendre la taxe effective. Il est vrai que les études relatives aux édulcorants sont beaucoup moins nombreuses que celles relatives à la consommation de sucre. De fait, selon l'ANSES, le lien entre méfaits sur la santé et consommation d'édulcorants n'est pas clairement établi[747]. Pourtant, il faut noter qu'en Irlande, les études scientifiques démontrant les effets négatifs des

743 Taxe censurée par le Conseil Constitutionnel à partir du 1er janvier 2015 en raison d'un traitement différent entre les boissons qualifiées d' « énergisantes » et celles contenant le même taux de caféine. Cette taxe est définitivement supprimée par la Loi de finances de 2017.

744 V. Moriniaux, « Les édulcorants, une autre histoire du sucré, une nouvelle étape dans l'histoire du sucre? », Centre de recherche sur les économies, les sociétés, les arts et les techniques (CRESAT). Le sucre, entre tentations et réglementation, Archives nationales du monde du travail, 2014, p. 139, §2.

745 Lors de la séance du 21 novembre 2011, Mme Nicole Bricq ainsi que M. Thierry Foucaud se sont opposés à cette taxation: « cette mesure illustre l'incohérence fiscale du Gouvernement [...]. Réduit à chercher des recettes nouvelles, il a donc choisi de taxer les boissons sucrées».

746 Rapp. Sénat n°399, 26 février 2014, p. 103, §2.

747 Avis, 9 janvier 2015, relatif à l'évaluation des bénéfices et des risques nutritionnels des édulcorants intenses, ANSES.

édulcorants artificiels ou chimiques (comme par exemple l'aspartame) sont de plus en plus importantes et ont révélé un lien avec la prise de poids et un risque accru de cancers et d'accidents cardiovasculaires[748]. D'autres études font un lien entre édulcorants et démences[749]. Par ailleurs, des discussions devant le Parlement se sont ouvertes pour envisager la possibilité de taxer la consommation de l'aspartame, proposition ensuite refusée[750]. Au regard des vifs débats relatifs à l'aspartame et des soupçons qui planent sur la dangerosité des édulcorants, la mise en place de cette taxe s'inscrit dans une approche de précaution. Il est également regrettable que son taux ait été baissé en 2018. De plus, cette taxe devait traduire un message de santé publique. L'utilisation d'édulcorants ne solutionne en aucun cas la mauvaise habitude des industriels en matière d'usage de sucres. Taxer les édulcorants, c'est choisir de prendre le problème à la source et éviter que le consommateur ne s'habitue à un goût sucré. Enfin, le périmètre de l'assiette de cette taxe est assez surprenant. En effet, on peut s'étonner que cette taxe ne prenne pas en compte les jus de fruits et les sirops alors que l'OMS démontre que ces boissons contribuent tout autant à l'obésité[751]. On ne peut pas dire que le législateur ignore ces produits car ils ont été pris en compte dans les boissons faisant l'objet d'une taxe sur la publicité[752].

Des taux variables selon les pays

Les taux des taxes en Irlande et au Royaume-Uni sont différents selon la quantité de sucre et ne s'appliquent qu'à partir de 5 grammes de sucre par 100mL. Si la boisson contient entre 5 à 8 grammes de sucre par 100mL, alors la taxe irlandaise s'élève à 16 centimes par litre incluant la TVA alors que la

---

748 SE Swithers, « Artificial sweeteners produce the counterintuitive effect of inducing metabolic derangements », *Trends in Endocrinology & Metabolism*, 2013, Vol.24(9).

749 Boston University, School of Medicine, « Daily Consumption of Sodas, Fruit Juices and Artificially Sweetened Sodas Affect Brain », 2017.

750 Lors des débats sur le vote de la PLFSS pour 2014, séance du 13 novembre 2013: présentation d'un amendement pour un article additionnel après l'article 15 pour taxer l'aspartame. Amendement n°235 présenté par Mme Archimbaux déjà présenté l'année précédente, p. 11407.

751 WHO, « Using price policies to promote healthier diets », op. cit.

752 Article L.2133-1 du Code de la santé publique.

taxe britannique est de 0,18£ pour un litre. Pour les boissons contenant plus de 8 grammes pour 100 ml, la taxe s'élève à 24 centimes TVA incluse par litre [753]en Irlande et à 0,24£ pour le Royaume-Uni[754].

Depuis 2018, la France a également mis en place un taux échelonné selon la quantité de sucre. Le point positif est l'absence de minimum pour la taxe. Toutefois, les taux restent très faibles. En effet, pour des boissons contenant moins de 1kg de sucre par hectolitre, la taxe est seulement de 3,12 euros par hectolitre. Si l'on compare avec la taxe irlandaise pour 5kg par hectolitre, la taxe française est de 5,71 euros par hectolitre de boisson alors que la taxe irlandaise s'élève à 16,26 euros. Cette différence est moindre pour les boissons contenant huit kilos de sucre pour un hectolitre de boisson car la taxe irlandaise reste stable contrairement à la taxe française qui atteint 9,86 euros[755]. Pour les boissons avec plus de huit kilos de sucre par hectolitre, la taxe irlandaise est de 24,39 euros. En France, pour atteindre un tel taux, la boisson doit contenir quinze kilos de sucre par hectolitre[756]. Deux éléments sont donc à retenir: la taxation française dispose d'un élément positif: son taux très progressif incite les industriels à réduire davantage la quantité de sucre. Cependant, son taux devrait s'inspirer des niveaux irlandais et du Royaume-Uni beaucoup plus élevés pour avoir un effet davantage dissuasif.

Les trois États considérés ne sont pas les seuls à avoir introduit une taxe sur les boissons sucrées en Europe. En 2017, la Catalogne[757], l'Estonie[758]

---

753 https://www.revenue.ie/en/companies-and-charities/excise-and-licences/sugarsweetened-drinks-tax/rate-of-tax.aspx [en ligne] [consulté le 11 Octobre 2022].

754 https://www.gov.uk/government/statistics/soft-drinks-industry-levy-statistics/softdrinks-industry-levy-statistics-background-and-references [en ligne] [consulté le 11 Octobre 2022].

755 Tableau, Art 1613 ter du Code général des impôts (version en vigueur depuis le 7 mai 2022).

756 Le taux étant de 24,39 euros pour cette quantité de sucre.

757 LEY 5/2017, de 28 de marzo, de medidas fiscales, administrativas, financieras y delsector público y de creación y regulación de los impuestos sobre grandes establecimientos comerciales, sobre estancias en establecimientos turísticos, sobre elementos radiotóxicos, sobre bebidas azucaradas envasadas y sobre emisiones de dióxido de carbono (DOGC núm. 7345, de 6 de Abril de 2017) (en espagnol).

758 Magustatud joogi maksu seadus 457 UA https://www.riigikogu.ee/tegevus/eelnoud/eelnou/5789049e-b839-44e1-a033-fa589095bfe/Magustatud%20joogi%20maksu%20seadus [en ligne] [consulté le 28 Septembre 2022] (en estonien). Estonian Chamber of Commerce and industry (2017) Soft Drinks Tax becomes a Law.

et le Portugal[759] ont voté une taxe à deux niveaux, avec une première option pour des quantités de sucre entre 5g et 8 g et une seconde option pour des quantités supérieures à 8g. L'Estonie a établi une limite plus faible que 5g par 100ml. Au contraire, la Hongrie[760] taxe seulement les boissons contenant plus de 8 grammes de sucre pour 100ml. La Finlande taxe à hauteur de 0,11 euros pour les boissons contenant moins de 5% de sucre; pour celles dont le taux est supérieur à ce pourcentage, le montant est doublé[761].

Des effets fortement variables

Il peut être assez complexe de mesurer l'effet d'une taxe, car plusieurs facteurs interfèrent.

Les effets et l'efficacité de la fiscalité comportementale vont dépendre en premier lieu de la réaction des industriels. Si l'entreprise décide de réduire sa marge afin d'éviter toute répercussion sur le prix d'achat, il est fort probable qu'il n'y aura aucune conséquence sur le comportement du consommateur, le poids de la taxe étant invisible sur son budget. Si au contraire, l'industriel anticipe la potentielle baisse de consommation et augmente sa marge pour combler ce manque à gagner, le prix à l'achat augmente[762]. Pour la taxe soda, certains industriels, notamment Coca-Cola, ont eu recours au «downsizing[763]». Au Royaume-Uni, les industriels ont anticipé la taxe et reformulé leurs recettes, si bien que la consommation de sucre a diminué dès 2015[764]. Toutefois, ces

---

759 Portuguese Parliament. Law number 42/2016—state budget for 2017. Diário da República número 248/2016, Série I de 28 de dezembro. Lisbon: Assembleia da República, 2016.

760 Le 11 juillet 2011, le parlement hongrois adopte la Act CIII sur la Public Health Product tax et le 1er septembre 2011, elle entre en application.

761 F. Goianan-da-Silva et al, « The Ethics of Taxing Sugar-Sweetened beverages to improve public Health », *Front Public Health,* 2020, 8. 110. Tableau 1.

762 T.J. Besley, H.S. Rosen, « Sales taxes and prices: An empirical analysis », *National Tax Journal*, 1999, 52(2), pp. 157–178.

763 T. Faussabry, « Pourquoi Coca-Cola a-t-il réduit la taille de ses bouteilles? », *Le Monde*, 17 Novembre 2020.

764 Selon L.K. Bandyet al., « Reductions in sugar sales from soft drinks in the UK from 2015 to 2018 », *BMC Medicine*, 2020. Durant cette période de 3 ans, le volume de sucre vendu par individu par jour pour les sodas avait décliné de 30%.

résultats doivent être nuancés, notamment en raison de l'utilisation des édulcorants. Si la consommation de boissons contenant plus de 5g de sucre pour 100mL a diminué de 50%, celle de boissons à faible quantité de sucre ou sans sucre a augmenté de 40%[765]. Cette dernière catégorie comprend les boissons contenant des édulcorants. Malgré ces résultats positifs, certains auteurs constatent que la quantité de sucres entre boissons peut être très différente, une marge de progression est donc toujours possible. Ces mêmes auteurs demandent que le taux de sucre pour l'application de la taxe soit abaissé et que son montant soit élevé pour inciter les industriels à des reformulations plus strictes[766] et un élargissement de l'assiette de la taxe[767]. Par ailleurs, la taxe a révélé des effets inégaux chez les consommateurs. En effet, les ménages les plus pauvres sont ceux les plus impactés par la taxe car ils « consacrent une part plus importante de leurs revenus à la consommation des biens qui font l'objet de ces taxes »[768].

Le deuxième facteur a trait à l'impact sur le prix du produit. Pour être efficace, le taux de la taxe doit être assez élevé, ce qui questionne le choix français. En effet, parfois, les taux des taxes sont tellement faibles que même répercutées sur le prix, ces augmentations ne sont pas dissuasives pour le consommateur. Ainsi, à l'origine, en France, la taxe soda s'élevait à 7,16 euros pour un hectolitre quelle que soit la quantité de sucres ajoutée, soit 7,16 centimes pour un litre. Aujourd'hui, la taxe varie en fonction de taux de sucres ajoutés. Si on prend l'exemple du Coca-Cola, un hectolitre de boisson contient 10,6 kg de sucre ajouté. Si on suit le tableau mis en place depuis 2018, la taxe s'élèverait alors à 16 centimes par bouteille d'un litre soit environ 11% du prix d'achat[769] (le taux de la

---

765 L.K Bandy et al., « Reductions in sugar sales from soft drinks », op. cit., p. 1, §3.

766 K. M. Hashem, F. J. He & G.A. Mac Gregor, « Labelling changes in response to a tax on sugar-sweetened beverages, United Kingdom of Great Britain and Northern Ireland Bull », *World Health Organ*, 2019, 97, pp. 818–827 (p. 1 §4.).

767 Idée présentée notamment par Senator Catherine Noone ou Alan Farrell (président de la séance) dans Joint Committee on Children and Youth Affairs debate, 18 Avril 2018.

768 P-Y Cusset, « L'effet des "taxes comportementales" », *Revue (non exhaustive) de la littérature*, 2013, p. 19, §1.

769 Si l'on se base sur le prix moyen de 1,45 euro pour un litre.

taxe sur les boissons contenant des édulcorants étant moins importante, elle s'élève seulement à 3 centimes sur le produit considéré, soit 2% du prix d'achat[770] à condition que cette taxe ait été totalement retranscrite sur le prix). On observe alors que la taxe sur les sodas est beaucoup moins importante que celle du tabac qui s'élève à 20%. Aussi, en 2018, les parlementaires français ont estimé que le taux de la taxe était trop faible et donc sans effet, c'est pourquoi ils ont revu le barème. Désormais, le modèle de tranche est remplacé par un barème proportionné à la quantité de sucres ajoutés et est plus progressif pour inciter à réduire davantage la quantité de sucres. De plus, le taux de la taxation sur les boissons contenant des édulcorants est réduit pour que le taux sur les boissons contenant des sucres ajoutés soit toujours plus élevé[771].

La répercussion de la taxe sur les prix de vente s'avère souvent hétérogène en fonction des marques: historiquement, « le prix des produits « premiers prix » (+ 25%) et des «marques distributeurs » (+ 10%) a ainsi été relativement plus impacté que celui des marques nationales (+ 5%)[772]». Il semble que les « marques distributeurs » aient perdu 12,7 millions d'euros de chiffre d'affaires entre janvier et août 2013 alors que les marques « à proprement dites » ont gagné du terrain[773]. En effet, les marques distributeurs ont dû répercuter davantage la taxe sur leurs prix initiaux, ce qui a réduit l'écart de prix entre ces deux gammes de produits. En 2014, un rapport est rendu par le Sénat français sur la fiscalité comportementale. Il constate que l'introduction de la taxe s'est accompagnée d'une diminution des ventes de l'ensemble des boissons concernées. Toutefois, il n'est pas prouvé que cette taxe ait contribué à la diminution de la consommation de ces boissons car d'autres facteurs seraient rentrés en ligne de compte[774]. Il semblerait que la taxe de l'article 1613 ter du CGI aurait permis une baisse de la consommation des sodas d'environ 3,4 litres par personne et par an et un report maximal de 15%

---

770 Si l'on prend comme prix moyen pour un litre de Coca cola zéro, 1,24 euro qui contient entre autres de l'aspartame.

771 Exposé des motifs, amendement n° 1210 présenté par O. Véran, rapporteur au nom de la commission des affaires sociales, PLFSS 2018, n° 269, AN, 24 oct. 2017, pp. 3–4.

772 Annabelle Pando, « Débats autour de la "fiscalité comportementale" », *Petites affiches*, 2014, n° 88, p. 4.

773 Rapp. Sénat n°399, 26 février 2014, p. 104, §4.

774 Idem, p. 56, §1.

de la consommation de sodas sur les jus de fruits et nectars[775]. Cette diminution peut être due à un changement de mode de consommation et non à l'apparition de la taxe. Il a été remarqué que la taxe a eu plus d'influence sur les colas[776], ce qui peut laisser penser à une prise de conscience de la nocivité de ces produits[777].

Il importe aussi de considérer la destination de la taxe. Au Royaume-Uni, les rendements obtenus par cette taxe ont été utilisés en faveur d'actions bénéfiques pour la santé des enfants par des investissements pour l'alimentation, l'activité physique et la santé mentale dans les écoles[778]. Par contre, en France, en 2012, après le choix d'augmenter l'assiette de la taxe, son rendement a eu pour but de combler les 120 millions d'euros manquants pour la CNAMTS et une partie seulement a été destinée au régime général d'assurance maladie.

Des améliorations sont toujours possibles dans chacun des États. Tout d'abord, la France pourrait prendre exemple sur les taxes en Irlande et au Royaume-Uni pour inclure dans son assiette les sirops. De leur côté, l'Angleterre et l'Irlande pourraient suivre l'exemple français et taxer les boissons avec édulcorants pour éviter un effet de substitution. On pourrait également espérer que l'Europe se positionne pour harmoniser l'ensemble de ces taxes, les trois États considérés n'étant pas les seuls à avoir pris des mesures fiscales dans ce domaine. Un espoir est visible avec le rapport de la Commission européenne rendu le 3 février 2021 dans lequel elle propose plusieurs mesures pour réduire la consommation d'aliments néfastes, l'une d'entre elles étant d'agir sur la fiscalité[779]. Des auteurs soulignent aussi que ces mesures vont bien au-delà des compétences de l'Union européenne[780].

---

775 C. Bonnet et V. Réquillart, « Tax incidence with strategic firms in the soft drink market », *Journal of Public Economics*, 2013 (106), 77–88.

776 Un cola est défini comme une boisson gazeuse aux extraits naturels de fruits ou de plantes à laquelle on ajoute du gaz carbonique, du sucre, de la caféine et des colorants.

777 Propos de Sophie Nonet, Directeur Insights de l'IRIS.

778 « "Dismal" sugar reduction: Industry falls short on voluntary targets as PHE reveals 3% drop », *Food ingredients Brasil*, 2020, §7.

779 3 février 2021. Communication de la commission au Parlement européen et au conseil. Plan européen pour vaincre le cancer. [SWD(2021) 13 final], p. 13, §2.

780 C. Snowdon, « Over-reach: the EU's lifestyle regulation plans », *Epicenter*, 2021, p. 2, §3.

La taxe, même efficace, devrait également s'accompagner d'autres mesures selon un schéma complet de lutte contre l'obésité et pour une alimentation saine. A la suite de la mise en place de la taxe au Royaume-Uni, des acteurs de la lutte contre la « malbouffe » (Jamie Oliver[781]) plaident pour de nouvelles mesures. Celles-ci devraient supprimer les « buy-one-get-one-free » sur la *junk food*, limiter les promotions sur les produits trop gras, trop salés et trop sucrés et reformuler les produits issus de la malbouffe. Le groupe « Action on Sugar » demande également que des règles similaires soient appliquées pour les confiseries et les chocolats et pour interdire les promotions incitant à acheter plusieurs produits en même temps[782]. Depuis octobre 2022[783], la promotion d'aliments composés d'un taux trop élevé de sucre, de graisses ou de sel est restreinte. Ainsi, les offres de promotions « buy-one-get-one-free » et « 3 for 2 » sont progressivement supprimées et elles ne sont plus positionnées dans des endroits clés des supermarchés comme les caisses, les entrées de magasins et les extrémités des allées. Les recharges gratuites de boissons gazeuses sucrées sont également interdites dans le secteur de la restauration[784].

Au regard de cette analyse de droit comparé des tentatives de réguler les gras et sucres, quels enseignements peut-on formuler?

III. Leviers et verrous pour l'encadrement réglementaire des acides gras et des sucres ajoutés

Cette partie focalisée sur les deux cas d'étude que constituent les acides gras d'une part, les boissons sucrées d'autre part, a permis de mettre en lumière des éléments extrêmement semblables quant aux facteurs favorisant ou pénalisant la mise à l'agenda législatif de l'encadrement

---

781 Selon J. Barrie « Jamie Oliver's letter to Theresa May calling for total junk food deals ban– and more », *Mirror*, 25 avril 2018 : Jamie Oliver a écrit une lettre intitulée « A comprehensive Strategy to tackle Childhood obesity » à destination du gouvernement pour demander que des mesures soient mises en place. Cette lettre a été signée par Jeremy Corbyn (un leader du parti Labour), Nicola Sturgeon, Vince Cable, Caroline Lucas et Jonathan Bartley.

782 E. Manning, « Sweet memories », *Dow Jone*, 2018.

783 Mesure confirmée par le gouvernement le 21 Juillet 2021.

784 Promotions of unhealthy foods restricted from October 2022, Government of UK, 2021, https://www.gov.uk/government/news/promotions-of-unhealthy-foods-restricted-fromoctober-2022 [en ligne] [12 Octobre 2022].

de ces aliments et parallèlement des variations très grandes quant aux choix et outils mobilisés par les pouvoirs publics nationaux. Ces analyses comparées permettent de dégager plusieurs enseignements.

Premièrement, une connaissance scientifique *importante* sur la nocivité des substances semble le préalable indispensable à toute mise à l'agenda de l'encadrement étatique des produits alimentaires. La production scientifique reste donc un facteur incontournable et le premier élément déclencheur de toute évolution. On voit ainsi comment, a contrario sur l'huile de palme, le retard pris par la science a retardé les décisions politiques.

De façon plus précise, nous pouvons remarquer que la connaissance scientifique acquise au niveau international va devoir être quasi-systématiquement confirmée par les agences nationales, sollicitées par les gouvernements. La connaissance scientifique circule ainsi peu ou mal, chaque gouvernement mobilisant peu la science produite par une instance externe. Nous retrouvons également un phénomène classique en vue de retarder l'échéance de prise de décision dans un domaine aussi sensible que l'alimentation qui est celui de solliciter, à diverses reprises, à des échelles distinctes, des études scientifiques supplémentaires; ceci fut particulièrement illustré par la position de l'Union européenne concernant les acides gras trans. Existe cependant le risque que les dirigeants politiques abusent d'un prétendu défaut de connaissances scientifiques, voire, avec les industriels, de façon concertée ou non, participent à la fabrication de l'incertitude et du doute scientifiques.

Sans études scientifiques alertant des effets néfastes sur la santé humaine et/ou environnementale de ces substances (ici les acides gras et le sucre), aucune modification normative ne peut intervenir. Il s'agit pour l'essentiel d'études épidémiologiques qui quantifient l'importance des problèmes de santé dans un groupe de population donné. Comme ces études épidémiologiques comportent de nombreuses limites, on comprend pourquoi la prise de décision ne peut intervenir qu'après répétition de conclusions semblables[785]. Les résultats seront également

---

785 ADEME, *Les études épidémiologiques, fiche pratique,* « Cette méthode permet le calcul d'un Risque Relatif qui mesure la force d'association entre un facteur et une maladie. Un RR élevé plaide en faveur d'un rôle causal, c'est généralement utile pour les chercheurs mais insuffisant pour les décideurs » (p. 2). Ces études « permettent de décrire l'état sanitaire des populations pour quantifier l'importance des problèmes de santé mais en aucun cas ne peuvent établir un lien

variables d'une population à une autre, compte tenu de multiples facteurs susceptibles d'interagir (exposition à des pollutions, sédentarité variable, régime alimentaire global, facteurs socio-culturels, etc...).

Deuxièmement, une organisation internationale comme l'OMS, « autorité directrice et coordinatrice, dans le domaine de la santé », dont la mission est de « favoriser la coopération entre les groupes scientifiques et professionnels qui contribuent au progrès de la santé », de « proposer des conventions, accords et règlements, faire des recommandations concernant les questions internationales de santé »[786], d'assurer la coopération entre États, d'assister d'un point de vue technique, scientifique et administratif les États, et donc qui ne peut pas elle-même adopter des mesures contraignantes, est peut-être moins dépendante de certains lobbys et mieux à même de jouer ce rôle d'alerte et de moteur sur la scène internationale. La comparaison avec la Commission européenne l'illustre parfaitement, quand bien même, au niveau européen, le cercle d' États est plus restreint et donc le consensus plus facile à obtenir dans une arène plus resserrée. Que ce soit pour les acides gras trans, les acides gras saturés et les boissons sucrées, la connaissance scientifique préalable doit être traduite en politiques publiques; l'OMS a rempli ce rôle de médiation avec les États et même parfois, comme pour les acides gras trans, a émis des recommandations précises quant aux choix politiques à opérer (politique des seuils ou interdiction totale pour les acides gras trans). Ces indications aident les décideurs publics à initier et justifier des choix.

Troisièmement, la réglementation dans le domaine de l'alimentation saine illustre un autre phénomène déjà rencontré dans d'autres secteurs: la logique hiérarchique top-down du rôle moteur censé être joué par les institutions européennes et le droit européen est supplantée de longue date par une logique qui n'est pas davantage celle du bottom-up, mais bien du « réseau »[787]. Cette logique de réseau se renforce en présence d'une multiplicité d'acteurs appelés à intervenir dans la fabrique des normes.

---

de causalité entre la pathologie et un éventuel facteur de risque » (p. 1). (https://optigede.ademe.fr/sites/default/files/fichepratique-etudes-epidemiologiques.pdf, 1 Septembre 2022).

786 Article 2, Constitution de l'OMS.

787 F. Ost , M. Van de Kerchove, *De la pyramide au réseau, Pour une théorie dialectique du droit*, Presses de l'Université Saint-Louis, Bruxelles, 2010, 596 pages.

La construction européenne, loin d'affaiblir les pouvoirs centraux, les a même renforcés en mettant en réseau des acteurs qui n'étaient pas nécessairement reliés. Un petit État comme le Danemark, tenant tête à la Commission européenne, a réussi à faire progresser et aboutir la réflexion sur la nécessité de seuils maximum pour les acides gras trans industriels. Ce phénomène de réseau a pour effet positif de permettre à des acteurs initialement assez isolés de jouer un rôle incitatif pour d'autres acteurs. L'effet négatif est néanmoins le risque de sclérose de ces mêmes acteurs qui s'observent mutuellement et reportent sur leurs homologues la responsabilité d'engager des changements: par exemple, les États reportant sur l'UE et/ou sur les industriels la responsabilité d'initier des modifications.

Quatrièmement, si on examine tant la mobilisation que le contenu des normes, on peut être surpris du rôle très effacé, voire contre-productif de l'Union européenne qui non seulement n'a pas aplani les divergences nationales mais surtout freine une réglementation plus protectrice en faveur de la santé des consommateurs. Ainsi, sur l'ensemble du territoire européen, même les recommandations non obligatoires, divergent: les recommandations nationales pour la consommation d'acides gras trans oscillent entre des données chiffrées fixées à moins de 2% des apports caloriques journaliers (comme en France et au RU) et une simple recommandation d'une consommation la plus faible possible pour la Belgique, l'Espagne et l'Allemagne[788]. Ce constat quant à l'effet de frein peut également être illustré par la politique du RU qui dès 2006 faisait pression sur l'Union européenne pour que cette dernière adopte des mesures concernant l'étiquetage des acides gras et puisse ainsi créer un système harmonisé en conformité avec le principe de libre concurrence[789].

Ce rôle néfaste de frein vaut encore davantage pour les pays non membres de l'UE qui ont tendance à attendre une position commune de l'organisation européenne. Aussi, la question de la réglementation des acides gras trans s'est posée également dans des États non membres de l'UE comme la Suisse. Pour ces pays, l'absence de directive européenne ou de position claire de l'UE constitue un frein dans la prise de décision.

---

788 EFSA, « Scientific and technical assistance on *trans* fatty acids », op. cit., p. 3, §4.

789 House of Commons Dr Wadge 10 mai 2006 Scientific advice, risk and evidence: How the government handles them.

En effet, sans être membre de l'UE, la Suisse en est dépendante et l'UE représente un partenaire économique primordial. Comme en témoigne la réponse du Conseil fédéral suisse faite à la conseillère nationale, Franziska Teuscher en 2006, sur les acides gras trans, il a invoqué le fait qu'« au vu des efforts déployés actuellement pour supprimer les obstacles au commerce des marchandises avec l'UE (introduction du principe de cassis de Dijon), les prescriptions correspondantes devraient être adaptées au droit communautaire[790] ». Ainsi, le Conseil fédéral affirme vouloir suivre les évolutions du droit européen. On peut donc en déduire que des mesures auraient été prises plus rapidement si l'Union européenne avait joué un rôle moteur.

Si au niveau européen, un premier pas a été possible pour uniformiser les limitations sur les acides gras trans, il semblerait bénéfique d'uniformiser les mesures concernant les acides gras saturés en limitant l'augmentation de la consommation d'huile de palme dans les denrées alimentaires: le taux de consommation des acides gras saturés étant encore préoccupant sur l'ensemble du territoire européen et les mesures prises pour le diminuer encore trop rares. Ainsi, l'Union européenne pourrait, cette fois, jouer un rôle moteur et exiger que des mesures soient prises (comme la limitation des acides gras saturés dans les produits alimentaires) pour réduire la consommation et atteindre la limite des 10% des besoins énergétiques totaux. En matière d'huile de palme, les mesures actuelles ne semblent clairement pas assez efficaces[791]. Il semble important que l'UE se positionne sur deux aspects: l'aspect sanitaire avec une potentielle limitation de cette dernière dans les produits alimentaires et l'aspect environnemental en exigeant une huile de palme issue de productions durables.

Cinquièmement, comme l'État et les institutions intergouvernementales se sont désengagées de leur rôle de régulateur du Marché par respect de la liberté économique, la focale est aujourd'hui sur l'individu qui, informé, devrait être en capacité de faire des choix et réguler lui-même le marché en faveur de produits sains. La société d'information et des nouvelles technologies dans laquelle nous vivons, jusqu'à la figure « d' Homme augmenté », couplée à une logique ultra-libérale au nom des libertés individuelles (dans laquelle surtout figure en première position

[790] Teuscher Franziska, Postulat 06.3832 Graisses trans. Dangers pour la santé.

[791] Règlement n°1169/2011.

la liberté d'entreprendre) conduisent à ce semblant de réglementation par accompagnement des consommateurs. De plus, la focale consistant à prioritairement éduquer davantage les citoyens des dangers de la consommation des acides gras ou des sucres, relève d'une fausse bonne idée. Par leur choix de consommer des produits meilleurs pour la santé, les consommateurs sont supposés faire directement pression sur les industriels. Toutefois, cela suppose déjà des consommateurs qui ne subissent pas la contrainte du prix, premier élément de choix dans la consommation. Or, les produits industriels de meilleure qualité sont plus onéreux. Cela suppose aussi d'avoir des consommateurs qui ont les capacités cognitives de déchiffrer les étiquettes et d'identifier le danger de certains substances, conditions qui ne sont en réalité réalisables que dans des cas minimes. Comme le sujet est complexe techniquement, l'information simplifiée s'avère nécessairement insatisfaisante. Enfin, le choix est souvent inexistant puisque dès lors que ces substances novices (acides gras trans) ne sont pas interdites, elles sont potentiellement partout.

Cette étude a toutefois révélé au moins deux éléments plus surprenants: la science telle que médiatisée par des organisations comme l'OMS et la FAO a impacté aussi directement les industriels, parfois même bien avant les États. Des études plus précises devraient affiner les variations entre ces groupes privés et les États dans lesquels ils opèrent. L'autre résultat intriguant concerne le fait que, pour certains pays, réguler l'activité des industriels s'est révélé moins facilement atteignable que réguler les choix des consommateurs. Taxer la malbouffe est politiquement une mesure délicate à opérer, au motif notamment qu'elle impacterait le pouvoir d'achat des classes les plus pauvres. La distinction entre acides gras trans industriels (pour lesquels des seuils ont été imposés, y compris par l'UE) et acides gras saturés pour lesquels de simples recommandations et informations nutritionnelles ont été suggérées par l'UE, l'illustre.

Sixièmement, l'approche culturelle du droit ne saurait être négligée sous une double dimension, concernant le contenu des normes et concernant les moyens de réglementer. Que ce soit sur la question des sucres ou celle des acides gras (avec aussi la distinction entre acides gras trans et acides gras saturés), la réalité du terrain varie d'un État européen à un autre, ce qui oriente les priorités nationales. Sur le plan des moyens, les choix nationaux de s'orienter vers la taxation, les contributions volontaires ou des seuils réglementaires ne vont pas avoir le même impact car ils s'inscrivent dans un système juridico-politique distinct. En France, contrairement à ce qui s'est produit en Suisse ou au Royaume-Uni, le pari de mesures volontaires par les industriels s'est révélé être un échec[792].

Septièmement, dans quelle mesure les enjeux de santé publique d'une part, de santé environnementale, d'autre part, ont-ils eu un poids? Nous avons vu que les enjeux sanitaires pèsent assez peu dans les arbitrages effectués et que les considérations d'ordre économique, tant pour la croissance nationale, le pouvoir d'achat des consommateurs que les relations commerciales, ont eu plus d'impact dans les délibérations finales. Au total, ce n'est absolument point la santé humaine, encore moins la santé du Vivant qui servent de boussole ni même d'arbitrage dans le choix des politiques publiques. Qui plus est, le cas de l'huile de palme illustre le fait qu'ajouter des enjeux environnementaux aux enjeux sanitaires multiplie les sources d'opposition et fragilise les soutiens aux mesures proposées. Lors des débats sur la taxation de l'huile de palme, un moyen redoutable d'obstruction fut ainsi d'ajouter de la confusion et de la complexité (fausse ou avérée) en mêlant les enjeux sanitaires aux enjeux environnementaux, fiscaux pour finalement ne retenir que les données de politiques économique et commerciale. Il est notoire que sur l'huile de palme, les questions liées à la santé publique ont été totalement évacuées alors qu'elles étaient à l'origine du projet de taxation en France. La taxe danoise sur les acides gras saturés, un échec sanitaire, fut retirée pour des raisons économiques, car impactant trop le pouvoir d'achat des consommateurs. Ainsi, l'impression qui ressort est également que plus le problème est circonscrit, plus la réaction décisionnelle sera rapide et d'effet immédiat. Tel fut le cas particulièrement pour les acides gras trans. Le contre-exemple est celui de l'huile de palme qui cumule une diversité d'enjeux sources d'une totale confusion au stade des discussions parlementaires.

Si la santé est un argument mineur dans la prise de décision finale, la lecture attentive des débats et travaux préparatoires a révélé combien l'approche par les droits humains est totalement absente. Jamais il n'est fait mention d'un droit individuel ou collectif à un accès à des aliments de qualité, ni même au droit à la santé avec pour composante le droit à des aliments sains. L'alimentation est appréhendée comme un bien ordinaire

---

792 AN, Rapport d'information n°5130 sur l'évaluation de l'alimentation saine et durable pour tous, M. Julien Dive et Mme Marie Tamarelle–Verhaeghe, 24 février 2022, pp. 111–112.

avec pour arbitrage les enjeux économiques, financiers, commerciaux et liés à la géopolitique internationale. Les mangeurs ne sont pas pensés comme des citoyens pour lesquels existerait une obligation de respecter leur dignité, mais comme des consommateurs devant opérer des choix face à une offre abondante.

Cette étude a révélé aussi des empreintes nationales fortes: en France, l'enjeu sanitaire ne parvient pas à emporter la conviction des parlementaires d'une réglementation sur ce seul motif. Que ce soit sur les acides gras ou les boissons sucrées, des enjeux de rendement interfèrent systématiquement, et l'enjeu de santé publique s'éclipse même rapidement pour laisser place à des préoccupations commerciales, économiques et budgétaires. Le clivage avec les pays comme le RU ou l'Irlande est ici très net. Si en France, l'approche vise à s'adresser avant tout aux citoyens, dans le monde anglo-saxon, les pouvoirs publics se tournent avant tout vers les industriels pour faire évoluer les produits sur le Marché, une distinction que cette étude a largement mise en exergue. Toutefois, indifféremment des méthodes utilisées, l'impact sur la réduction de la malbouffe a été minime, ne permettant pas de juguler l'épidémie actuelle de maladies chroniques liées à des aliments trop gras, trop sucrés, trop salés et/ou hyper transformés.

Cette partie met ainsi clairement en lumière l'importance d'adopter en Europe une approche par les droits humains, replaçant au centre des décisions l'Humain. Cette approche aurait l'avantage de hiérarchiser les enjeux et valeurs à défendre, en plaçant le respect de la santé et de la dignité humaines en haut de l'échelle. Nous allons retrouver le même constat dans la partie suivante.

En effet, ces dernières décennies se caractérisent par l'ajout d'une autre dimension de la qualité alimentaire; il est désormais question de permettre l'accès à une alimentation durable. Comment cette nouvelle exigence-est-elle gérée par les pouvoirs publics? Quelles spécificités cette dimension intègre-telle par rapport aux enjeux précédemment rencontrés en termes de santé publique? La dimension de durabilité entre-t- elle en collision avec l'approche par les droits fondamentaux?

4ème partie

LA PROMOTION D'UNE ALIMENTATION DURABLE: UN CONCEPT POLYSÉMIQUE ET INOPÉRANT EN DROIT?[793]

« L'aliment situe l'homme au sein de la nature. Comme toutes les espèces vivantes, il ingurgite le monde qui l'entoure ».[794]

Depuis des décennies, notamment dans le cadre de l'Union européenne et sous l'impulsion des actions menées par l'OMS, la dimension sanitaire du droit à l'alimentation s'est vue accorder une priorité. En effet, comme précisé dans la partie précédente, l'augmentation alarmante du taux d'obésité et des maladies non transmissibles sur le continent européen et hors Europe (une personne sur trois est en surpoids ou obèse dans le monde[795]) s'est accompagnée d'une redéfinition de l'alimentation saine « passant d'une définition axée sur la production alimentaire à une définition qui englobe largement la nutrition »[796].

A ces préoccupations de santé publique plus prégnantes que jamais, se sont ajoutés ces vingt dernières années des enjeux écologiques

---

793 Cette partie a été rédigée par Elisabeth Lambert en s'appuyant sur la collecte de matériaux par Lise Etienne, alors assistante de recherche sur le projet USIAS. Lise Etienne, Isabelle Fergusson (étudiante américaine en stage à SAGE de mars à mai 2021) et moi-même avons réalisé les entretiens ayant alimenté les réflexions de cette partie.

794 A. Bernard et al., « Penser autrement le rapport du droit et de l'alimentation », op. cit., p. 11.

795 IFPRI (ed.), *Global Nutrition Report (2020), Action on equity to end malnutrition*, Executive summary, 13.

796 A. Ayala, B. Mason Meier, « A human rights approach to the health implications offood and nutrition insecurity », op. cit., p. 2.

particulièrement sérieux et urgents. Le rapport Bruntland en 1987 propose la première définition de développement durable comme un développement qui répond aux besoins du présent sans compromettre les besoins des générations futures. Comme signalé par un auteur, le contenu du droit à l'alimentation est en « expansion continue »[797]; la plus récente expansion a précisément trait à la dimension de durabilité. Si le terme de durabilité est utilisé fréquemment dans cette partie, c'est par reproduction des qualificatifs utilisés au niveau international et national en lien à l'alimentation, alors que nous lui préférons le concept de « soutenabilité » en ce que ce dernier « propose une vision à long terme, à caractère éminemment écologiste », et « vise à limiter l'exploitation des ressources naturelles au niveau auquel elles ont encore la capacité de se renouveler »[798].

L'objectif de « soutenabilité » est devenu un impératif en cette période d'Anthropocène où la transition vers de nouveaux modèles de production et de consommation est requise. La dégradation des terres par une agriculture intensive et fortement consommatrice de produits chimiques et entrants a permis de remettre au centre des priorités de certaines institutions, dont la FAO, le concept de « régimes alimentaires durables ». Selon la définition inclusive de la FAO de 2010, « Les régimes alimentaires durables contribuent à protéger et à respecter la biodiversité et les écosystèmes, sont culturellement acceptables, économiquement équitables et accessibles, abordables, nutritionnellement sûrs et sains, et permettent d'optimiser les ressources naturelles et humaines »[799]. L'article 15(2) de la Déclaration des Nations Unies sur les droits des paysans et des autres personnes travaillant dans les zones rurales du 17 décembre 2018, reconnait aux «paysans et les autres personnes travaillant dans les zones rurales» le « droit d'avoir à tout moment matériellement et économiquement accès à une nourriture (…) produite et consommée de façon durable et équitable, respectant leur culture, préservant l'accès des générations futures à la nourriture et leur assurant, sur le plan physique et psychique, une vie épanouissante et digne, individuellement et/ou collectivement, en répondant à leurs besoins ». Également, de plus en

---

797 D. Gabdin, « Droit à l'alimentation (…) », op. cit., p. 624.

798 C. Cans, « Développement durable », in *Dictionnaire juridique des transitions écologiques*, 2018, pp. 296–300.

799 FAO, *Biodiversité et régimes alimentaires durables,* 2010.

plus de politiques publiques dans les Etats européens affichent comme objectif le renforcement de la durabilité de leur production.[800]

Aussi, l'enjeu de soutenabilité (couplé à celui de santé publique) devrait interroger les choix de gouvernance à opérer et la distribution des responsabilités entre les trois acteurs fondamentaux que sont les pouvoirs publics, le Marché et la société civile. A cet égard, les constats hérités des trente dernières années vont dans le même sens: la concrétisation d'une obligation étatique en vue d'assurer l'accès à une alimentation saine et durable est restée une coquille vide sur le continent européen[801]; au nom du libéralisme économique et des libertés individuelles, la régulation de l'alimentation et de la production agricole devait être laissée dans les mains des individus et du Marché, dans un schéma bilatéral pour le moins déséquilibré.

L'objet de cette partie est donc de considérer comment la dimension de durabilité attachée à l'alimentation (et à la production agricole) peut être retranscrite normativement et par conséquent comment se reconfigurent (ou non) les relations entre individus, le Marché et les pouvoirs publics. Comment traduire l'enjeu de durabilité dans une approche par les droits humains? Pour ce faire, la recherche a été adossée à la méthode classique en droit de l'analyse de droit comparé des réglementations, textes préparatoires et jurisprudence y afférente, couplée d'entretiens avec un échantillon représentatif d'acteurs aux niveaux national et international. De février à mai 2022, des entretiens ont été réalisés avec des experts de la FAO et avec des experts des cas d'étude retenus (Belgique, Suisse, Moldavie, Hongrie). Ces quatre pays ont été sélectionnés pour leur pertinence en lien aux enjeux d'alimentation et d'agriculture durables suite à la collecte et analyse préalable des législations internes disponibles sur la base de la FAO (FAOLEX). La question en arrière-plan à laquelle cette partie va tenter de répondre est la suivante*:* le concept d'alimentation durable est-il, tel que formulé et retranscrit actuellement, susceptible de

---

800 Par exemple, en Moldavie, cf Colaborarea Republicii Moldova Cu Organizaţia Naţiunilor Unite Pentru Alimentaţie Şi Agricultură (F.A.O.), Oleg BONTEA, CZU: 338.439 (100) (478) // Coopération de la République de Moldavie avec l'organisation des Nations Unies pour l'alimentation et l'agriculture, p. 3.

801 L. Damhuis et al., « Concrétiser l'ambition démocratique de l'alimentation durable? Expérimentations bruxelloises dans l'aide alimentaire », *Anthropology of Food*, 2020, pp. 1–12, 2.

produire des changements concernant l'approche et mise en œuvre du droit à l'alimentation?

La partie est structurée autour de deux idées clés: premièrement, le terme de durabilité appliqué à l'alimentation et à l'agriculture couvre des dimensions plurielles; deuxièmement, sa transcription juridique s'est révélée particulièrement inopérante pour des raisons qu'il s'agira d'analyser.

I. Un concept polysémique

Le concept d'alimentation durable est « aussi polysémique que polyvalent »[802], pour ne pas dire « fourre-tout », ce qui n'est pas surprenant étant donné le caractère évasif du concept de durabilité lui-même qui empêche « toute conclusion substantielle quant à la signification et au contenu concret »[803]. Il est d'ailleurs souvent utilisé sans être défini, ni précisé[804]. En amont de l'alimentation durable, il faudrait évoquer aussi une alimentation produite, transformée, commercialisée et distribuée de manière durable.

Hérité du Rapport Bruntland, le concept de « développement durable » repose sur trois piliers que sont la protection de la Nature, le développement économique et le progrès social. Ce triptyque, avec quelques adaptations locales, est repris dans pléthore de textes, tel le plan suisse sur la Politique Agricole suisse 22+[805] fondé sur « un triangle des perspectives », avec les trois objectifs suivants: succès sur les marchés en Suisse et à l'étranger, développement économique des exploitations, utilisation et protection des ressources naturelles. Ces trois piliers ont été

---

802 L. Martin-Loustalot, J. Le Bart, « L'alimentation durable, un concept polysémique, des motivations diverses et divergentes », 2016–2017, en ligne.

803 V. Barral, *Le développement durable en droit international. Essai sur les incidences juridiques d'une norme évolutive*, Bruxelles, Bruylant, 2016.

804 Cf en droit français, Loi n° 2018-938 du 30 octobre 2018 pour l'équilibre des relations commerciales dans le secteur agricole et alimentaire et une alimentation saine, durable et accessible à tous. Loi n° 2021-1104 du 22 août 2021 portant lutte contre le dérèglement climatique et renforcement de la résilience face à ses effets, art. 259: (chèque) alimentation durable, dont l'expression semble être utilisée indistinctement avec le concept d' « alimentation saine ».

805 https://www.blw.admin.ch/blw/fr/home/politik/agrarpolitik/ap22plus.html (19 Juin 2022).

confirmés par nos analyses et entretiens. Ainsi, pour les interlocuteurs de l'OFAG en Suisse, « Si on regarde maintenant notre politique agricole, quand on fait une réforme, on regarde toujours ces trois aspects, économique, écologique et aussi social »[806].

Ces trois piliers ont été également repris dans l'approche des droits humains pour des systèmes alimentaires durables selon la définition du rapporteur spécial des Nations Unies sur l'environnement et les droits de l'homme. Ainsi, le Rapporteur spécial note que

> L'approche fondée sur les droits humains, axée sur le droit à l'alimentation et le droit à un environnement sain, est un catalyseur essentiel pour accélérer la transformation des systèmes alimentaires non durables actuels dans la perspective d'un avenir où chacun bénéficiera d'une alimentation saine et durable, où les travailleurs seront traités équitablement et où les écosystèmes dégradés seront restaurés. C'est une obligation pour les États, pas une option[807].

Au niveau de l'Union européenne, la stratégie « From farm to fork » reprend largement l'objectif de promotion de régimes alimentaires durables décliné en divers piliers: « Évoluer vers un système alimentaire durable peut procurer des avantages environnementaux, sanitaires, sociaux et économiques »[808]. Le concept d'alimentation durable a émergé récemment au sein de la FAO. Selon une des personnes interviewées de cette organisation,

> L'aspect durable de l'alimentation et du régime alimentaire a toujours été un peu en retrait. Il n'a pas reçu toute l'attention que nous aurions souhaité lui accorder. (…) ma théorie est que c'est parce que les droits de l'homme et le droit de l'environnement étaient très séparés et si vous étudiez les droits de l'homme, vous ne connaissez pas le droit de l'environnement et vice versa. Et si vous travailliez sur l'un, vous ignoriez l'autre[809].

En réalité, le concept n'est pas aisé à cerner en raison de la pluralité des enjeux couverts et des difficultés à mesurer la soutenabilité. Ainsi, selon une de nos interlocutrices à la FAO,

---

806 Extraits de l'entretien n°12.

807 A/76/179, 19/07/2021, para.89.

808 COM(2020) 381 final, 20/05/2020, Communication de la Commission, « Une stratégie 'De la Ferme à la Table' pour un système alimentaire équitable, sain et respectueux de l'environnement », p. 2.

809 Entretien n°4.

> le débat sur la durabilité est très compliqué car nous ne sommes pas tous d'accord sur ce qui est durable et sur la manière de le mesurer. Il y a beaucoup d'indicateurs différents qui sont utilisés (...) donc sans les indicateurs et les mesures robustes pour mesurer ce dont nous parlons, il est difficile de faire avancer ce débat. [...]. Je pense que la détermination des indicateurs dans les mois à venir va donner lieu à des débats brûlants [...] et il y a un grand vide dans ce domaine[810].

Ayant constaté que le triptyque de 1987 est toujours valable, nous détaillerons les trois piliers actuels de la soutenabilité en révélant leur importance plus ou moins marquée et des développements récents qui dévoilent des particularismes complexes. Nous structurerons ces développements de façon binaire, plus conforme à la réalité qui ressort de notre étude empirique, autour d'une part d'une soutenabilité écologique peu revendiquée normativement, au profit d'une soutenabilité socio-économique qui bénéficie d'un soutien prioritaire.

A. La soutenabilité écologique: une timide incursion normative

L'inscription de la durabilité écologique sur la scène internationale

Contrairement à l'approche du rapport Bruntland considérant le volet écologique interdépendant et de valeur égale avec les deux autres volets, cette étude lève le voile sur une durabilité écologique très pauvre dans les réglementations et politiques alimentaires publiques actuelles. Dans sa thèse intitulée « Encadrement normatif de l'agroaliment et développement durable », Albin Andrieux conclut effectivement que

> Dans cette internationalisation croissante des normes alimentaires, les aspects environnementaux et sociaux du développement durable ne sont pris en compte que de manière marginale car l'on isole la denrée alimentaire de son contexte de production et de commercialisation. Les contraintes posées au niveau international et supranational apparaissent essentiellement économiques et hygiéniques[811].

---

810 Entretien n°2.

811 A. Andrieux, « Encadrement normatif de l'"agroaliment" et développement durable », Thèse, Université de Paris 1, 15 avril 2015, para.264.

Appliqué à la production agricole, le volet de soutenabilité écologique impliquerait selon les Directives volontaires de la FAO de 2004 sur le droit à l'alimentation, (para. 2.5): « la conservation et la gestion durable des ressources naturelles, y compris dans les zones marginales ». Selon la directive 8D de ce même instrument, les Etats sont appelés à « garantir la conservation et l'utilisation durable des ressources génétiques pour l'alimentation et l'agriculture», notamment en associant les communautés locales et autochtones. La directive 8[E], consacrée spécifiquement et entièrement à la « durabilité écologique », précise que le but est de: « 8.13 (…) garantir aux générations actuelles et futures la possibilité d'assurer une production alimentaire durable accrue, de prévenir la pollution des ressources hydriques, de protéger la fertilité des sols et de promouvoir une gestion durable des pêches et des forêts ». Cependant, la FAO n'a pas adopté de position forte et claire concernant le lien entre produits chimiques, pesticides, intrants et durabilité des systèmes agro-alimentaires. Une personne que nous avons interviewée admettait que:

> nous n'avons pas, je pense que notre organisation n'est pas allée jusqu'à affirmer que tous les produits chimiques devraient être interdits. Je ne pense pas que nos pays seraient d'accord et je ne pense pas que tous les scientifiques de la FAO seraient d'accord avec cela non plus. Je pense que certains d'entre eux soutiendraient que certains produits chimiques seraient, pourraient encore être durables ou pourraient être utilisés sans dommage. Je dois admettre que nous sommes beaucoup d'employés à la FAO et que tous ne sont pas nécessairement d'accord sur ce qui est le mieux (…) et je ne pense pas que ce soit le résultat d'une mauvaise intention, c'est juste que c'est un travail complexe et nous avons tous un passé, une expérience et une vision légèrement différents, et c'est ainsi que nos opinions se forment[812].

Dans un rapport de 2012, le concept de « régimes durables » est pour la première fois associé à la « biodiversité ». Selon le Directeur-adjoint de la FAO, s'il n'existe pas de définition universelle de régimes alimentaires durables, une dimension clé concerne la protection de la biodiversité[813]. De même, selon une approche par les droits fondamentaux, Olivier de

---

812 Entretien n°4.

813 B. Burlingame, S. Dernini, *Sustainable diets and biodiversity directions and solutions for policy, research and action*, Nutrition and Consumer Protection Division, FAO, 2012 (https://www.fao.org/3/i3004e/i3004e.pdf) (19 May 2022), pp. 13–14.

Schutter, alors Rapporteur spécial au droit à l'alimentation en 2010 sur l'agroécologie, a insisté sur la durabilité écologique et le besoin de prendre en compte les générations futures; l'alimentation doit être « produite et consommée de façon durable, afin de préserver l'accès des générations futures à la nourriture »[814]. « La perte de la biodiversité, l'utilisation déraisonnable de l'eau et la pollution des sols et de l'eau font que les ressources naturelles risquent de ne pas pouvoir continuer à soutenir l'agriculture »[815]. Sa première recommandation à l'intention des Etats est ainsi formulée: « Faire référence à l'agroécologie et à l'agriculture durable dans les stratégies nationales pour la réalisation du droit à l'alimentation » (para.44). Dès 1999, le Conseil des droits de l'homme des Nations Unies soulignait que pour satisfaire l'objectif de systèmes alimentaires durables, « il faudrait veiller à assurer la gestion et l'utilisation les plus durables des ressources naturelles et autres servant à la production alimentaire aux niveaux national, régional, local et à celui des ménages »[816]. Le Rapporteur spécial des Nations Unies sur environnement et droits de l'homme, David Boyd, dans un rapport de 2021 évaluant l'impact environnemental des systèmes alimentaires rappelle que « Les systèmes alimentaires sont responsables de 21 à 37% des émissions mondiales de gaz à effet de serre »[817], que « L'agriculture représente environ 70% de l'utilisation de l'eau douce dans le monde, éclipsant toutes les autres utilisations humaines », que « Si le bétail était un pays, il serait le troisième plus grand émetteur de gaz à effet de serre au monde » et que « La principale cause de la perte de biodiversité est l'agriculture »[818]. Par conséquent, selon David Boyd, les Etats ont l'obligation d'« Évaluer

---

814 A/HRC/25/57, Rapport soumis par le Rapporteur spécial sur le droit à l'alimentation, Olivier de Schutter, Rapport final: Le droit à l'alimentation: facteur de changement, 24 Janvier 2014, para.2.

815 A/HRC/16/49, Rapport du Rapporteur spécial sur le droit à l'alimentation, Olivier De Schutter, 20 Décembre 2010, para.9.

816 Observation générale n°12(1999), para.10.

817 En France, ce serait 19% : Assemblée Nationale, Rapport d'Information n°5130 sur l'évaluation de l'alimentation saine et durable pour tous, présenté par M. Julien Dive et Mme Marie Tamarelle–Verhaeghe, Députés, p. 63.

818 A/76/179, Obligations relatives aux droits humains se rapportant aux moyens de bénéficier d'un environnement sûr, propre, sain et durable, Rapport du Rapporteur spécial sur la question des obligations relatives aux droits de l'homme se rapportant aux moyens de bénéficier d'un environnement sûr, propre, sain et durable, Alimentation saine et durable: réduire les effets environnementaux des systèmes alimentaires sur les droits humains, David Boyd, paras 14–15, 19 & 21.

les répercussions potentielles sur l'environnement, la société, la santé, la culture et les droits de l'homme de tous les plans, politiques, projets et propositions liés aux systèmes alimentaires »[819], mais également il suggère une « réorientation des subventions vers les pratiques durables et les petits exploitants » (para.75).

Cette approche fait écho aux développements engagés dans le cadre de la Charte africaine des droits de l'homme et des peuples. La Commission africaine a clairement indiqué que le droit à une alimentation adéquate implique le devoir des États de « s'abstenir de détruire et/ou de contaminer les sources de nourriture et de les protéger contre ce phénomène »[820]. En outre, selon cette même approche régionale, les États ont un devoir d'intendance envers les ressources naturelles et la terre[821], un devoir d' « assurer la gestion et l'utilisation les plus durables des ressources naturelles et autres pour l'alimentation aux niveaux national, régional, local et des ménages »[822].

Par conséquent, la Commission africaine a clairement indiqué, dans une requête introduite contre le Nigeria, que « (...) le noyau minimal du droit à l'alimentation exige que le gouvernement nigérian ne détruise ni ne contamine les sources de nourriture. Il ne doit pas permettre à des parties privées de détruire ou de contaminer les sources de nourriture et d'empêcher les efforts des populations pour se nourrir »[823]. Dans cette requête, la Commission a conclu à une violation du droit à l'alimentation de la communauté Ogoni, notamment parce que « le gouvernement a autorisé les compagnies pétrolières privées à détruire les sources de nourriture »[824]. Cette approche a le mérite de prendre en compte les besoins des générations futures: la Commission africaine a déjà admis que les Etats ont le devoir de « prévenir la destruction des ressources

---

819 A/76/179, para.70.

820 African Commission on Human and Peoples' rights, Principles and Guidelines on the implementation of economic, social and cultural rights in the African Charter on Human and peoples' rights, op. cit., para 86.

821 Idem.

822 Idem.

823 African Commission on Human and Peoples' rights, Social and Economic Rights Action Center and Center for Economic and Social Rights v Nigeria, Communication n°155/96, decision of 27 October 2001, para 65.

824 Idem, para 66.

naturelles du pays, afin de protéger le droit à l'alimentation et à la santé des générations futures »[825].

Pour revenir au continent européen, il est intéressant de noter, comme les consommateurs sont sollicités pour opérer la transition vers des régimes alimentaires sains et durables, que selon une étude publiée par le Bureau Européen des Unions de Consommateurs (BEUC) en 2020 dans onze pays de l'Union Européenne, les « consommateurs voient principalement le terme « durable » comme un synonyme de respectueux de l'environnement, sans OGMs ni pesticides »[826]. Or, comment les consommateurs peuvent-ils influencer des productions moins dépendantes des OGMs ou pesticides?

Suite à nos entretiens, nous émettons le constat que cette dimension écologique de la soutenabilité fut mise en avant uniquement par les interlocuteurs membres des partis des Verts ou par certains membres particulièrement engagés de la société civile. Pour un de nos interlocuteurs (les Verts, Suisse), la durabilité, « C'est d'une part d'avoir accès à des aliments sains, à une alimentation diversifiée, mais aussi que les aliments sont produits d'une manière durable, donc qu'ils respectent la nature et l'environnement et aussi qui fait un apport à la protection du climat»[827]. Ceci révèle combien ce volet écologique reste fortement clivé politiquement, ce qui constitue indéniablement un frein lors des débats parlementaires à son appropriation plus large.

Ainsi, au niveau normatif, rares sont les constitutions et réglementations nationales ayant inscrit la durabilité écologique. Cependant, des développements très riches concernent la Suisse, la Moldavie et la Hongrie, ce dernier Etat faisant figure, dans une certaine mesure, d'exception, certains pourraient écrire de « modèle »[828].

---

825 African Commission on Human and Peoples' rights, Principles and Guidelines on the implementation of economic, social and cultural rights in the African Charter on human and peoples' rights, op. cit., para 86(q).

826 BEUC, One bite at a time: consumers and the transition to sustainable food, Analysis of a survey of European consumers on attitudes towards sustainable food, June 2020, p. 4.

827 Entretien n°11.

828 J. Ede Szilágyi, « The protection of the Interests of Future Generations in the 10-Year-Old Hungarian Constitution, With special reference to the Right to a Healthy Environment and Other Environmental Issues », *Journal of Agricultural and Environmental Law,* 31/2021.

Le cas hongrois

L'article XX de la Constitution hongroise, tel que nouvellement entré en vigueur au 1er Janvier 2012, affirme que la promotion effective du droit à la santé se fera « (1) par une agriculture exempte d'organismes génétiquement modifiés [...] ainsi qu'en assurant la protection de l'environnement »[829]. Cette disposition résulte d'un amendement déposé juste avant le vote final le 14 avril 2011, sur proposition de János Lázár, juriste et member du parti national conservateur populiste le Fidesz[830], qui se lisait: « Il est proposé d'ajouter à l'article XX, paragraphe 2, les mots « une agriculture exempte d'organismes génétiquement modifiés, assurant l'accès à une alimentation saine et à l'eau potable ». Selon l'exposé des motifs, il s'agit de mettre en adéquation le droit hongrois au droit humain fondamental internationalement reconnu à la santé physique ou mentale en raison de « la production d'aliments sains et de haute qualité à partir d'organismes génétiquement modifiés, exempts de toute modification génétique »[831]. En effet,

> plus de 70% des agents qui endommagent les processus vitaux pénètrent dans l'organisme par le biais de l'alimentation et de l'eau potable. Par conséquent, outre ce qui précède, l'une des conditions les plus importantes pour la santé est la disponibilité d'aliments sans résidus, sains, sûrs et produits naturellement (sans OGM) et d'eau potable[832].

Cette proposition remarquable interdisant les OGMs par une approche fondée sur les droits humains (en l'occurrence le droit à la santé) (doc. T/2627/159) n'a fait l'objet que d'un seul commentaire[833]

---

829 Fundamental Law of Hungary in force since January 2012: « Article XX (1) Everyone shall have the right to physical and mental health. (2) Hungary shall promote the effective application of the right referred to in paragraph (1) through agriculture free of genetically modified organisms, by ensuring access to healthy food and drinking water, by organising safety at work and healthcare provision and by supporting sports and regular physical exercise as well as by ensuring the protection of the environment ». La Constitution de l'Equateur de 2008 comprend une disposition similaire sur l'interdiction des OGMs.

830 G. Kertész, « OGM et loi fondamentale hongroise », 2018, p. 58.

831 Idem.

832 J. T. Kovács, « L'impact de la loi fondamentale sans OGM sur l'agriculture – avec une référence particulière à la souveraineté restaurée des États membres de l'UE et au TTIP », p. 314.

833 http://www.parlament.hu/naplo39/084/n084_148.htm (2017.10.02.).

et fut adoptée, après limitation de son champ d'application à la seule agriculture, par 262 voix contre 1 et 44 abstentions[834]. L'absence de discussion parlementaire fut critiquée[835] alors même que cette interdiction des OGMs est considérée comme une priorité en Hongrie[836]. Selon une autrice, ce champ d'application réduit

> est justifié car le texte tel que modifié par l'amendement T/2627/159 aurait violé l'une des libertés fondamentales les plus importantes de l'Union européenne, le principe de libre circulation des marchandises, puisque l'interdiction se serait étendue aux denrées alimentaires provenant de l'extérieur des frontières hongroises, alors que le constitutionnaliste aurait maintenu l'interdiction nationale en raison du caractère enclavé de l'agriculture[837].

Plus tardivement fut adopté le décret 61/2016 (IX.15.) du gouvernement hongrois sur l'étiquetage précisant l'exemption des OGMs. Toutefois, cette position assez isolée de la Hongrie est compliquée à défendre surtout dans le cadre des accords commerciaux avec l'UE et le Canada [838].

Si elle est au second plan (derrière la santé humaine), la dimension écologique est bien présente et a pu bénéficier de prolongements. Le 29 Novembre 2006, le Parlement adoptait la résolution 53/2006 demandant de poursuivre des études sur l'impact environnemental des cultures OGMs autorisées dans le cadre de l'Union européenne[839]. Par ailleurs, la Hungarian National Rural Strategy adoptée en 2012 a fixé parmi les cinq objectifs celui d'une production alimentaire respectueuse de l'environnement[840]. De surcroît, une incrimination pénale spécifique a été incorporée en droit hongrois[841].

---

834 http://www.parlament.hu/naplo39/084/n084_161.htm (2017.10.02.).

835 Gabor Kertész, « OGM et loi fondamentale hongroise », op. cit., p. 74.

836 T. Júlia Kovács, « L'impact de la loi fondamentale sans OGM sur l'agriculture », op. cit., p. 312.

837 Idem, p. 314.

838 Idem, p. 311.

839 https://gmo.kormany.hu/the-parliamentary-resolution-on-certain-issues-relating-to-genetechnology-activities-their-application-in-agriculture-and-food-production-and-thehungarian-strategy-related-to-them (10 Juin 2022).

840 J. Ede Szilágyi & al., « Food Sovereignty And Food Security In Hungary: Concepts And Legal Framework », *LESIJ*, no. XXVIII, vol. 1/2021, p. 76.

841 Loi C de 2012 sur le code pénal §362: « Quiconque dans l'Union européenne *a)* importe, stocke, transporte, met sur le marché ou libère dans l'environnement, de manière illicite, du matériel de multiplication végétal génétiquement modifié d'une

Le Préambule de la Constitution mentionne aussi la protection des conditions de vie des générations futures par un « usage prudent des ressources matérielles, intellectuelles et naturelles ». De façon encore plus remarquable, selon l'article P de la Constitution hongroise:

> Toutes les ressources naturelles, en particulier les terres agricoles, les forêts, les réserves d'eau potable, la biodiversité – notamment les espèces végétales et animales indigènes – (...) font partie du patrimoine commun de la nation et l'État et toute personne sont tenus de les protéger, de les entretenir et de les préserver pour les générations futures.

Cette disposition a dû être légèrement amendée, étant donné une remarque de la Commission de Venise du Conseil de l'Europe sur le caractère trop vague des obligations qui seraient transférées de l'Etat vers les citoyens[842]. L'interdiction des OGMs et le respect dû aux générations futures seraient ainsi intimement liés[843].

Ces modifications en droit hongrois s'expliquent dans un contexte d'adhésion à l'Union européenne le 1er mai 2004 et de prise de conscience de spécificités de la filière agricole en Hongrie. Selon une des personnes interviewées, au début des années 2010,

> Il y avait eu à ce moment un mouvement assez fort de souveraineté alimentaire qui a commencé (...) les fermiers en Hongrie avaient une représentation et un poids dans la société assez importants. (...) 2012 fut une année importante, celle des (...) 10 ans de "Let's liberate diversity", (...), c'est un mouvement européen, ou même global, pour la biodiversité

---

variété non autorisée, *b)* libère illégalement dans l'environnement du matériel de propagation d'une variété végétale génétiquement modifiée dont la culture n'est pas autorisée, *c)* viole l'interdiction d'importer, de produire, de stocker, de transporter, de mettre sur le marché ou d'utiliser comme mesure de sécurité, pendant la durée de la procédure de clause de sauvegarde, du matériel de multiplication d'une variété végétale génétiquement modifiée pour laquelle un permis de culture a été délivré, est puni d'un délit passible d'une peine d'emprisonnement de deux ans au maximum ».

842 European Commission for democracy through law, Opinion on the new constitution of Hungary, Opinion no. 621 / 201, CDL-AD(2011)016, 20 June 2011, para.57: In view of the vagueness of the relevant constitutional provisions, it would be advisable to specify obligations (and their legal consequences) such as: (art. 0 & P). au lieu de: « (...) are to be preserved for future generations by the state and by all others ».

843 G. Kertész, « OGM et loi fondamentale hongroise », op. cit., p. 58.

> de l'agriculture et des autres plantes. Ils ont eu une réunion en Hongrie à Szeged au Sud de la Hongrie. Et ça c'était un moment catalyseur. Donc, ce que je veux dire ici, c'est qu'il y a eu un *push*, ou une force majeure de la société civile et des paysans même ensemble de ce qu'ils veulent[844].

Toutefois, il y a eu des tentatives de contestation de cette interdiction, notamment par un cabinet d'avocats Hetényi pour la défense de l'association de biotechnologie Barabás Zoltán – une organisation hongroise de lobbying. En effet, suite au scandale de juillet 2011 provoqué par des agriculteurs du comté de Baranya, un avis juridique a été rendu par ce cabinet, disposant que l'Etat ne saurait avoir le monopole de la recherche scientifique sur les OGMs en concluant à leur nocivité.

> L'imposition d'une exemption ou d'une interdiction des OGM reflète l'attitude fondamentale selon laquelle les OGM sont nuisibles à la santé, ou à tout le moins une menace pour celle-ci. Si la nocivité des OGM pour la santé, ou du moins leur nocivité pour la santé, n'a pas été scientifiquement prouvée à ce jour, l'exemption des OGM repose sur une idée préconçue et l'interdiction de l'article XX de la loi fondamentale et de l'article X sont contradictoires[845].

Selon le Commissaire pour les générations futures, cette interdiction est justifiée par le principe de précaution[846].

Un autre exemple remarquable de traduction normative du pilier écologique de l'alimentation durable est offert avec la Suisse.

L'exemple suisse

La Constitution fédérale suisse reconnait à l'article 104 intitulé « Agriculture», que par (1), « une politique de production durable et axée sur le marché [...] », « 3 La Confédération [...] a notamment les compétences et les devoirs suivants: [...] d. protéger l'environnement contre les effets néfastes de l'utilisation excessive d'engrais, de produits chimiques et d'autres agents auxiliaires ». Selon l'Article 104a « Sécurité alimentaire », « la Confédération crée les conditions nécessaires pour: [...]

---

844 Entretien n°6.

845 Bureau d'avocats Hetényi, « Interprétation des dispositions de la loi fondamentale sur l'exemption des OGM à la lumière du droit européen », i.m. p. 6.

846 Résolution JNO n° 258/2011 (25 avril 2011) sur la responsabilité de l'État en vertu des dispositions relatives à l'environnement et à la durabilité de la nouvelle loi fondamentale.

b. une production alimentaire qui [...] utilise efficacement les ressources naturelles; [...] e. une utilisation des denrées alimentaires qui ménage les ressources naturelles ». Ces dispositions reflètent la tension claire entre les impératifs de sécurité alimentaire par l'approvisionnement des populations d'une part, les impératifs d'usage raisonné des ressources d'autre part, donc entre générations présentes et futures.

En réalité, la Suisse offre un exemple remarquable à deux points de vue: le nombre impressionnant de projets d'initiatives populaires autour des enjeux agricoles et alimentaires tout comme le profond clivage politique de ces questions derrière le raccourci de démocratie directe.

La rédaction de l'article 104 est ainsi issue pour partie du contre-projet direct du Conseil fédéral du 29 octobre 2014 à l'initiative populaire pour la sécurité alimentaire – acceptée par le peuple le 24 septembre 2017 par 78,7% des votants et par tous les cantons – suite à l'initiative populaire initiée par l'Union Suisse des Paysans au sujet de la sécurité d'approvisionnement. Ce contre-projet comportait notamment la promotion par la Confédération « des relations commerciales transfrontalières qui contribuent au développement durable de l'agriculture et du secteur agroalimentaire » et « une utilisation des denrées alimentaires qui préserve les ressources ». Cette initiative populaire pour la sécurité alimentaire a été critiquée puisqu'elle s'inscrirait en réaction à une politique agricole jugée « trop écologique ». L'article qui avait pour finalité de proposer un consensus pendant les débats, mentionne seulement en son point e. la préservation des ressources et est jugé comme étant « de principe», sans application pratique.

L'aspect du « bien-être animal » a donné lieu à des lois et des programmes agricoles assez suivis en Suisse et a été relevé lors des entretiens comme une réussite nationale en comparaison aux pays voisins. De façon plus subsidiaire, en Suisse, la durabilité écologique recouvre également la diversité des paysages et la mise en avant de leur potentiel touristique[847]. Ce sont des particularités qui méritent d'être soulignées.

Parallèlement à cette proposition, une Initiative populaire pour des aliments équitables en date du 26 Novembre 2015 fut rejetée par votation populaire le 23 Septembre 2018. Selon la formulation, il s'agissait de reconnaitre que « La Confédération renforce l'offre de denrées alimentaires sûres, de bonne qualité et produites dans le respect

847 Vue d'ensemble PA 22+, p. 62/63.

de l'environnement, des ressources et des animaux, ainsi que dans des conditions de travail équitables. Elle fixe les exigences applicables à la production et à la transformation ». Un alinéa était également consacré à la « réduction des incidences négatives du transport et de l'entreposage des denrées alimentaires et des aliments pour animaux sur l'environnement et le climat ».

De même, l'initiative populaire pour la souveraineté alimentaire du 30 Mars 2016[848] rejetée par votation populaire le 23 Septembre 2018, disposait au paragraphe 1 que « 1. Afin de mettre en œuvre la souveraineté alimentaire, la Confédération favorise une agriculture paysanne indigène rémunératrice et diversifiée, fournissant des denrées alimentaires saines et répondant aux attentes sociales et écologiques de la population ». Selon le paragraphe 2, « Elle veille à ce que l'approvisionnement en denrées alimentaires indigènes et en aliments indigènes pour animaux soit prépondérant et que leur production ménage les ressources naturelles ». Selon le para.3(b), il s'agit de « préserver les surfaces cultivables, notamment les surfaces d'assolement, tant en quantité qu'en qualité ». Le paragraphe 3(c) réglemente les semences en disposant que la Confédération doit « c. garantir le droit à l'utilisation, à la multiplication, à l'échange et à la commercialisation des semences par les paysans ».

Cette tentative d'insertion des enjeux liés aux semences est suffisamment rare pour être soulignée et constitue, comme nous le verrons ensuite avec la dimension culturelle, un angle mort de l'approche des Etats européens. Comme le notent C. Golay et F. Batur, « contrairement à la protection accordée aux droits de propriété intellectuelle, les principaux éléments du droit aux semences des agriculteurs/paysans sont peu protégés dans les lois et règlements de l'Union Européenne et de ses États membres »[849]. Pour illustrer cette approche adoptée en Europe, il est important de se référer à la décision française du Conseil constitutionnel du 25 octobre 2018 qui a examiné

---

848 Présentation des deux dernières initiatives aux informations suisses francophones: https://www.rts.ch/play/tv/-/video/-?urn=urn:rts:video:9845912 (3 min.).

849 C. Golay, F. Batur, *Practical Manual on the right to seeds in Europe, The Right to seeds in Europe, the UN Declaration on the right of peasants and other people working in rural areas and the protection of the right to seeds in Europe* (Geneva Academy Briefing No 19, February 2021), p. 45. Un résumé en français est disponible à cette adresse: https://ressources.semencespaysannes.org/docs/le_20droit_20aux_20semences_20en_20europe.pdf (10 Juin 2023).

l'article de la loi EGALIM qui prévoyait l'inconstitutionnalité de l'autorisation de la vente de semences anciennes[850].

Il est également pertinent d'ajouter qu'une initiative populaire sur l'eau potable et les pesticides a été rejetée le 13 juin 2021 suivant les recommandations du Conseil fédéral et du Parlement[851]. Il s'agissait d'introduire un article 74 al 2bis à la Constitution rédigé comme suit:

> L'utilisation de tout pesticide de synthèse dans la production agricole, la transformation des produits agricoles et l'entretien du territoire est interdite. L'importation à des fins commerciales de denrées alimentaires contenant des pesticides de synthèse ou pour la production desquelles des pesticides de synthèse ont été utilisés est interdite.

L'Union Suisse des Paysans, syndicat majoritaire des paysans suisses à droite sur l'échiquier politique, y était, sans surprise, fermement opposée, prétextant l'importance du maintien d'un auto-approvisionnement stable à 55%.

> Et il était prévu de supprimer l'utilisation des produits phytosanitaires de synthèse dans l'agriculture suisse. Nous, on a combattu cette initiative, parce qu'on s'est dit qu'elle posera des problèmes d'approvisionnement en Suisse. (...) Il y a une petite bagarre, c'est que cet article 104a, quand il a été discuté au Parlement, quand on était à la veille de retirer l'initiative, on a fait poser des questions à notre Ministre de l'Agriculture – c'était le conseiller fédéral Schneider-Ammann à cette époque-là – pour qu'il nous donne des garanties pour la suite. Et (...) il a dit deux fois que son objectif c'est de maintenir un taux d'auto-approvisionnement net en Suisse de 55%. Et maintenant on se base sur cette référence[852].

Selon une autre interlocutrice, « il y a eu deux initiatives l'année passée, pour une agriculture sans pesticides de synthèse, pour une eau potable propre, et ça a été terrifiant en fait, la position de l'USP, la position du monde agricole en général »[853].

Il est intéressant de relever que le volet de durabilité écologique est systématiquement présent dans ces projets d'initiative populaire, à

---

850 Conseil Constitutionnel, Décision n°2018-771 DC, 25 octobre 2018.

851 Initiative sur les pesticides: https://www.blw.admin.ch/blw/fr/home/politik/agrarpolitik/aktuelleabstimmungen/schweizohnepestizide.html.

852 Entretien n°14.

853 Entretien n°13.

côté d'autres préoccupations, mais est soumis à l'impératif prioritaire d'auto-approvisionnement. Contrairement au vœu en 1987 de placer à égalité les trois volets, le volet écologique est donc interprété en Suisse comme devant céder le pas à celui non point tant de la durabilité économique, mais encore plus spécifiquement de l'auto-approvisionnement de la population suisse à hauteur *a minima* de 55%. La soutenabilité écologique fait les frais d'une réappropriation nationale de souveraineté alimentaire, voire de protectionnisme comme évoqué plus loin. Comme relevé par un de nos interlocuteurs, en Suisse, l'OFAG (Office Fédéral de l'Agriculture) fait partie du Département fédéral de l'économie, de la formation et de la recherche, car

> Ça veut dire, en Suisse, l'agriculture est vraiment proche de l'économie. Au niveau politique, on est dans une commission de l'économie qui décide vraiment à la fin les différents changements, à la fin c'est le parlement ça c'est clair, mais la commission est vraiment … comment dire … là-dedans il y a l'exécutif de l'économie[854].

Par ailleurs, la Suisse a également engagé des réflexions sur les OGMs et modifications génétiques dans l'agriculture. Par l'initiative populaire « pour des aliments produits sans manipulations génétiques » du 27 novembre 2005, fut approuvé l'article 197, ch. 7, de la Constitution, fixant un moratoire pour l'agriculture suisse pendant cinq ans afin de donner un avantage qualitatif à l'agriculture suisse, de permettre le développement des recherches scientifiques et répondre aux préoccupations citoyennes[855]. Ce moratoire fut prolongé à plusieurs reprises et une proposition du Conseil fédéral visant à créer des « zones avec OGMs » fut rejetée par le Parlement en 2017.[856]. Parallèlement, en écho à la constitution hongroise,

---

854 Entretien n°12.

855 Confédération suisse, Message concernant la modification de la loi sur le génie génétique (prolongation du moratoire sur la mise en circulation d'organismes génétiquement modifiés), 21.049, 30 juin 2021, p. 3. (https://www.fedlex.admin.ch/eli/fga/2021/1655/fr).

856 Source: Rapport explicatif sur la modification de la loi sur le génie génétique (FF 2020). Il s'agit d'un document provisoire: les débats sont encore en cours, même si l'aboutissement en faveur de la prolongation est imminent. Voir: https://www.admin.ch/gov/fr/accueil/documentation/communiques.msg-id-84232.html#:~:text=Un%20moratoire%20sur%20l'utilisation,prolongation%20jusqu'%C3%A0%20fin%202025. https://www.infogm.org/7276-suisse-moratoire-sur-tous-les-ogm-bientot-prolonge.

le paragraphe 4 de l'initiative populaire pour la souveraineté alimentaire du 30 Mars 2016 prévoyait que la Confédération « proscrit l'emploi dans l'agriculture des organismes génétiquement modifiés ainsi que des plantes et des animaux issus des nouvelles technologies de modification ou de recombinaison non naturelle du génome ». Si l'initiative fut rejetée, la proposition d'une telle interdiction constitutionnelle des OGMs a figuré parmi les éléments les mieux accueillis de l'initiative.

Ce soutien à la souveraineté alimentaire comme composante d'un droit à l'alimentation a connu une nouvelle illustration avec l'adoption d'une Déclaration finale le 2 février 2007 par 600 délégués de 80 pays lors du Forum pour la souveraineté alimentaire organisé au Mali par les mouvements paysans internationaux, qui définit « la souveraineté alimentaire » comme « le droit des peuples à une alimentation saine, dans le respect des cultures, produite à l'aide de méthodes respectueuses de l'environnement, et à définir leurs propres systèmes alimentaires et agricoles»[857]. On note de façon inédite en Europe le passage d'une conception d'un droit individuel vers un droit collectif en intégrant le concept de souveraineté alimentaire, par lequel les peuples peuvent opter pour des régimes alimentaires sains et durables.

Ainsi, de façon très remarquable, la Suisse illustre, sur le volet de la demande, une approche par les droits humains à l'alimentation qui incorpore le volet écologique de la durabilité, avec une particularité liée à la défense de la souveraineté alimentaire, permettant de franchir un cap supplémentaire par l'idée d'un droit non plus individuel mais collectif. Toutefois, du côté de l'offre, cette revendication de souveraineté alimentaire est récupérée pour la défense d'un modèle agricole productiviste dans l'intérêt d'une production nationale.

La troisième illustration du pilier écologique de la soutenabilité alimentaire est apportée par la Moldavie.

Le cas moldave

L'article 33 de la loi Moldave sur la protection de l'environnement de 1993, dont la rédaction aurait été inspirée du droit international

---

857 Déclaration finale de Nyéléni, février 2007 (http://www.adequations.org/spip.php?article664, 17 janvier 2023).

et européen et d'autres droits nationaux en Europe à une période de rapprochement avec l'Europe occidentale[858], se lit comme suit:

> La politique en matière de gestion des sols est fondée sur les principes suivants : a) la reconnaissance du fait que le maintien des ressources naturelles, de la biodiversité, de l'aspect paysager rural, des paysages culturels est aussi important que l'approvisionnement de la population en produits alimentaires et l'obtention de revenus de l'agriculture. b) promouvoir une agriculture durable en réduisant les engrais minéraux et les pesticides, en appliquant des technologies respectueuses de l'environnement, en restaurant et en maintenant l'équilibre écologique et les géoécosystèmes.

Si, comme pour la Hongrie, les autorités entendent s'inspirer de normes supranationales, il est clair que la traduction ou mise en œuvre nationale est dotée de particularités très nettes. De plus, la comparaison de cette disposition avec l'exemple suisse précédent est riche d'enseignements, puisqu'au rang législatif (et donc infraconstitutionnel), « l'approvisionnement » de la population (et encore moins son « auto-approvisionnement » comme en Suisse tel qu'introduit implicitement par la majorité politique) ne saurait faire échec à la durabilité écologique; il s'agit ainsi de concilier les trois piliers de la soutenabilité à rang égal. De plus, cet équilibre entre les trois dimensions de la soutenabilité (et l'importance de ne pas sacrifier le volet écologique) est rappelé par l'article 35 c selon lequel « Les agents économiques, propriétaires de terres agricoles, quelle que soit la forme de propriété, doivent gérer le sol afin d'obtenir des aliments et des revenus en veillant à sa préservation pour les générations présentes et futures »[859]. L'objectif de conciliation des besoins des générations présentes et futures est ainsi explicitement reconnu, comme il l'est en Hongrie mais pour ce dernier cas au niveau constitutionnel. On relèvera également la mention explicite, dans la constitution suisse et la loi moldave, des pesticides comme portant composante de la soutenabilité écologique, ce qui est relativement unique en Europe, et ainsi remarquable.

858 Entretien n°9. Ce rapprochement avait pour finalité la ratification de l'Accord d'association avec l'Union européenne le 2 juillet 2014. Ainsi une loi sur l'évaluation de l'impact environnemental a été adoptée en 2014.

859 Loi sur la protection de l'environnement – Legea nr. 1515-XII privind protecţia mediului înconjurător, MO nr. 10/283, din 30.10.1993 (art. 33, 35, 75, 76) https://www.legis.md/cautare/getResults?doc_id=88192&lang=ro (5 Mars 2022).

Il ressort ainsi de ces trois cas d'étude une diversité quant au rang dans la hiérarchie des normes de prise en compte de la soutenabilité écologique (constitutionnel en Hongrie et Suisse, et législatif en Moldavie), quant au contenu de ce volet de la soutenabilité (la Hongrie offre un cas à part avec l'interdiction des OGMs, la Suisse et la Roumanie offrent un panorama très diversifié incluant les paysages …) et quant à son mode de conciliation ou hiérarchisation avec les autres volets de la soutenabilité. Deux des trois exemples mentionnent expressément la protection des générations futures. L'approche par les droits humains est évidente en Hongrie (par le droit à la santé) et en Suisse (par le droit à l'alimentation), alors qu'elle semble totalement absente en Roumanie.

Dans aucun de ces trois cas, la durabilité écologique n'a bénéficié d'un rang prioritaire, à l'inverse de la soutenabilité économique. Ainsi, en Suisse, si le contre-projet direct du Conseil fédéral du 29 octobre 2014 – accepté par le peuple le 24 septembre 2017 – reçut au préalable l'appui de tous les partis, c'est notamment parce qu'il a été jugé qu'il n'entraînait aucune conséquence négative pour l'économie[860].

Il importe désormais de considérer comment les volets sociaux et économiques de la soutenabilité ont été traduits dans les droits nationaux soumis à notre étude.

B. Les volets socio-économico-culturel de l'alimentation durable confortés par les enjeux de souveraineté alimentaire et de localisme

Nous allons montrer comment, dans les cas d'étude retenus, les deux autres volets de la soutenabilité se révèlent extrêmement prégnants et ont même été revigorés depuis le milieu des années 2000 avec la priorité donnée à la souveraineté alimentaire.

Le concept de souveraineté alimentaire, mis en avant par Via Campesina, a été défini dans la Déclaration de Nyéléni du 27 février 2007 comme « le droit des peuples à une alimentation saine, dans le respect des cultures, produite à l'aide de méthodes durables et respectueuses de l'environnement, ainsi que leur droit à définir leurs propres systèmes

---

860 Résumé des délibérations, pp.VI-VII du Cahier des délibérations « Pour la sécurité alimentaire ».

alimentaires et agricoles »[861]. Elle réitère les trois piliers de « la durabilité environnementale, sociale et économique ». Ainsi, elle revendique « un revenu juste à tous les peuples et les droits des consommateurs à contrôler leurs aliments et leur alimentation ». Elle fait même de la souveraineté alimentaire « un droit humain fondamental ». La Déclaration des Nations Unies sur les droits des paysans et des autres personnes travaillant dans les zones rurales du 17 Décembre 2018 réitère le droit à la souveraineté alimentaire et donc l'approche par les droits fondamentaux en en faisant un droit collectif catégoriel détenu par les paysans et les autres personnes travaillant dans les zones rurales[862]. Cette approche est reprise par d'autres organisations, telle la FIAN[863].

Si le concept de souveraineté alimentaire conforte la soutenabilité écologique et revendique le modèle de l'agroécologie, il met surtout en avant les autres volets socio-économico-culturel pour la promotion d'une agriculture alternative au modèle occidental capitaliste forgé dans le cadre de l'Union européenne que constitue l'agriculture intensive et industrielle tournée vers le profit et le commerce international. C'est en cela que l'objectif de souveraineté alimentaire, s'il peut aisément faire consensus, va, au niveau des modalités de mise en œuvre et pour certains volets, susciter des visions irréconciliables.

La promotion de l'auto-approvisionnement et d'une production locale

Il est pertinent de relever que selon l'étude du BEUC publiée en 2020, les consommateurs européens identifient l'alimentation durable à une production/origine locale[864]. Nous avons une illustration de cet attachement à la souveraineté alimentaire avec l'article 3 de la proposition belge de loi-cadre de 2014 sur le droit à une alimentation

---

[861] https://nyeleni.org/spip.php?article286 https://nyeleni.org/IMG/pdf/declarationfinalmars.pdf (18 Juin 2022).

[862] Art. 15(4): « 4. Les paysans et les autres personnes travaillant dans les zones rurales ont le droit de définir leurs systèmes alimentaires et agricoles, droit reconnu par de nombreux États et régions comme le droit à la souveraineté alimentaire. Ceci inclut le droit de participer aux processus décisionnels concernant la politique alimentaire et agricole et le droit à une nourriture saine et suffisante produite par des méthodes écologiques et durables respectueuses de leur culture ».

[863] Entretien n°5.

[864] BEUC, One bite at a time (…), op. cit. p. 4.

(qui n'a finalement pas été discuté ni donc adopté)[865] selon lequel « Les systèmes durables alimentaires sont définis par référence à la diminution de leur impact écologique, la lutte contre le gaspillage, la relocalisation des systèmes de production et de consommation et la réappropriation des systèmes alimentaires ». Selon Manuel Eggen, ce fut une « opportunité manquée »[866].

De même, un premier volet de défense de l'agriculture locale au nom du maintien de l'auto-approvisionnement a pu être partagé assez largement par les diverses parties prenantes en Suisse. En effet, la dimension de souveraineté alimentaire s'est révélée très prégnante dans ce pays, comparativement par exemple à la Moldavie. Pour ce dernier cas d'étude, la dépendance importante à l'importation pour les produits alimentaires est probablement un facteur explicatif majeur de relative indifférence pour ce critère alors qu'en Suisse le taux d'approvisionnement affleure les 55%[867], et comme nous l'avons vu, a été politiquement négocié comme un impératif incontournable. Ainsi, l'article 2 al. 4 de la loi fédérale suisse sur l'agriculture dispose que la Confédération « tient compte, dans le respect des principes de la souveraineté alimentaire, des besoins des consommateurs en produits du pays diversifiés, durables et de haute qualité »[868].

Dans cette même mouvance, une initiative populaire pour la sécurité alimentaire en date du 24 juin 2015 (ensuite retirée) demandait de rédiger l'article 104a(1) de la Constitution comme suit: « La Confédération renforce l'approvisionnement de la population avec des denrées alimentaires issues d'une production indigène diversifiée et durable ». Cette initiative fut lancée par l'Union Suisse des Paysans, le plus grand syndicat agricole du pays, avec une visée clairement protectionniste. Ainsi, selon un de ses représentants, « Nous c'est clair qu'on avait un intérêt qui était protectionniste. On voulait protéger l'agriculture suisse,

---

865 Doc 54, 0518/001 para.2 .

866 M. Eggen, « Le Droit à l'alimentation et à la Nutrition en Belgique Rapport De Fian devant le Comité des Droits Économiques, Sociaux et Culturels des Nations Unies », *La Mauvaise Herbe,* #8–9 – Juin 2020, p. 7.

867 Cf. résumé des délibérations, pp.VI-VII du Cahier des délibérations « Pour la sécurité alimentaire ».

868 Article 2 al. 4 de la loi fédérale sur l'agriculture, Introduit par le ch. I de la LF du 22 mars 2013, en vigueur depuis le 1er janv. 2014 (RO 2013 3463 3863; FF 2012 1857).

on voulait même fixer un taux d'auto-approvisionnement constitutionnel, en disant au minimum on doit nourrir 60% de la population suisse»[869]. Plus précisément, ses auteurs se basaient sur l'hypothèse selon laquelle la politique agricole actuelle favorise en Suisse un affaiblissement de la production indigène, ce qui n'est toutefois pas corroboré par les chiffres puisque le pourcentage d'auto-approvisionnement est resté stable. La volonté de donner une priorité à l'agriculture locale est partagée par le syndicat Uniterre[870], organisation syndicale paysanne constituée en association et membre de la Via Campesina, en reprenant l'objectif général de l'approvisionnement local élevé. Ainsi, l'initiative populaire pour la souveraineté alimentaire du 30 Mars 2016[871], en préparation depuis des années et finalement rejetée par votation populaire le 23 Septembre 2018, disposait au paragraphe 1 que « 1. Afin de mettre en œuvre la souveraineté alimentaire, la Confédération favorise une agriculture paysanne indigène rémunératrice et diversifiée, [...] répondant aux attentes sociales [...] de la population ». Selon le paragraphe 2, « *2.* Elle veille à ce que l'approvisionnement en denrées alimentaires indigènes et en aliments indigènes pour animaux soit prépondérant ».

L'objectif d'auto-approvisionnement peut toutefois se décliner par divers moyens. Il peut s'agir, comme pour le syndicat Uniterre dans le projet d'initiative populaire pour la souveraineté alimentaire du 30 Mars 2016 de prendre « 5. Des mesures efficaces pour: a. favoriser l'augmentation du nombre d'actifs dans l'agriculture et la diversité des structures ». Les paragraphes 5 et 6 de ce même projet mettaient l'accent sur la soutenabilité économique et sociale en prévoyant que la Confédération: « assume notamment les tâches suivantes: a. elle soutient la création d'organisations paysannes qui visent à assurer l'adéquation entre l'offre des paysans et les besoins de la population ».

Par contre, le maintien d'un auto-approvisionnement peut tout autant servir à justifier une agriculture plus intensive, plus utilisatrice d'intrants et pesticides, et donc remettre en cause le volet écologique de la soutenabilité. Ainsi, si, comme les auteurs de l'initiative (l'USP), les

[869] Entretien n°14.

[870] Fondée en 1951 sous le nom de « Union des producteurs suisses ». En 2001, elle prend le nom d'Uniterre pour éviter les confusions avec d'autres organisations.

[871] Présentation des deux dernières initiatives aux informations suisses francophones: https://www.rts.ch/play/tv/-/video/-?urn=urn:rts:video:9845912 (3 min).

Verts étaient convaincus de la nécessité de préserver les terres agricoles, ces derniers craignaient aussi qu'une production indigène accrue ne se fasse au détriment de l'environnement et du bien-être des animaux[872]. Refusant de soutenir une initiative qui irait à l'encontre de l'évolution vers une agriculture plus écologique et soutenable, ils ont au final décidé de ne pas participer au vote. Selon un des représentants des Verts, cette initiative visait à revenir sur le plan de politique agricole 14–17, « c'était aussi une raison pourquoi l'Union Suisse des Paysans a lancé leur initiative, parce que cette réforme a mené à beaucoup de tension au sein de l'USP, parce que c'était vraiment un pas important dans la direction d'une agriculture plus écologique »[873]. En outre, les États devraient « veiller à ce que l'aide alimentaire n'ait pas d'effets négatifs sur les producteurs et les marchés locaux, et soit organisée de manière à privilégier les sources locales et régionales de nourriture et à faciliter le retour à l'autonomie alimentaire des bénéficiaires »[874].

Les revendications d'auto-approvisionnement doivent-elles aller jusqu'à l'option de taxer les produits importés? La question a été longuement débattue en Suisse à l'occasion de l'examen de ces multiples projets d'initiative populaire. Dans le projet pour la souveraineté alimentaire du 30 Mars 2016 porté par Uniterre, les aspects de protectionnisme sont clairement assumés:

> 7. Pour maintenir et développer la production indigène, elle (la Confédération) prélève des droits de douane sur les produits agricoles et les denrées alimentaires importés et en régule les volumes d'importation. 8. Pour favoriser une production conforme aux normes sociales et environnementales suisses, elle prélève des droits de douane sur les produits agricoles et les denrées alimentaires importés non conformes à ces normes et peut en interdire l'importation. 9. Elle n'accorde aucune subvention à l'exportation de produits agricoles et de denrées alimentaires. 10. Elle garantit l'information et la sensibilisation sur les conditions de production et de transformation des denrées alimentaires indigènes et importées. Elle peut fixer des normes de qualité indépendamment des normes internationales.

---

872 Résumé des délibérations, pp.VI-VII du Cahier des délibérations « Pour la sécurité alimentaire », p. 28.

873 Entretien n°11.

874 Idem.

Cette priorité donnée à la production locale n'a pas été constatée en Moldavie et le fut de façon assez limitée pour la Hongrie. Ainsi, la Hungarian Food Development Strategy adoptée en 2015 (de même que la Hungarian National Rural Strategy de 2012) font le lien entre l'accès à une alimentation de qualité et la promotion d'une alimentation produite localement[875].

Au-delà de l'auto-approvisionnement, la durabilité socio-économique comporte d'autres aspects.

Les autres volets de la soutenabilité socio-économique

Un autre volet de la soutenabilité économique est très présent et fait écho aux préoccupations actuelles au sein de la profession agricole concernant la disparition de nombreux exploitants et les difficultés de maintien du revenu agricole. Il s'agit ainsi de prendre en compte la juste rémunération des agriculteurs, de préserver le nombre d'actifs dans le milieu agricole, de se préoccuper du malaise au sein de cette profession [nombre de divorces de plus en plus important, …].

Selon les Directives volontaires de la FAO de 2004 sur le droit à l'alimentation, (para. 2.5), « Il convient que les États mettent en œuvre des politiques globales […] permettant aux agriculteurs, pêcheurs, forestiers et autres producteurs d'aliments, notamment aux femmes, de tirer un juste revenu de leur travail, de leur capital et de leur gestion ». Cette question de durabilité économique, de soutien aux petites exploitations et plus précisément à l'agroécologie fut également au cœur d'un rapport du Rapporteur spécial au droit à l'alimentation[876]. La disparition des exploitations agricoles, notamment de petite taille, est notée comme un élément mettant à mal la durabilité des systèmes agricoles et alimentaires dans un Etat comme la Belgique[877].

---

875 J. Ede Szilágyi & al., « Food sovereignty and food security in », op. cit. p. 77.

876 A /HRC/16/49, Rapport du Rapporteur spécial sur le droit à l'alimentation, Olivier De Schutter, 20 Décembre 2010, para.8: « Les effets de multiplication sont considérablement plus élevés lorsque la croissance est stimulée par l'augmentation des revenus des petits exploitants, qui accroît à son tour la demande de biens et services auprès des vendeurs et prestataires locaux ».

877 Conseil des droits de l'homme des Nations Unies, deuxième examen périodique universel de la Belgique, Contribution conjointe: coalition pour le droit à

L'exemple suisse illustre tout particulièrement ces enjeux. Dans le projet d'initiative populaire pour la sécurité alimentaire en date du 24 juin 2015, la préoccupation de la rémunération juste des producteurs suisses et de la sécurité de leurs investissements fut formulée explicitement[878]. Lors des entretiens sur le cas suisse, les aspects socio-économiques étaient souvent mentionnés comme liés à la durabilité, parfois comme des aspects « trop souvent oubliés » de cette notion. Selon deux représentants de l'OFAG,

> Il y a les aspects économiques et sociaux, ça veut dire, on doit toujours montrer comment est le développement du revenu, ça c'est un aspect où l'on doit montrer comment ça se développe. Et il y a des aspects sociaux, cad on regarde toujours la restructuration de l'agriculture, combien de paysans arrêtent, ce sont des mesures qu'on regarde[879].

Selon un autre interlocuteur,

> L'élément si vous voulez où maintenant on bataille beaucoup, c'est que la durabilité est très souvent prise que sur son aspect écologique. Puis, là on commence maintenant à faire une pression sur l'aspect social. (...) Le revenu moyen des agriculteurs en Suisse, il est un tiers du revenu moyen de la société Suisse. Donc, il y a une situation sociale. [...] Il y a 10 à 5 ans quand on parlait durabilité, on parlait que d'écologie. A présent on dit non, il faut prendre en compte les deux autres facteurs, le facteur social – (...) vous avez aussi ces problèmes de suicide dans l'agriculture (...) – et puis après il y a un élément économique[880].

Il s'agit aussi de valoriser la production locale, les circuits courts de distribution et de la sorte refaire du lien entre producteurs et mangeurs. Ainsi, pour l'interlocutrice du syndicat suisse Uniterre,

> Durable ça voudrait être "agroécologique", et c'est aussi des prix justes pour les paysans.nes, des prix abordables pour les consommatrices.eurs, et puis des chaînes de valeurs ajoutées plus transparentes, parce qu'en fait tout ne se fait pas par la vente directe, des filières transparentes, sans distorsion du pouvoir entre les différents parties, cad producteurs/transformateurs/distributeurs. Voilà, une répartition équitable également. [...] Dans notre

---

l'alimentation (cda), « le droit à une alimentation adéquate en Belgique » (Manuel Eggen), Bruxelles, Juin 2015, pp. 9–10.

878 Conseil Fédéral, Message sécurité al., 5288/89.

879 Entretien n°12.

880 Entretien n°14.

travail pour ce changement de système, avec nos paysans.nes membres, on est arrivés à la conclusion que si on ne parlait pas de prix juste à la production, on n'arrivait jamais à créer une mobilisation paysanne et à leur donner les moyens de changer de pratique[881].

Ainsi, le syndicat Uniterre avait prévu dans le projet d''initiative populaire pour la souveraineté alimentaire du 30 Mars 2016 au paragraphe 5 que la Confédération :

> b. garantit la transparence sur le marché et favorise la détermination de prix équitables dans chaque filière; c. elle renforce les échanges commerciaux directs entre paysans et consommateurs ainsi que les structures de transformation, de stockage et de commercialisation régionales. 6. Elle porte une attention particulière aux conditions de travail des salariés agricoles et veille à ce qu'elles soient harmonisées au niveau fédéral.

En Hongrie, le débat au milieu des années 2000 pour rendre la Hongrie un territoire sans OGMs[882], a abouti à l'adoption à l'unanimité des partis politiques (un fait très rare en Hongrie[883]) d'une résolution parlementaire en 2005 en ce sens. La motivation principale était semble-t-il, surtout de rendre l'agriculture hongroise plus compétitive en lui offrant un avantage qualitatif, considérant que des denrées sans OGMs peuvent se vendre à un prix plus élevé[884]. Par conséquent, l'objectif poursuivi s'inscrit davantage en termes de durabilité économique et moins pour des raisons de santé humaine et de santé des sols. «Par conséquent, ils n'étaient pas contre les aliments OGMs parce qu'ils sont dangereux par exemple, vous savez, peut-être qu'ils sont dangereux, mais la base de la décision s'est concentrée sur l'avantage économique potentiel »[885].

L'approche durable de l'alimentation va généralement de pair avec le respect des traditions culturelles comme affirmé au niveau international

---

881 Entretien n°13

882 Cf. « Magyarország továbbra is GMO-mentes kíván maradni » [La Hongrie souhaite rester sans OGM], 24 Février 2009, hvg360°, https://hvg.hu/360/20090224_magyarorszag_gmo_genmodositott_moratorium Contribution of the Parliamentary Commissioner for future generations of the Republic of Hungary to the public consultation on the cultivation of genetically modified organisms organised by the European Commission, Sept. 2009, https://jno.hu/en/?doc=20091021.

883 Entretien n°7.

884 Idem.

885 Idem.

par les rapporteurs spéciaux au droit à l'alimentation. Elle n'est toutefois pas explicitement nommée de la sorte en Europe, sauf en arrière-plan de la défense d'une production locale. On en trouve une référence expresse à l'article 2 de la proposition belge de loi-cadre de 2014 sur le droit à une alimentation qui n'a cependant pas été discutée[886]. Dans la proposition encore non adoptée de la PA22+ (Politique Agricole à partir de 2022) en Suisse, un des axes était le renforcement d'une « agriculture adaptée aux conditions locales par des stratégies agricoles régionales » (art. 76, 87a P-LAgr).

Par contre, cette approche culturelle est reconnue explicitement dans de nombreux pays d'Amérique Latine. C'est ce qu'illustre l'article 3 de la loi bolivienne 6.412, qui reconnaît « le droit de toute personne à un accès régulier et permanent à une alimentation de qualité [...] basée sur des pratiques alimentaires favorables à la santé, respectueuses de la diversité culturelle et durables sur le plan environnemental, culturel, économique et social »[887]. L'approche culturelle est explicite à l'article 13 de la Constitution de l'Équateur[888]. Selon l'article 2 de la loi argentine N°6.914, le droit à une alimentation saine est compris comme englobant « les moyens nécessaires pour produire selon les traditions culturelles de chaque population »[889]. Plus précisément, les politiques publiques en Argentine doivent donner la priorité à la souveraineté alimentaire, fondée sur la production à petite et moyenne échelle, en tenant compte du droit des personnes à consommer des aliments sains, de la valeur de la production familiale, de l'importance du consommateur et des liens entre les zones rurales et urbaines, en régulant les asymétries générées

---

886 « Le Roi est habilité à prendre toutes les mesures utiles afin que toute personne se trouvant sur le territoire belge ait droit à une alimentation adéquate (...), respectant la diversité culturelle et durable sur les plans environnemental, économique et social ».

887 Article 3 de la Bolivian Ley 6.412, 17 Septembre 2018. Voir aussi Ley 15.982/2006: « Art. 2. Sustainable food and nutritional security is considered to be the guarantee of regular and permanent access to quality food, in sufficient quantity, based on healthy food practices that respect cultural diversity and are socially, economically and environmentally sustainable, without compromising access to other essential needs ».

888 Article 13. Également, Article 48 de la Ley Orgánica de Agrobiodiversidad, Semillas y Fomento de la Agricultura Sustentable, 1 Juin 2017.

889 Article 2 of the Argentinan Ley N° 6.914 – Creación del Programa de Derecho Alimentario Saludable. 30 Novembre 2011.

par l'économie de marché et en jouant un rôle non délégable dans la proposition et la mise en œuvre de politiques différentielles[890].

Enfin, selon l'approche par les droits humains, la durabilité d'un système alimentaire se mesure à la disponibilité et adéquation de nourriture pour les générations présentes et futures[891], en visant l'accessibilité tant économique que physique. Ainsi, « l'un des enjeux du projet » Accessible (2015–2019) «était de faire reconnaitre l'accès à l'alimentation comme un critère de la durabilité agricole, aux côtés des enjeux environnementaux, de l'économie agricole et de qualité de vie des producteurs »[892], partant du principe qu' « une agriculture ne peut être durable que si elle nourrit durablement tout le monde»[893]. Selon nous, il s'agit plus largement d'un aspect du droit à une alimentation adéquate tel que reconnu par les instruments de droits fondamentaux après la seconde guerre mondiale.

Il ressort donc de cette première partie le constat d'une pluralité de reconnaissance de la soutenabilité appliquée aux politiques agro-alimentaires quant au contenu, au rang normatif et à la conciliation entre les deux tensions majeures entre durabilité écologique d'une part, durabilité socio-économique d'autre part, mais aussi le constat de difficultés importantes au niveau parlementaire à transcrire juridiquement ces impératifs.

Cette tension est encore plus visible au niveau international, où il devient impossible de trouver un consensus entre Etats. Ainsi, lors de nos entretiens avec les interlocuteurs de la FAO, l'aspect controversé du concept d'alimentation durable a été répété. C'est pourquoi la FAO substitue le concept plus englobant de « régime » et non d' « alimentation durable » :

> Nous aimons vraiment nous concentrer sur le régime alimentaire lorsqu'il s'agit de la santé, et c'est la même chose pour le côté durable, parce que vous savez, vous ne pouvez pas … c'est vraiment réducteur de dire que l'alimentation à base de plantes est durable, écologiquement durable,

---

890 Argentinan Ley N° 4.952 – Régimen de Protección y Fomento de los Sistemas Socioproductivos de la Agricultura Familiar, Article 3.

891 Observation générale n°12 (1999), *Le droit à une nourriture suffisante*, para.7.

892 J.-C. Balbot et al., « L'alimentation durable, un enjeu démocratique Synthèse du projet Accessible », *Innovations agronomiques*, 2021(82), pp. 453–464.

893 Note 17.

> et que la viande n'est pas écologiquement durable [...] donc le concept d'alimentation durable est (silence) lui-même très controversé[894].

Pour autant, pour nombre d'Etats, la durabilité des régimes agro-alimentaires ne doit pas affecter l'économie du pays qui serait par exemple basée sur l'élevage animal.

> Notre responsabilité est envers nos membres et nous avons certains membres qui si vous dites régime durable, donc même sans utiliser le mot nourriture, certains de nos membres mettent immédiatement le feu aux poudres, et ils disent non, nous ne pouvons pas soutenir ça, nous ne pouvons pas soutenir ça. Parce que ce qu'ils entendent ...si je dois arrêter la production animale à grande échelle dans mon pays, qui fait tourner mon économie ? Donc il y a une sorte de mauvaise interprétation de ce que ça veut dire mais les gens ont leur idée préconçue de ce que cela signifie, et il faut beaucoup de communication pour changer cette idée préconçue quand nous parlons d'une alimentation durable et saine[895].

Cette vision de la durabilité de la production agricole est effectivement extrêmement partielle et ne se retrouve pas selon les mêmes termes au niveau national. Parce que des régimes agro-alimentaires durables appelleraient des changements potentiellement radicaux, le sujet devient très sensible et politiquement compliqué. C'est donc moins, comme le dit notre interlocutrice parce que le concept serait controversé en soi, mais certainement davantage parce que la mise en œuvre de ce concept appelle des changements importants.

Ayant exploré le concept, nous sommes ainsi en mesure de nous demander à présent quels sont les facteurs qui permettent ou davantage empêchent cette reconnaissance normative, même partielle, à se montrer opérante. Pourquoi et comment rendre opérante la traduction de la soutenabilité dans les actions publiques agroalimentaires?

II. Un concept inopérant

Assurément, la transition vers des systèmes alimentaires durables n'est pas encore actée. Marine Friant-Perrot écrivait en 2018 que la « traduction juridique » de la transition alimentaire « n'est pas à la hauteur des défis

---

894 Entretien n°1.

895 Entretien n°1.

sanitaires et climatiques »[896]. Qu'en est-il aujourd'hui à la lumière de l'analyse de droit comparé?

Sans surprise, le constat a été fait récemment en Suisse que

> Considéré dans son ensemble, le système alimentaire global n'est actuellement pas durable. Il consomme de grandes quantités de ressources non renouvelables, comme les énergies fossiles, et dégrade les ressources naturelles que sont le sol, l'eau, l'air et la diversité biologique. L'objectif doit désormais être d'approvisionner en qualité et en quantité une population mondiale croissante, tout en réduisant l'empreinte écologique. Malgré un contexte difficile (inconvénients dus à la topographie, contexte de coûts élevés, etc.), l'agriculture suisse doit y contribuer en veillant à une exploitation et à une mise en valeur raisonnées des ressources naturelles[897].

Il a ainsi été souligné que

> La production agricole doit, d'une part, ne pas excéder la capacité des écosystèmes et, d'autre part, préserver les ressources naturelles afin qu'elles restent disponibles pour les générations futures. Les objectifs de la politique agricole dans le domaine des ressources naturelles et de l'écologie ne pourront probablement que partiellement être atteints d'ici 2021. Des mesures doivent encore être prises à cet égard[898].

De même, pour la Belgique, Manuel Eggen déplore la disparition des petites fermes, l'«effondrement de la biodiversité » et la « pollution des nappes phréatiques »[899]. Ce même échec pourrait être transposé dans les autres Etats européens.

Si le constat est assez clair, reste à savoir si ces enjeux peuvent être retranscrits notamment par une approche basée sur les droits humains. Certains considèrent le concept de développement durable comme étant dénué de normativité et davantage comme un « méta-principe » juridique[900]. Pour une des personnes interviewées à la FAO, « le droit à

---

[896] M. Friant-Perrot, « Transition alimentaire et nutritionnelle », in F. Collart Dutilleul, V. Pironon, A. Van Lang, *Dictionnaire juridique des transitions écologiques*, LGDJ, 2018, p.818.

[897] « Vue d'ensemble du développement à moyen terme de la politique agricole », p. 49.

[898] Idem, p. 26.

[899] Le droit à l'alimentation et à la nutrition en Belgique rapport de FIAN devant le comité des droits économiques, sociaux et culturels des Nations-Unies, Manuel Eggen, la mauvaise herbe #8–9 – juin 2020.

[900] A. Andrieux, « Encadrement normatif de l''agroaliment' et développement durable », op. cit., p. 490.

une alimentation saine et durable est un principe directeur fondamental dans le travail que nous effectuons sous les auspices de l'Agenda 2030 pour ne laisser personne de côté »[901]. Pourtant, des définitions ont été arrêtées et si les Etats y prêtent autant attention, c'est bien par crainte de se voir opposer par la suite des obligations. Une de nos interlocutrices témoigne à la FAO au sujet des directives volontaires de 2021 sur les systèmes alimentaires et la nutrition:

> C'est le langage convenu, il a été négocié jusqu'à la mort et c'est là que les gouvernements étaient à l'aise. Il n'y avait pas tous les éléments que j'aurais aimé voir figurer, comme je suis sûre que beaucoup d'autres collègues de la FAO l'auraient souhaité. C'est une réalité que nous ne pouvons pas aller très loin dans ce que les gouvernements ont convenu dans ces forums. C'est donc un langage que nous avons utilisé et que nous utilisons encore, et je pense vraiment qu'un travail de l'extérieur pour rassembler tout cela serait très utile à la FAO[902].

Cette interlocutrice qualifie ces consensus de « discours » sur lequel les Etats ont pu s'accorder. Ainsi, une concrétisation normative semble possible comme illustré précédemment. Certains Etats l'ont d'ailleurs tenté, et l'échec au niveau de l'effectivité de ces normes, comme il sera démontré, s'explique plus par le défaut de volonté d'embrasser une vision holistique et non sectorielle de ce que la soutenabilité requiert. Ce défaut se décline plus précisément en trois volets: le besoin de changement de paradigme, la nécessité de ne pas laisser la transition seulement dans les mains (ou portefeuilles) des consommateurs face au Marché et l'urgence de décompartimenter les actions publiques.

A. Un besoin de changement de paradigme

La transition vers des systèmes agro-alimentaires véritablement soutenables suppose d'accepter un changement de paradigme à plusieurs niveaux, ce qui n'est pas encore réalisé à l'heure actuelle dans nos sociétés européennes.

Premièrement, le concept de soutenabilité adossé à l'alimentation est réalisé dans une démarche encore très anthropocentrée et sans considération suffisante des besoins des générations futures. Surtout, la

---

[901] Entretien n°1.

[902] Entretien n°4.

durabilité écologique de la production alimentaire n'est pas suffisamment prise en compte. Avant 1987, elle est même ignorée comme l'illustre l'article 11(2) du Pacte international relatif aux droits économiques, sociaux et culturels[903].

Il n'est d'ailleurs pas inintéressant de constater le rapprochement actuel opéré entre les aspects de santé publique et de durabilité écologique. Ainsi, assez récemment, l'OMS et la FAO se sont associés afin de coordonner leurs efforts respectifs: les régimes alimentaires durables sont « ceux qui étaient nutritionnellement adéquats, sûrs et sains, tout en optimisant les ressources naturelles et humaines »[904]. Le concept OneHealth a le mérite de mettre l'accent sur les interactions entre santé humaine, santé des animaux et santé des sols. L'impact d'une alimentation non durable (par exemple recourant massivement à des polluants chimiques) sur la santé des sols ne saurait être négligé; aussi, la préoccupation d'aliments sains centrée sur l'individu et inscrite dans une logique anthropocentrée, doit être combinée avec la dimension de durabilité centrée sur le Vivant.

Cette articulation n'a pas été suffisamment pensée à ce jour dans les Etats européens; or, il parait primordial que les actions publiques menées sur ce terrain permettent d'articuler la satisfaction des générations présentes avec les besoins des générations futures. Ainsi, la protection des ressources foncières et de la biodiversité[905] est une condition pour un accès permanent à une alimentation saine dans le présent et pour le futur. Si la dimension de santé publique s'adresse aux comportements individuels, l'impératif de durabilité comporte une dimension collective et suppose de requestionner nos modèles de production, de distribution alimentaire au-delà de notre consommation.

---

903 Nous sommes dans une logique de lutte contre la faim dictée par la préoccupation d'augmenter les quantités disponibles sans préoccupation de la durabilité des cultures: « a) Pour améliorer les méthodes de production, de conservation et de distribution des denrées alimentaires par la pleine utilisation des connaissances techniques et scientifiques, par la diffusion de principes d'éducation nutritionnelle et par le développement ou la réforme des régimes agraires, de manière à assurer au mieux la mise en valeur et l'utilisation des ressources naturelles ».

904 FAO, Report International Symposium– Biodiversity and sustainable diets united against hunger, 3–5 Novembre 2010, p. 13. T. Bréger, « L'information du consommateur et l'expression d'un droit à une alimentation durable », *European Journal of Consumer Law*, pp. 439–467.

905 UNGA, Report of the Special Rapporteur on the issue of human rights obligations relating to the enjoyment of a safe, clean, healthy and sustainable environment, A/HRC/34/49, 19 January 2017.

En Hongrie, l'article XX de la Constitution associe le droit à une alimentation libre d'OGMs au droit à la santé selon une perspective qualitative (nourriture exempte d'OGMs) et adopte ainsi une approche assumée qui est pour partie anthropocentrée. Le point de départ consiste à protéger les humains de l'ingestion d'OGMs[906], bien que la constitution fasse mention des générations futures. En effet, il faut se rappeler que la Hongrie est le seul Etat qui a fait le choix après 1989 de ne pas adopter une nouvelle constitution, mais seulement d'apporter des modifications partielles au texte constitutionnel de 1949 dans lequel le droit à la santé avait été introduit. Après 1989, les modifications vont porter sur la référence aux OGMs, l'élargissement du droit à la santé en y agrégeant l'accès à une alimentation saine et à l'eau potable et en omettant le concept du « niveau le plus élevé » de santé[907]. En Moldavie, l'article 37 de la Constitution illustre cette perspective à nouveau axée unilatéralement sur les Humains par le droit à un environnement sain: selon «l' Article 37. Droit à un environnement sain », ce droit comprend le droit à des aliments de qualité pour la santé humaine[908].

A l'inverse, les réglementations latino-américaines semblent avoir mieux pensé cette complexité et exigence intergénérationnelle. En Équateur, le droit à l'alimentation doit respecter le « mode durable [...] pour la jouissance d'une vie digne, saine et active »[909]. La production durable est donc une condition explicite de la réalisation du droit à une alimentation saine[910]. Au Guatemala, un décret établit « le droit de toute

---

906 Projet de loi constitutionnelle T 2627.

907 M. E. Foldes, « Addressing equity in health-care at the public-private intersection: the role of health rights enforcement in Hungary », TILEC Discussion paper, Feb. 2013, DP 2013-005, p. 13.

908 L' article 37 est intitulé « Droit à un environnement sain » : « (1) Toute personne a droit à une vie et à une santé respectueuse de l'environnement, ainsi qu'à des denrées alimentaires et des articles ménagers sûrs ».

909 Ecuador, Article 1 de la Ley Orgánica de Alimentación Escolar, 14 Avril 2020.

910 Ley Orgánica de Agrobiodiversidad, Semillas y Fomento de la Agricultura Sustentable, 1 Juin 2017: « Article 48. Sustainable Agriculture. For the purposes of application of this Law, sustainable agriculture is understood to mean agricultural production systems that allow food to be obtained in a stable, healthy, economically viable and socially acceptable manner, in harmony with the environment and preserving the potential of productive natural resources, without compromising the present and future quality of the soil resource, reducing the risks of environmental degradation and physical, chemical and biological contamination of agricultural products ».

personne d'avoir (...) accès à une alimentation adéquate en quantité et en qualité, quantitativement et qualitativement pertinente, de préférence d'origine nationale, ainsi qu'à son utilisation biologique adéquate, afin de maintenir une vie saine et active »[911]. Également, selon l'article 118 de la Constitution du Panama, « l'État a l'obligation fondamentale de garantir que sa population vit dans un environnement sain, exempt de contamination (pollution), et où l'air, l'eau et les aliments satisfont aux exigences du bon développement de la vie humaine ».

Deuxièmement, la transition agro-écologique requise par la soutenabilité est certainement plus facilement réalisable et admise dans des Etats pour lesquels n'existe pas, ou à plus faible échelle, une agriculture intensive, fortement industrialisée et engluée de longue date dans les rouages de l'économie de marché imposée par l'Union européenne. Il n'est pas anodin de constater qu'il existe des tendances agricoles différentes entre pays d'Europe occidentale et d'Europe orientale, pour s'en tenir à notre continent. La tradition de petites cultures est forte en Moldavie[912] et Hongrie. S'il est admis dans une certaine littérature « que dans les années 1950 et 1980 en URSS et dans les pays du bloc socialiste, la législation environnementale était caractérisée par des paramètres et des critères beaucoup plus stricts et rigoureux qu'aujourd'hui »[913], il est tout aussi vrai que des scandales environnementaux liés à l'usage des produits chimiques ont marqué également cette même période. Selon une de nos interlocutrices,

> Ce que je peux préciser, c'est que cette image d'une alimentation plus saine dans les pays ex-soviétiques est en fait un mythe, parce qu'à l'époque, il y avait une sorte d'abus des produits chimiques. (...) Et je voulais aussi vous demander si vous aviez entendu parler de cette expérience de création de mutants dans les graines par radiation, c'était une expérience soviétique faite en Moldavie. Il n'y avait que deux centres de ce type d'approche, envoyant différents isotopes, du cobalt ou autre, sur les graines et créant des mutants artificiels[914].

---

911 Decreto N° 32/2005 – Ley del Sistema Nacional de Seguridad Alimentaria y Nutricional. 2 Mai 2005.

912 Entretien n°9.

913 Dezvoltarea sistemului legislativ-normativ de mediu în Republica Moldova, petru cocîrţă, czu: 349.6(478) // Développement du système législatif-normatif environnemental en République de Moldavie, p. 559, http://www.seu.ru/seu-news/87.htm.

914 Entretien n°9.

La particularité des pays comme la Hongrie ou la Moldavie est donc en partie liée à l'héritage d'une forte proportion de petites cultures.

Au niveau européen, les concepts de souveraineté alimentaire et d'agroécologie ont été trop timidement cités, sans en tirer les conséquences requises pour une nouvelle régulation du marché de l'agriculture et de l'alimentation.

> Les quelques avancées positives de la stratégie « Farm to Fork » au niveau européen, on y a contribué, j'imagine qu'on a dû y contribuer avec le mouvement souveraineté alimentaire d'une petite manière mais comme beaucoup de nombreux acteurs et avec une stratégie qui au final ne remet pas en cause l'approche par les marchés, ou elle ne fait pas encore de l'alimentation un droit, ni un bien commun, donc on est encore loin de notre vision idéale. Enfin, il y a quand même eu un petit déclic qui a été fait, et qui d'ailleurs on le voit maintenant ces derniers jours est encore réattaqué frontalement par les lobbys de l'agro-business en utilisant la guerre en Ukraine – ce qui est d'une indécence abominable, mais soit… Après, je dirais, qu'il y a quand même au niveau européen et dans certains Etats, plutôt sous forme de résolutions parlementaires ou de communication, au niveau du Comité des Régions ou du Comité Economique et Social Européen, j'ai vu plusieurs résolutions ou communications – je ne sais plus comment ils les appellent – qui font vraiment référence à l'agroécologie, voire même, parfois de manière détournée, le concept de souveraineté alimentaire. Mais donc, on commence à le voir inclus, parfois détourné, mais en tout cas il n'est plus ignoré ce concept de souveraineté alimentaire et d'agroécologie, qui sont un peu des mots qui font leur chemin, même au niveau politique[915].

Pourtant, au niveau de la FAO, selon une de nos interlocutrices, l'Europe (qui est de loin le plus gros contributeur financier en soutien à la FAO, ce que nos interlocuteurs n'ont cessé de répéter pendant les entretiens) est le continent le plus réceptif au discours actuel sur les régimes alimentaires durables.

> Il y a certaines régions du monde qui ont tendance à être plus réceptives au concept et d'autres régions du monde qui le sont moins. Mais encore une fois, je pense que ce que nous pouvons faire en tant que FAO est de continuer à soutenir, générer un récit qui a du sens pour les personnes qui pensent aujourd'hui qu'elles sont d'accord avec les régimes durables en raison (*longue pause*) d'une idée préconçue qui n'est pas nécessairement correcte. Je pense

---

[915] Entretien n°5.

que les gens sont très préoccupés par le fait qu'une alimentation durable signifie des aliments à base de plantes maintenant, et pour toujours. (...) L'Europe est le plus fervent défenseur des régimes alimentaires durables[916].

D'ailleurs, une autre personne interviewée semblait tenir un autre discours, soulignant :

> Je ne sais pas si vous êtes au courant du document que nous avons publié l'année dernière sur la transformation des systèmes agroalimentaires (...). Je pense que la conversation doit continuer pendant un certain temps, quelques années encore, mais je ne pense pas que nous ayons la compréhension et je ne pense pas que nous ayons la volonté. Je ne pense pas que nous ayons le pouvoir politique, même si nous avions la volonté. Je ne pense pas que les gouvernements auraient nécessairement la capacité de promouvoir la législation qu'ils essaient d'imposer[917].

Il semble en effet assez réaliste de soutenir l'idée selon laquelle la volonté politique n'existe pas, spécialement au niveau supra-national où les divergences se dévoilent au grand jour, de formuler en normes juridiques et actions publiques la transition agro-écologique.

Troisièmement, en conséquence des clivages partisans et idéologiques excessifs de ces enjeux, probablement par héritage de notre vision anthropocentrée et économiciste des ressources de la Nature, la transition vers la réglementation de la soutenabilité des systèmes alimentaires et agricoles s'est révélée piégée par la dimension partisane.

C'est particulièrement clair en Suisse. Le rejet du projet d'initiative populaire pour la souveraineté alimentaire du 30 Mars 2016 s'explique pour diverses raisons, fortement politiciennes: parce que portée par un petit syndicat (Uniterre), cette initiative a été vue d'un mauvais œil par l'Union Suisse des Paysans qui fit aboutir plus rapidement son propre projet sur la «sécurité alimentaire ». Selon la représentante d'Uniterre,

> ils nous ont court-circuités avec une campagne « sécurité alimentaire ». Ça a été désastreux évidemment. Et pour nous, ça a été beaucoup plus difficile de parler de souveraineté quand les gens venaient de voter pour la sécurité alimentaire. En fait, le processus a commencé en même temps. Enfin, à partir du moment où on a parlé avec l'Union Suisse des Paysans (USP), ils ont lancé la « sécurité », mais évidemment, ils sont une centaine de personnes qui travaillent. Nous, nous sommes sept. Donc, évidemment

916 Entretien n°1.

917 Entretien n°4.

> qu'ils sont arrivés à un résultat avant nous. Mais on n'a pas lâché, donc on a continué avec la souveraineté alimentaire[918].

Pour notre interlocuteur de l'USP, « C'est principalement un tout petit syndicat, qui regroupe à peu près 1 000 adhérents, qui s'appelle Uniterre, qui a lancé cette initiative. Cette initiative est trop extrême et marginalisait trop l'agriculture suisse par rapport à l'agriculture mondiale. Donc on l'a refusée »[919].

En réalité, comme nous l'avons vu, le projet d'initiative porté par Uniterre comportait une défense très forte de la production indigène jusqu'à comporter des mesures de taxation des produits importés. Le rejet du projet Uniterre d'initiative populaire marque une ligne de front irréconciliable entre ceux qui prônent la poursuite d'une agriculture intensive, industrielle sur le modèle de la PAC face aux défenseurs de l'agroécologie. Selon notre interlocutrice,

> On a été confortés dans notre appréciation des membres du Conseil fédéral et des parlementaires, cad une majorité de droite, une prépondérance de l'agro-industrie, et puis qui a été juste confirmée. Et puis moi j'irais même jusqu'à dire une mauvaise foi désarmante. En fait, je pense que la Suisse n'est pas le seul pays dans ce cas, mais le poids de l'industrie agro-alimentaire en Suisse est juste terrifiant, et de la grande distribution. (…) En fait, nous sommes le pays asile de tous les « gros », des multinationales, des transnationales, tous ceux qui se font beaucoup d'argent sur le dos des autres, sont chez nous[920].

Aussi, les initiatives populaires ont été approuvées ou rejetées moins en considération de leur contenu que des acteurs qui les portaient et de la présentation de ces enjeux comme étant soit en faveur (si le projet était porté par la puissante USP) ou contre le monde agricole (si le projet était porté par les Verts ou par Uniterre). La réalité des enjeux, comme nous espérons l'avoir montré, est cependant beaucoup plus complexe.

B. Des normes juridiques demeurées ineffectives

Deux défauts majeurs entachent les normes juridiques actuelles. Premièrement, les dispositions juridiques adoptées dans ces Etats

---

918 Entretien n°13.

919 Entretien n°14.

920 Entretien n°13.

relativement à l'alimentation et/ou production agricole durable l'ont été soit de façon très floue si bien qu'elles ne sont pas directement applicables et donc demeurent inopposables en justice et/ou n'ont pas été accompagnées de sanction. Si leur caractère obligatoire ne s'en trouve pas affecté, leur effectivité, elle, l'est potentiellement. Deuxièmement, ces normes sont incomplètes en ce qu'elles placent au centre de leur cible les seuls consommateurs.

Des normes imprécises

Cette imprécision est particulièrement illustrée par la révision de l'article 104 de la Constitution Suisse[921]. Selon un de nos interlocuteurs, l'article constitutionnel ne pourrait être invoqué en justice.

> A mon avis c'est illusoire, parce que c'est tellement général comment c'est défini et pour nous c'était plutôt d'avoir quelque chose pour pouvoir demander des changements de loi, une législation, des révisions de loi, mais par rapport en justice, je ne connais aucun cas. Depuis l'adoption de cet article dans la Constitution fédérale, la seule fois qu'on en a discuté, c'était avec cet accord avec l'Indonésie, mais à part ça, parfois, on n'utilise pas en politique cet article. Ça montre bien que pour la majorité en politique suisse, pour les politiciens, c'est un article qui confirme ce que la Confédération fait déjà[922].

D'ailleurs, l'initiative populaire pour des aliments équitables du 26 Novembre 2015, rejetée par votation populaire le 23 Septembre 2018, prévoyait un paragraphe demandant à la Confédération qu'elle « légifère sur la mise sur le marché des denrées alimentaires et des aliments pour animaux ainsi que sur la déclaration de leurs modes de production et de transformation». Il était prévu également que la Confédération « peut conclure des conventions d'objectifs contraignantes avec le secteur des denrées alimentaires, notamment avec les importateurs et le commerce de détail », et selon un paragraphe 5, « Le Conseil fédéral fixe des objectifs

---

921 Entretien n°11: « on dit qu'avec cet article ce n'est pas qu'on introduit de nouvelles tâches pour la Confédération, mais qu'on confirme la politique de la Confédération en matière de l'alimentation. Donc, ça veut dire, qu'avec cet article, on a en principe rien de nouveau (...). Donc il n'y a pas de nouvelles législations qui se basent sur ce nouvel article. Ça nous les Verts, on critique ça un peu ». Entretien n°13: « l'article 104 c'est une déclaration d'intention, ça donne un cadre extrêmement large (...), c'est juste un peu folklorique ».

922 Entretien n°11.

à moyen et à long termes et rend compte régulièrement de l'état de leur réalisation. Si ces objectifs ne sont pas atteints, il prend des mesures supplémentaires ou renforce celles qui ont été prises». Le rejet du projet était imputable au fait que l'initiative fut jugée comme comportant trop de thèmes différents, comme étant trop détaillée et trop précise.

En Hongrie, la question de la portée juridique de l'interdiction constitutionnelle des OGM a opposé une partie de la doctrine considérant qu'il s'agit d'une « règle impérative », la loi fondamentale fournissant « également un filet de protection du juge constitutionnel »[923] et ses opposants y voyant une simple finalité programmatrice liant uniquement l'Etat[924]. Plus précisément, la controverse sur l'article XX de la Constitution a tourné autour de la question de savoir si cette disposition est rédigée comme reconnaissant un droit fondamental et absolu aux individus[925] ou plutôt comme fixant de simples objectifs étatiques[926], une dernière position que la jurisprudence de la Cour constitutionnelle et celle de la Cour suprême semblent confirmer. En effet, dans la décision 54/1996, la Cour constitutionnelle a précisé qu'il n'existe pas de droit individuel à la santé mais que l'article 70/D(2) de la Constitution en vigueur jusqu'en 2012 imposait une obligation à l'Etat d'assurer le fonctionnement du système des soins (une obligation objective de protection institutionnelle de l'État) et qu'il revenait au seul législateur de reconnaitre des droits individuels[927]. L'article XX a néanmoins permis de promouvoir une

---

923 M. Julesz, « Constitution sans OGMs », *Medical Weekly*, 2011, Vol. 152, No. 31. 1255.

924 A. Jakab, « Les origines et les conséquences pratiques de la nouvelle loi fondamentale », *HVG- Orac Lap- és Könyvkiadó*, Budapest, 2011, p. 222.

925 M. Julesz, « Constitution sans OGM », op. cit., p. 1256.

926 J. Ede Szilágyi & al., « Food sovereignty and food security in », op. cit., p. 74. Ces auteurs soutiennent ce deuxième point de vue comme la majorité de la doctrine.

927 Alkotmánybíróság (AB) [Constitutional Court], MK.1996.(105)54/1996. (XI. 30.) (Hung.), at 173. « Addressing equity in health-care at the public-private intersection: the role of health rights enforcement in Hungary », TILEC Discussion paper, Feb. 2013, DP 2013-005, p. 19. Également, Décision 56/1995 de l'AB (IX. 15.) où la Cour énonce que, interprétant l'article 70 D, para. 2 de la Constitution, « Il ne découle toutefois pas directement de ces dispositions que l'État est tenu de fournir des soins dentaires, des sanatoriums, etc. aux citoyens relevant de la sécurité sociale ou de veiller à ce qu'ils soient couverts par la sécurité sociale. Il ne découle pas non plus directement de l'article 70/D de la Constitution que le transport des patients est gratuit ».

production locale sans OGM et sans recours aux nouvelles technologies de modification génétique[928].

En effet, la concrétisation normative de l'inscription constitutionnelle de la durabilité écologique, tout en étant ponctuelle, n'est pas anodine. L'adhésion en 2004 à l'Union européenne s'est accompagnée d'une transformation « à pas de géant avec l'arrivée des subventions et des lobbies d'intrants » contre les programmes d'agroécologie menés jusqu'alors avec succès dont le Centre de développement rural Kishantos représentait un symbole[929]. Plus spécifiquement, une bataille judiciaire a opposé depuis 2014 Kishantos (épaulé par Greenpeace Hongrie) à l'Etat en raison d'une politique d'accaparement des terres menée depuis 2014 au profit d'acteurs privés ayant conduit à la location du terrain (de 452 ha cultivé et certifié en production biologique par Kishantos) à une société privée Mezovidek. Kishantos bénéficiait de liens privilégiés avec des acteurs allemands et danois. La Cour suprême (Kuria) a, aux termes d'une bataille judiciaire féroce, donné gain de cause à Kishantos au motif que Mezovitek ne menait pas des activités culturales[930]. Le tribunal de district central de Pest a reconnu que le modèle Kishantos constitue « un actif environnemental d'un intérêt stratégique »[931]. Le juge a admis qu'

> Il avait des raisons de croire que la ferme modèle biologique qu'il avait développée au fil des décennies et qui, selon le rapport du commissaire aux droits fondamentaux et du commissaire adjoint à la protection des intérêts des générations futures [...], était également le résultat de l'agriculture biologique dans la [...] stratégie nationale de développement durable et [...]

---

928 J. Ede Szilágyi, « The protection of the Interests of Future Generations in the 10-Year-Old Hungarian Constitution, op. cit.

929 E. Schneiter, « La tragique fin de Kishantos, la ferme bio modèle de l'Europe », *Reporterre*, 9 Décembre 2014.

930 Source: dailynewshungary.com https://dailynewshungary.com/budapest-court-turns-topcourt-kishantos-land-lease-case/. N. Gonda, « Land grabbing and the making of an authoritarian populist regime in Hungary », *The Journal of Peasant Studies*, 46:3, pp. 606– 625, DOI: 10.1080/03066150.2019.1584190, montre que la plupart des destinataires de cette privatisation n'étaient pas des producteurs, mais des spéculateurs proches du régime.

931 https://www.greenpeace.org/hungary/blog/7123/kishantos-es-a-greenpeace-nyert-a-magyar-allammal-szemben/ (18 Juin 2022). Décision Kishantos, Tribunal de district central de Pest, Greenpeace Hungary Egyesülete, demande en dommages et intérêts rejetée.

> [la] stratégie rurale nationale, serait une valeur environnementale digne d'être protégée au niveau constitutionnel[932].

Selon les termes d'une de nos interlocutrices, la décision de décembre 2021 rendue par la Cour suprême confirmant la victoire de Kishantos et Greenpeace Hongrie, est « géniale, mais malheureusement, huit ans se sont écoulés et ça ne veut pas dire qu'ils vont avoir les terres de retour, ça veut juste dire que maintenant tout l'argent que Greenpeace et Kishantos ont dû payer, ils vont en quelque sorte le récupérer»[933].

Les dispositions, tant constitutionnelles que législatives qui semblaient prometteuses en Hongrie ou Moldavie, sont donc restées presque toutes lettre morte. Les personnes interviewées ont relevé cette absence de mise en œuvre et absence d'opposabilité en justice[145]. Toutefois, en Moldavie, notre interlocutrice a relevé que le problème d'absence de mise en œuvre est général, et va bien au-delà de la réglementation relative à l'environnement et aux aliments[934]. En Moldavie, le volet écologique, notamment parce que réglementé de façon très générale, n'a pas été précisé par des dispositions ultérieures[935]. Sous pression de l'Union européenne et de la FAO, les institutions publiques se sont recentrées sur la régulation de la sécurité alimentaire et de la protection des consommateurs. En 2013, fut instituée une Agence nationale pour la sécurité alimentaire suivie en 2014 de l'ouverture d'un bureau de la FAO.

Ceci nous conduit précisément à la seconde défaillance majeure de ces normes.

Le besoin d'un arsenal juridique complet

Le concept de soutenabilité implique une responsabilité partagée de tous les acteurs: Etats, Marchés, individus. Or, les concepts d'alimentation durable et même de régimes alimentaires durables, à ce jour, font peser une responsabilité démesurée sur les consommateurs

---

932 Idem.

933 Entretien n°6.

934 Entretien n°9.

935 Dezvoltarea sistemului legislativ-normativ de mediu în republica moldova, petru cocîrţă, czu: 349.6(478) // Développement du système législatif-normatif environnemental en République de Moldavie, p. 560: « Le mécanisme nécessaire à la protection et à la conservation optimales des ressources naturelles importantes sur le plan écologique était peu développé dans la législation nationale ».

et mangeurs. Cette priorité mise sur les consommateurs sonne comme un *leitmotiv* en Europe occidentale. Ainsi, en France, un rapport d'information parlementaire précisait en février 2022 l'importance, en plus d'éduquer dès le plus jeune âge à l'alimentation saine et durable, de « développer l'affichage environnemental des produits alimentaires pour éclairer les choix des consommateurs et leur apporter les éléments d'arbitrage entre les différents produits disponibles, au même titre que l'affichage nutritionnel »[936]. Parce qu'Etats et Marché refusent d'entraver la liberté économique au nom d'un modèle capitaliste qu'il n'est toujours pas question de discuter même, un accord implicite consiste à rejeter le choix et donc l'arbitrage final sur le consommateur: « Et à présent on a un combat, (…) c'est de dire: on va importer des produits qui sont fabriqués avec des méthodes qui sont interdites chez nous. Ça faudrait le déclarer. (…) Pour que le consommateur ait le choix finalement par rapport à ça »[937]. En d'autres termes, pouvoirs publics et acteurs privés, parce qu'opposés à adopter des mesures qui contraindraient le modèle économique actuel, s'en remettent au consommateur/mangeur censé opérer l'arbitrage ultime. Cette vision comporte des limites clairement confirmées par une de nos interlocutrices à la FAO:

> Si vous voulez des changements, vous devez faire preuve de courage et vous en prendre aux acteurs du secteur privé. Je ne pense pas que dialoguer avec eux va les faire changer, il faudra de vraies dispositions et législations (…) je pense qu'il faut être très fort avec certaines incitations à une meilleure gestion de l'environnement, des pertes et des déchets alimentaires, etc…[938].

Une autre salariée de la FAO confirmait également le rôle non exclusif du consommateur sur lequel, par facilité, les réglementations ont tendance à se focaliser:

> Le choix du consommateur doit aussi contribuer au discours de sustainability, […] nous comptons, on aime bien compter sur le rôle important des consommateurs mais il y a aussi le rôle des gouvernements, de la société civile, etc. (…) la responsabilité sur les épaules des consommateurs. C'est un discours pour la food industry, l'industrie alimentaire qui a beaucoup utilisé cela pour ne pas changer ses pratiques[939].

---

936 AN, Rapport d'information sur l'évaluation de l'alimentation saine et durable pour tous, 24 Février 2022, p. 70.

937 Entretien n°14.

938 Entretien n°4.

939 Entretien n°2.

En Belgique, le projet de 2014 initié par le groupe Ecolo-Groen sur le droit à l'alimentation n'obtint pas une majorité suffisante pour franchir même le cap des discussions parlementaires. Notre interlocuteur confirmait:

> Là clairement, on a vu plus concrètement l'influence de l'agro-business qui essaye de jouer le jeu de ces stratégies de conceptions multi stakeholders, multi parties prenantes, et qui font mine de jouer le jeu jusqu'à ce que ça aille trop loin et que là, alors, ils interviennent, que ce soit dans des documents plutôt conceptuels, d'éviter des mots comme « souveraineté alimentaire », comme « agroécologie », des mots avec une forte connotation de transition et de transformation, pour revenir à des mots plus de sensibilisation, d'information des consommateurs et d'essayer de bloquer tout ce qui est mesures réglementaires[940].

Le rapprochement entre l'alimentation durable et l'alimentation saine sert d'ailleurs à accentuer ce discours de responsabilisation des individus, ce que nos entretiens ont permis d'illustrer. Par exemple, concernant la Suisse, nos interlocuteurs de l'OFAG ont insisté sur l'aspect « diète individuelle » comme un enjeu prioritaire avant même celui des pesticides[941]. Tous les interlocuteurs de la FAO n'ont cessé de rappeler le même discours comme un *leitmotiv*; il n'y aurait ni aliment sain, ni aliment durable mais des régimes ou comportements sains et durables pour lesquels les individus doivent être responsabilisés[942]. Le BEUC recommande également de garantir aux consommateurs un accès à des « régimes » « sains et durables »[943].

Tant dans le cadre de la FAO que de l'Union européenne, la priorité est donnée à l'approche par la protection des consommateurs et notamment l'accès à l'information leur permettant d'opérer des choix raisonnables. Un Etat comme la Moldavie a dû, à partir des années 90, opérer des modifications réglementaires dans ce sens[944]. Toutefois, la littérature, notamment en sociologie, a montré les limites de ce mythe

---

940 Entretien n°5.

941 Entretien n°12.

942 Entretiens n°1, 2 & 4.

943 BEUC, One bite at a time (...), op. cit., p. 5.

944 Reflecţii asupra reglementării juridice a protecţiei consumatorilor în Republica Moldova, irina moscalciuc, sergiu brînză (dr.), revista naţională de drept Nr. 3, martie 2007 // Réflexions sur la réglementation juridique de la protection des consommateurs en République de Moldavie.

de consomm'acteurs et de de l'impact de telles politiques. La personne contactée pour le syndicat Uniterre nous confiait:

> Je ne crois que moyennement à la stratégie de l'étiquetage (...). En fait, l'étiquetage, je ne vous apprends rien, vous le savez certainement mieux que moi, les critères que l'on va mentionner dans l'étiquetage, ils sont définis en fonction d'une vision qu'on a de l'agriculture ou du type de transformation que l'on veut donner. Donc en fait ce que l'on a toujours c'est des trucs santé, sucre, sel, c'est en majorité le cas, mais on ne parle jamais que c'est hyper industrialisé, dénaturé, enfin voilà...[945].

Si les consommateurs peuvent servir de levier à leur échelle, à supposer qu'ils aient accès à une information compréhensible, objective et surtout qu'ils aient les moyens (y compris financiers) de formuler des choix éclairés entre des aliments durables et des aliments qui le seraient moins ou pas, la durabilité attribuée à la qualité alimentaire implique davantage des actions des autres acteurs des chaines de culture/production, de fabrication et de la distribution alimentaires. En cela, l'approche implique de reconnaitre des devoirs reposant sur les pouvoirs publics et tous les acteurs privés agissant sur la chaine agroalimentaire, ce qui fait largement défaut. Là encore, une approche par les droits fondamentaux pourrait permettre de franchir ce pas qualitatif.

Le dernier obstacle n'est pas moindre: il concerne notre compartimentation des thématiques qui, aujourd'hui, appelleraient, au contraire, une vision holiste.

C. Décompartimenter les objets, les acteurs et politiques pour une vision holiste

Vouloir réglementer le droit à l'alimentation durable sans adopter une approche inclusive serait un leurre. En effet, les cas soumis à notre étude ont révélé l'importance d'embrasser des enjeux bien au-delà des comportements des mangeurs et notamment de questionner nos modèles de politique agricole qui ne s'inscrivent pas dans une perspective de durabilité[946], de politique foncière mais aussi de commerce international. La nécessité d'une approche holiste a fait l'objet d'une étude approfondie

---

945 Entretien n°13.

946 Pour la démonstration d'une déconnection des droits agricole et rural français avec la logique de développement durable, nous renvoyons à la thèse de Pierre-Etienne

appliquée aux Etats de l'Union européenne en 2019 par IPES Food sous la direction d'Olivier De Schutter[947].

Le besoin d'une telle approche inclusive est clairement ressorti de nos entretiens avec le personnel de la FAO, notamment concernant les liens entre les aspects nutritionnels, les systèmes de production et les aspects du commerce international. Une des personnes que nous avons interviewée à la FAO n'a cessé de mentionner, de sa propre initiative, les liens entre la FAO et l'organisation Mondiale du Commerce concernant l'alimentation saine et durable[948]. Concrètement, lorsqu'il s'agit de traduire ces interactions dans les politiques nationales, ceci, pour nombre de politiques, revient à ouvrir la «boite de Pandorre ». Nous retiendrons, à titre illustratif, les deux questions que sont la politique foncière et le régime commercial qui se sont posées plus souvent dans nos cas d'étude.

Concernant les interactions avec les politiques commerciales, il existe quelques tentatives avortées ou partiellement abouties en droit comparé en faveur d'une vision inclusive.

Le cas belge est intéressant puisqu' a été proposé un projet de loi-cadre en 2014 sur le droit à l'alimentation[949] à l'initiative du parti des Verts englobant la dimension de durabilité et d'alimentation saine. Les objectifs affichés consistaient à combler les lacunes dans la mise en œuvre des traités internationaux ratifiés par la Belgique relatifs au droit à l'alimentation. Ce projet comportait une vision globale de la chaine alimentaire: il s'agissait de soutenir des régimes alimentaires durables, la qualité nutritionnelle, de renforcer l'information des consommateurs, de lutter contre le gaspillage alimentaire, etc[950]. « Donc il y avait cette approche systémique, holistique, basée sur le droit et qui était

---

Bouillot, *Les évolutions du droit rural et le développement durable,* Thèse, Université de Nantes, 2014.

947 IPES Food, *Towards a common food policy for the European Union, The policy reform and realignment that is required to build sustainable food systems in Europe*, 2019.

948 Entretien n°3.

949 Doc. 54, 0518/001, DOC 53 3317/001, Proposition de loi-cadre instaurant l'obligation d'une mise en œuvre effective du droit à l'alimentation par la Belgique, 5e sess, 53e lég, 2014, p. 6.

950 https://www.fian.be/Enfin-une-loi-belge-visant-a-realiser-le-droit-a-l-alimentation (20 juin 2022). https://www.lachambre.be/kvvcr/showpage.cfm?section=/none&leftmenu=no&language=fr&cfm=/site/wwwcfm/flwb/flwbn.cfm?lang=F&legislat=54&dossierID=0518.

transsectorielle, qu'on évaluait de manière très positive »[951]. Probablement du fait de cette approche transsectorielle et donc ambitieuse, ce texte n'a pas été discuté au Parlement. Ainsi, selon une des personnes interviewées,

> La proposition très positive et assez ambitieuse, a pu être aussi positive et ambitieuse, parce qu'elle était menée par une personne convaincue qui avait une certaine liberté de le faire parce qu'elle était dans un parti de l'opposition et que quelque part, c'est bien de déposer des propositions ambitieuses, mais qui ne sont pas soumises au jeu politique ou de majorité ou de coalitions gouvernementales surtout comme on peut les connaître en Belgique. Donc, même si on a essayé de faire croire le contraire, le projet avait très peu de chances d'aboutir dès le départ[952].

C'est surtout son aspect transsectioriel qui a empêché son aboutissement favorable:

> Donc ça ne devrait pas être considéré comme ambitieux. Maintenant, pourquoi est-ce qu'effectivement ça n'a même pas suscité de réelles discussions au niveau politique ? Je crois peut-être parce que le projet était trop holistique, trop global, alors que on voit souvent, les projets politiques, quand ils aboutissent, c'est de manière très sectorielle ou sur des points très précis, sur lesquels déjà les responsables politiques ont du mal à se mettre d'accord. Là sans doute, c'était vu comme trop – je ne vais pas dire le mot – « idéologique » ... mais... Je ne peux pas dire que j'ai une analyse assez fine sur l'aspect sinon de constater que c'est un peu le jeu de la Realpolitik et que ce genre de projets trop holistique, systémique a peu de chances d'aboutir[953].

De plus, l'approche occidentale très restrictive des droits économiques et sociaux est un autre argument explicatif du blocage. Or, cette distinction entre droits-créances et droits-libertés est avant tout une construction idéologique et historique, propre d'ailleurs à l'Occident, que nous avons dénoncée en introduction.

> Mais, du point de vue de la démocratie entendue comme le mouvement ouvert de la détermination de la subjectivité politique, ces droits, successivement acquis, sont tous des droits politiques. Ils sont politiques par leur origine (ils ont été acquis par des luttes), mais surtout, ils sont politiques

[951] Entretien n°5.

[952] Idem.

[953] Idem.

par leur portée anthropologique: ils sont des attributs d'un sujet en devenir, arraché à la stabilité des identités fixées et figées[954].

D'un point de vue juridique également, la distinction entre droits-libertés et droits-créances est contestable : tous les droits de ces prétendues générations différentes emportent des obligations positives. Comme le relève une autrice philosophe, « la distinction entre droits-libertés et droits de créance n'a de sens qu'à la condition d'admettre que les premiers reconnaissent des attributs que l'individu humain détiendrait de nature, tandis que les seconds lui seraient octroyés par la grâce de l'État »[955]. L'idée selon laquelle les droits-créances entraineraient une hypertrophie de l'Etat et des dépenses publiques coûteuses relèvent davantage d'un mythe créé par nos systèmes capitalistes: l'ancien rapporteur spécial à l'alimentation a ainsi jugé cette conception d'« erronée » résultant « d'une mauvaise perception des droits considérés, et notamment des obligations correspondantes de l'Etat »[956].

Enfin, la complexification des niveaux fédéral-régional se révèle être une difficulté supplémentaire:

> Peut-être c'est un des éléments qui explique pourquoi le projet n'a pas été plus loin, je parlais d'approche holistique, alors que l'on a plutôt des politiques sectorielles et en plus en Belgique, vous pouvez rajouter la couche institutionnelle, entre la division des pouvoirs entre l'Etat fédéral et les régions. Là, on a vu suite à cette proposition de loi-cadre, qui n'a pas abouti, maintenant on constate plutôt une re-régionalisation des politiques alimentaires. Il y a maintenant des stratégies d'alimentation durable qui sont préparées à différents niveaux, en région Wallonne, en région bruxelloise et en région flamande. [...] Pour avoir une politique efficace, pour moi, il faut pouvoir prendre cet ensemble de mesures. Je ne suis pas contre les mesures incitatives, d'information, de sensibilisation etc. Je pense que c'est assez documenté, si on veut qu'elles soient efficaces il faut qu'elles soient complétées par un arsenal de mesures plus régulatoires, punitives pour certaines choses, et pour ça il faut avoir l'ensemble des compétences et agir

954 C. Colliot-Thélène, « Pour une politique des droits subjectifs: la lutte pour les droits comme lutte politique », *L'Année Sociologique*, 2009/1, Vol. 59, pp. 231–258, p. 251.

955 Idem.

956 A. Eide, cité in C. Golay, « Vers la justiciabilité du droit à l'alimentation », Mémoire de recherche IUHEI, 2002, p. 43, note 171.

sur les différents aspects. Là, maintenant, ce saucissonnage institutionnel complique encore plus cette approche globale[957].

En Suisse, le parti des Verts a réussi à faire adopter un alinéa d) à l'article 104a de la Constitution relatif au commerce international, selon lequel « En vue d'assurer l'approvisionnement de la population en denrées alimentaires, la Confédération crée des conditions pour: [...] d. des relations commerciales transfrontalières qui contribuent au développement durable de l'agriculture et du secteur agroalimentaire ». D'ailleurs, l'initiative populaire pour des aliments équitables du 26 Novembre 2015, rejetée en 2018, était plus ambitieuse et prévoyait que soient soumis à taxation les produits agricoles importés utilisés comme denrées alimentaires et les denrées alimentaires ayant un degré de transformation plus élevé, les denrées alimentaires composées et les aliments pour animaux, à égalité avec les produits indigènes « dans le respect de l'environnement, des ressources et des animaux, ainsi que dans des conditions de travail équitables ». Il s'agissait également de privilégier « les produits importés issus du commerce équitable et d'exploitations paysannes cultivant le sol ». En effet, « La concurrence des produits à bas prix imposée par l'industrie agro-alimentaire entraîne un dumping écologique et social et fait pression sur les normes de qualité des aliments [...] et le comité d'initiative est d'avis que le commerce mondial des denrées alimentaires a besoin de règles écologiques et sociales claires»[958]. Le projet, porté par les Verts, avait pour objectif de « changer le principe d'une concurrence sur le prix et d'introduire une concurrence sur la qualité »[959]. Cependant, lors des délibérations parlementaires, les arguments sur la conformité de cette initiative aux accords de l'OMC suite à une étude d'experts de l'Université de Bern (portée notamment par Dr. Elisabeth Bürgi Bonanomi) commandée par le parti des Verts, n'ont pas convaincu[960]; il en est allé de même du contre-projet indirect qui proposait la diminution des droits de douanes pour les denrées qui remplissent les critères de durabilité. Ces exigences ont d'ailleurs été reprises lors des négociations commerciales avec l'Indonésie pour

957 Entretien n°5.

958 Cf. p. 7; numérotée FF 2016 8157).

959 Entretien n°11.

960 https://www.cde.unibe.ch/ueber_uns/personen/dr_buergi_bonanomi_elisabeth/index_ger.html#pane607619.

importer de l'huile de palme produite selon des critères de durabilité[961]. Pour le moins, l'impression auprès d'une frange de la population fut celle d'une occasion manquée.

> Si cette initiative était passée, ça aurait été quelque chose d'extrêmement positif, ça aurait renforcé une agriculture biologique, et surtout, limité les importations à des produits qui correspondent aux modes de production, à la réglementation suisse. [...] Ça aurait été un gain extraordinaire je pense, non seulement pour l'alimentation en suisse, mais comme moyen de promotion et de faire bouger les lieux de production dans les autres pays exportateurs[962].

Sans surprise, ces dispositions ont été jugées, lors des discussions politiques, incompatibles avec les engagements internationaux de la Suisse (droit de l'OMC, accords bilatéraux avec l'Union Européenne, accords de libre-échange...). De surcroît, le délai légal pour sa mise en pratique de trois ans a été jugé trop court au vu des changements à mettre en œuvre. Selon la Commission de l'économie et des redevances, l'initiative « serait très difficile à mettre en œuvre du fait des contrôles fastidieux qui s'imposeraient aux frontières. Elle impliquerait une intervention onéreuse de l'Etat, une lourde charge administrative, une distorsion de la concurrence et une mise sous tutelle des consommateurs »[963]. Le Rapporteur de la Commission de l'Economie et des Redevances, Isidor Baumann a indiqué que l'initiative présente des tendances protectionnistes et risquerait de mettre les consommateurs sous tutelle. De même, plusieurs membres de la Chambre des cantons ont insisté sur les effets que l'initiative aurait pour les consommateurs: leur liberté de choix serait restreinte, les denrées renchériraient et le tourisme d'achat n'en deviendrait que plus attrayant. Devant le Conseil national, des critiques ont également émané de parlementaires de droite, qui considèrent que l'initiative est rétrograde: elle tend vers le protectionnisme et vers une économie planifiée, se plaçant ainsi en contradiction avec le système

---

961 Voir https://www.admin.ch/gov/fr/accueil/documentation/votations/20210307/accordde-partenariat-economique-avec-l-indonesie.html; https://verts.ch/environnement/argumentaire-non-a-laccord-de-libre-echange-aveclindonesie; https://www.swissmem.ch/fr/actualites/vision-detaillee/accord-de-libreechange-avec-lindonesie-en-vigueur-a-partir-du-1er-novembre-2021.html.

962 Entretien n°11.

963 Message du Conseil fédéral suisse du 26 octobre 2016 et Délibérations au Parlement.

économique libéral de la Suisse[964]. On perçoit ainsi comment la liberté de choix des consommateurs l'emporte sur l'argument de leur santé compte tenu de l'approche par le marché contrairement à une approche par les droits fondamentaux.

Le rejet de l'initiative de 2016 pour la souveraineté alimentaire portée par Uniterre est dû à des facteurs pluriels, et notamment parce que son application est considérée irréalisable, en ce qu'elle aurait des conséquences néfastes, comme la hausse des prix des produits. De nouveau, l'incompatibilité avec les accords internationaux (OMC, UE, Convention internationale du 2 Décembre 1961 pour la protection des obtentions végétales…) a été soulevée. Pour Uniterre, il faudrait se désengager de l'OMC. L'initiative semblait également contredire la politique agricole de la Confédération s'agissant de la gestion par l'Etat des prix et des volumes, de la limitation des importations, également en ce que l'initiative sous-tend l'intervention de la Confédération sur le marché pour favoriser une agriculture axée sur la « petite paysannerie », sur un approvisionnement régional et sur les structures des exploitations agricoles pour augmenter le nombre d'actifs dans l'agriculture[965]. Il est pertinent de relever que l'essentiel des débats a porté non pas sur l'initiative en soi ou sur son contre-projet édulcoré, mais sur le rapport consacré à la politique agricole à partir de l'année 2022 intitulé « Vue d'ensemble du développement à moyen terme de la politique agricole », en ce qu'il souhaitait miser davantage sur le libre-échange et la réduction des protections douanières. Les membres de l'USP, qui se concentrent sur la politique intérieure Suisse et les opposants aux initiatives brandissent l'argument de l'incompatibilité avec les accords commerciaux. Toutefois, ces accords commerciaux ne sont pas juridiquement immuables. Des évolutions sont donc parfaitement envisageables; d'ailleurs, il est intéressant de relever qu'un possible désaccord avec l'OMC fut accepté lors de la dernière prolongation du moratoire contre les OGM en Suisse. Parallèlement, le débat sur la « Vue d'ensemble du développement à moyen terme de la politique agricole » lors des délibérations sur l'initiative sur la

---

964 Cf. résumé des délibérations, p.V.

965 Message du Conseil fédéral, p. 1476: « Parallèlement, les interventions de l'État ont diminué, tout comme les agriculteurs ont vu s'accroître leurs responsabilités et leur marge de manœuvre. Or, une action plus forte de l'État sur les structures, une aide aux organismes de commercialisation et de nouvelles interventions sur le marché sont autant de facteurs qui iraient de nouveau à l'encontre de tous ces progrès ».

souveraineté alimentaire et notamment sur l'aspect du libre-échange et la réduction de la protection douanière s'est soldé par de vives critiques; en conséquence, a été actée la séparation des enjeux de politiques extérieures et ceux de politiques intérieures, seuls ces derniers devant être l'objet de la politique agricole 2022+. Cette séparation absolument superficielle, qui ne correspond pas à la réalité, risque de faire avorter totalement les futures discussions. Le plan PA 2022+ est d'ailleurs au point mort.

Le lien avec les enjeux commerciaux a été également mis en exergue dans le cas hongrois au sujet de l'interdiction constitutionnellement inscrite des OGM. En pratique, l'impact semble limité. Selon une de nos interlocutrices,

> C'est super que ça existe, mais malgré ça, dans la pratique ce qu'on voit c'est que c'est pas du tout la réalité. Donc, peut-être ok la production des OGM est interdite, mais le fait d'utiliser les OGM pour les bétails est super présent, parce que le souci c'est que ce qu'il se passe c'est que les céréales et les légumineuses qu'on produit en Hongrie de bonne qualité, quittent le pays et nous on importe de médiocre qualité pour les hongrois et pour le bétail. En pratique malheureusement ça n'a pas apporté grand-chose. Donc, je ne sais pas par rapport à un autre pays, parce que de toute façon maintenant … Et ensuite évidemment la viande, les porcs et les bêtes qui ont été nourris par les sojas OGM importés ne sont pas étiquetés que voilà leur alimentation incluait des OGM. Donc malheureusement, c'est bien de l'avoir là, mais le système va contourner. Et la réalité, ce qu'on voit c'est qu'ils ont réussi à contourner ceci[966].

Le besoin de questionner le modèle actuel de l'OMC a également été souligné par le rapporteur spécial des Nations Unies à l'alimentation, pour qui « L'Accord sur l'agriculture, entré en vigueur dans le cadre de l'OMC en 1995, constitue un obstacle à la pleine réalisation du droit à l'alimentation »[967], dont il demande l'abolition. L'argument sous-jacent est celui selon lequel l'alimentation ne saurait être un bien comme les autres, en raison de son lien à la dignité humaine. Il plaide ainsi pour un nouveau régime commercial des aliments avec pour boussole les droits fondamentaux et le respect de la dignité humaine. Nous partageons ce point de vue selon lequel l'alimentation est une ressource (et non un bien) spécifique qui appelle un régime juridique distinct. Pour Michel

---

966 Entretien n°6.

967 A/75/219, Michael Fakhri, op. cit.

Serres, il s'agit d'imposer une « exception agricole » justifiant de traiter les aliments comme des ressources destinées à la satisfaction d'un besoin fondamental[968]. En doctrine, la qualification d'alimentation comme communs a ainsi été proposée[969]. Même si cette qualification n'est pas retranscrite dans les politiques publiques des Etats européens et ne nous semble pas convaincante comme précisé en introduction, elle a le mérite d'offrir une critique argumentée de la réduction actuelle des aliments comme biens marchands ordinaires. En effet,

> Le droit alimentaire n'existe pas de façon autonome, construit, comme les disciplines canoniques du droit, sur un mode logico-déductif à partir d'un principe général qui pourrait être le droit de chaque homme à l'alimentation. Il est le produit du droit général qui s'applique aux marchandises ordinaires et d'une réglementation technique à objectif sanitaire et commercial. Il ne vise pas à assurer la sécurité alimentaire, encore moins à donner corps à un droit de l'homme à l'alimentation[970].

Sur le terrain des politiques foncières, les défis ne sont pas plus aisés à résoudre mais n'ont pas encore été réellement abordés, sauf en Hongrie. Après la deuxième guerre mondiale, la Hongrie avait mis fin à une politique de concentration des terres. Après l'expiration de huit années de dérogation obtenues suite à l'adhésion à l'Union Européenne concernant l'interdiction pour des citoyens et personnes morales de l'UE d'acquérir des terres agricoles et forestières en Hongrie, la législation hongroise a été mise en cause devant la Cour de Luxembourg. La Loi 1994 LV interdisant aux citoyens étrangers, aux personnes morales ou à toute autre organisation sans personnalité juridique d'acquérir la propriété de terres arables ou de toute réserve naturelle en Hongrie, fut abrogée

---

968 M. Serres, « Avant-propos, Ressource et ressourcement », *Droit et Société*, 2019/1, pp. 5–10.

969 J. L. Vivero Pol et al., *Routledge Handbook of Food as a Commons*, op. cit. Également, P.-E. Bouillot, « L'alimentation est-elle un bien commun? », in H. Bosse-Platière, J.-B. Millard, *Les biens communs en agriculture, tragédie ou apologie?*, LexisNexis, 2020. hal-02940744.

970 A. Bernard, et al., « Penser autrement le rapport du droit et de l'alimentation », op. cit., p. 15. Également, P.-E. Bouillot, « L'absence de considérations du droit à l'alimentation dans la construction du droit de l'alimentation », *Droit et Société*, 2019/1, pp. 54 et s..

en 2014 suite à un recours en manquement[971]. La Hongrie oblige aussi l'acheteur à cultiver les terrains, des restrictions jugées disproportionnées par la CJUE[972]. En effet, les lois réglementant l'acquisition de terres agricoles (dans des pays comme la Lituanie, la Slovaquie, la Bulgarie, en plus de la Hongrie) peuvent être considérées comme restreignant la libre circulation des capitaux et la liberté d'établissement en vertu du droit communautaire.

> Toute restriction de ces libertés fondamentales du traité doit être dûment justifiée et respecter les principes de non-discrimination et de proportionnalité. Si les États membres sont autorisés à fixer leurs propres règles pour promouvoir le développement rural, maintenir l'utilisation des terres à des fins agricoles et éviter les pressions spéculatives sur les prix des terrains, ils doivent le faire dans les limites du droit communautaire[973].

La privatisation des terres s'est accompagnée d'une concentration qui va dans le sens d'une agriculture plus conventionnelle au détriment de modèles alternatifs de cultures. Par exemple, en Moldavie, suite au mouvement de privatisation lancé en 1998, 61% des terres sont détenues par de grands groupes[974].

La filiation des enjeux d'accès aux terres avec celui de l'accès à une alimentation (durable) a été clairement reconnue par la Cour Interaméricaine des droits de l'homme. Dans un arrêt rendu en 2005[975], la Cour a réaffirmé l'attachement à une interprétation large du droit à la vie et s'est référée à l'observation générale des Nations Unies sur le droit à une alimentation adéquate. Dans cette affaire, la Cour a conclu que le Paraguay n'avait pas respecté l'accès des communautés autochtones à leurs terres ancestrales et donc un accès adéquat à la nourriture.

---

971 Law No CXXII of 2013 on transactions in agricultural and forestry land. Sur ces développements, cf J. Ede Szilagyi, « European legislation and Hungarian law regime of transfer of agricultural and forestry lands », *Journal of Agricultural and Environmental Law*, 2017/23, pp. 148–164.

972 Pour une analyse d'ensemble, I. Godzirov, « Restrictions on the acquisition of certain categories of real estate in relation to the basic market freedoms in the European Union », *EU and Comparative Law Issues and challenges series* (ECLIC), issue 4, pp. 844–868.

973 https://ec.europa.eu/commission/presscorner/detail/en/MEMO_15_4666.

974 *Screening for Agroecology* – Gradina Moldovei, p. 9.

975 *Case of the Indigenous Community Yakye Axa v Paraguay*, InterAmerican Court of Human Rights, 17 June 2005.

Il est en de même dans le contexte africain. L'article 15 du Protocole de Maputo dispose qu'en conséquence du « droit à une alimentation nutritive et adéquate », les États « prennent les mesures appropriées pour [...] assurer aux femmes l'accès à [...] la terre et aux moyens de produire des aliments nutritifs ». Il est vrai que la difficulté d'accès des femmes africaines à la propriété foncière est devenue un problème majeur[976]. La Commission africaine a ainsi réaffirmé que « le droit à une alimentation adéquate est réalisé lorsque chaque homme, femme et enfant, seul ou en communauté avec d'autres, a un accès physique et économique à tout moment à une nourriture adéquate ou aux moyens de se la procurer »[977]. Cette disposition a été étendue par deux résolutions. La résolution sur le droit des femmes à la terre et aux ressources productives « demande instamment aux États parties de s'acquitter pleinement de leurs obligations et engagements pour garantir, protéger et promouvoir le droit des femmes à la terre et à la propriété »[978]. En 2012, la Commission africaine des droits de l'homme et des peuples a adopté une autre résolution pour une approche de la gouvernance des ressources naturelles fondée sur les droits de l'Homme[979].

Cette approche des ressources productives fondée sur les droits fondamentaux, même si elle est limitée jusqu'à présent aux régions africaine et latino-américaine, peut être transposée à d'autres systèmes juridiques[980] et a été fortement relayée et soutenue par les Rapporteurs spéciaux des Nations Unies sur le droit à l'alimentation[981]. Elle est également associée au droit aux semences, comme le reconnaît la

976 Par exemple: African Charter on Human and Peoples' Rights, Combined 4th, 5th and 6th Periodic Report of Cameroon and 1st Report under the Maputo Protocol and the Kampala Convention (2019): le Cameroun affirme avoir adopté la loi n°2018/020 du 11 Décembre 2018 pour faciliter l'accès des femmes à la propriété foncière.

977 African Commission on Human and Peoples' rights, Principles and Guidelines on the implementation of economic, social and cultural rights in the African Charter on human and peoples' rights, op. cit., para 85.

978 ACHPR/Res.262(LIV)2013, 5 Novembre 2013.

979 ACHPR/Res.224(LI)2012, 2 Mai 2012.

980 D. Paturel & P. Ndiaye, *Le droit à l'alimentation durable en démocratie,* op. cit., p. 21.

981 UNGA, Report of the Special Rapporteur on the right to food, The right to food, A/65/281, 11 August 2010, para 4. UN HR, Office of the High Commissioner, Realizing women's rights to land and other productive resources, HR/PUB/13/04 (UN 2013), 14–16.

déclaration des Nations Unies adoptée en 2018[982]. Pour Fabien Girard, le droit collectif à la terre et aux ressources naturelles est une composante de la catégorie des « droits bioculturels »[983], un concept qui trouve son origine dans la Convention sur la protection de la biodiversité (1992), les droits des agriculteurs reconnus dans le Traité international sur les ressources phytogénétiques pour l'alimentation et l'agriculture (2004) par la FAO et les droits des peuples autochtones. Le devoir correspondant de gestion des terres incombe aux communautés locales. Ce concept a l'avantage de montrer l'importance d'une approche par les droits fondamentaux collectifs pour la protection de la biodiversité dans une perspective culturelle[984]. Michael Fakhri, rapporteur des Nations Unies sur le droit à l'alimentation, souligne également l'importance du Traité international sur les ressources phytogénétiques pour l'alimentation et l'agriculture et les droits des agriculteurs[985]. En effet, les semences industrielles « nécessite[ent] le recours à des intrants chimiques, le tout étant encadré par des régimes de propriété et par le droit des contrats » alors que les semences paysannes «rendent les systèmes alimentaires plus résilients face aux changements climatiques, aux nuisibles et aux agents pathogènes »[986].

Décloisonner les objets va de pair avec le décloisonnement des acteurs, aux niveaux supranational comme national

Or, un tel décloisonnement est encore très balbutiant. Sur le plan international, autant les relations entre départements travaillant sur les mêmes enjeux d'une organisation internationale à une autre, semblent avoir été tissées et consolidées depuis des décennies, autant les interactions

---

982 C. Golay, A. Bessa, *Practical Manual on the right to seeds in Europe*, op. cit., p. 27.

983 F. Girard, « Communs et droits fondamentaux: la catégorie naissante des droits bioculturels », in *Le droit des libertés en question(s) – Colloque n°2 de la RDLF, RDLF*, 2019, chron. n°28, www.revuedlf.com/droit-fondamentaux/communs-et-droitsfondamentaux-la-categorie-naissante-des-droits-bioculturels/ [2 Septembre 2021].

984 Pour Fabien Girard, « It can therefore be said that these rights are instrumentally linked to the objective of conservation and sustainable use of the environment, i.e. that they aim at least at maintaining the stewardship ethic » (Idem, para 48).

985 A/HRC/49/43, 30 Décembre 2021, Semences, droit à la vie et droits des agriculteurs, Rapport du Rapporteur spécial sur le droit à l'alimentation, Michael Fakhri.

986 Idem, paras 6 & 11.

entre services différents au sein d'une même organisation ont été très lacunaires.

Quant aux premières, elles sont parfaitement illustrées par des liens très forts existant entre le département nutrition de la FAO avec celui de l'Union Européenne. Toutes les personnes interviewées à la FAO ont répété le même argument selon lequel l'Union européenne étant le premier bailleur financier de la FAO, les liens sont nécessairement très étroits. Par conséquent, l'Union européenne, selon notre interlocutrice de la FAO, est considérée comme « un important partenaire stratégique »[987]. Un bureau de liaison officialise ainsi ce partenariat stratégique.

> L'Union européenne est l'un de nos plus importants partenaires. (...) l'Union européenne est l'un des plus grands contributeurs à ces ressources supplémentaires pour nous aider à faire avancer les initiatives qui nécessitent un soutien financier au-delà des contributions des entreprises (...) parce qu'elle est, vous savez, composée de pays à revenu élevé qui sont capables de fournir des montants plus élevés. Mais ceci étant dit une autre partie importante de notre partenariat avec l'Union européenne est le leadership et le partenariat de réflexion, partenariat de réflexion, donc ils sont un grand partenaire de ressources mais aussi un partenaire important stratégiquement et même plus stratégiquement, je pense que c'est la meilleure façon de le dire[988].

Les deux organisations internationales « dialoguent ».

> C'est une conversation, c'est un dialogue, ce n'est pas une communication à sens unique, c'est définitivement une communication à double sens et nous avons ce que nous appelons, je pense qu'on les appelle des dialogues en fait je viens de choisir ce mot. Je crois que nous les appelons les Dialogues FAO-Union européenne de haut niveau sur divers sujets d'intérêt thématique stratégique, je veux dire sur une base trimestrielle[989].

Plus qu'un dialogue, il s'agit même d'assurer une synergie entre les deux institutions afin d'assurer un renforcement mutuel, et notamment des politiques décidées par l'Union européenne.

> Récemment, nous avons eu un certain nombre de conversations au sujet de la « Ferme à la fourchette » de l'Union Européenne et comment cela

[987] Entretien n°1.

[988] Idem.

[989] Idem.

correspond au cadre stratégique de la FAO et notre stratégie de nutrition et notre soutien à une alimentation saine et durable, comment tout cela peut être mis en synergie de manière à soutenir l'Union européenne mais aussi à soutenir les pays pour lesquels l'Union européenne agit en tant que donateur. (…) Donc c'est un mécanisme de conversation très établi, qui est très bien structuré et organisé par le bureau de Bruxelles. Nous avons aussi des engagements à un niveau un peu plus technique[990].

Par contraste avec cette synergie bien rôdée des relations entre Union européenne et FAO, les relations entre divisions au sein de la FAO sont moins faciles:

> L'aspect alimentation saine relève du domaine de la division nutrition, de la division sécurité alimentaire, alors que les aspects de durabilité relèvent plutôt des divisions du changement climatique et de la biodiversité. Il y a donc cette question d'organisation divisionnaire qui rend difficile de travailler de manière active pour comprendre ce que cela signifie[991].

Par ailleurs, les liens entre OMS et FAO sont beaucoup plus récents. Selon une des personnes interviewées, 2014 a constitué une période charnière[992]. En effet, du 19 au 21 Novembre 2014, la deuxième conférence internationale sur la nutrition (ICN2) s'est tenue à Rome sous l'organisation conjointe de la FAO et de l'OMS définissant un programme d'action. Parallèlement, l'Assemblée Générale des Nations Unies a entériné cette coopération en adoptant une résolution sur la décennie nutrition 2016–2025 le 1er avril 2016[993].

> Depuis, je dirais que cela a été un moment crucial dans le renforcement de la relation entre l'OMS et la FAO en termes de partenariat pour la nutrition. Cela fait maintenant huit ans et ce n'est pas que nous soyons toujours parfaitement synchronisés, en parfaite harmonie, mais je dirais que notre relation est beaucoup plus forte[994].
>
> En fait les deux organisations, FAO et l'OMS ont organisé la conférence en 2014 mais pourquoi ont-ils fait cela? Parce que le taux de malnutrition

---

990 Entretien n°4.

991 Idem.

992 Entretien n°1.

993 Résolution 70/259 (2016), « Décennie d'action des Nations Unies pour la nutrition (2016–2025) ». https://scalingupnutrition.org/fr/news/lassemblee-generale-de-lonu-proclame-2016-2025-la-decennie-daction-pour-la-nutrition/ https://apps.who.int/gb/ebwha/pdf_files/WHA69/A69_R8-fr.pdf (6 Septembre 2022).

994 Entretien n°1.

dans le monde était en train d'augmenter et parce que aussi le problème de l'obésité est devenu très grave[995].

A l'inverse, les travaux du Rapporteur spécial au droit à l'alimentation ne sont pas ou que très peu pris en compte, étant qualifiés selon une de nos interlocutrices, de « rôle de militantisme important » (« strong advocacy role»[996]). Ce qualificatif décrédibilise la potentialité de traduire les recommandations du rapporteur spécial en actions publiques. Ainsi, « Le Rapporteur spécial n'a pas été invité à apporter sa contribution à la séance principale consacrée aux droits humains lors du pré-Sommet » des Nations Unies sur les systèmes alimentaires de 2021[997]. Le thème de l'agroécologie fut finalement inscrit à l'ordre du jour après un an de bataille et les Droits humains furent intégrés très tardivement.

Sur le plan national, nous citerons deux exemples d'absence de synergies. En Moldavie, les personnes interviewées ont relevé le manque de coordination entre les acteurs publics, les ministères et le poids trop faible du ministère de l'environnement. Concernant le Ministère de l'Agriculture, il a été relevé que le lien entre méthodes de production et qualité des aliments n'est pas opéré[998]. Ainsi, le concept One Heath ne peut pas être transcrit en politiques publiques en Moldavie en raison du défaut de coordination entre le Ministère de l'environnement (qui était jusqu'à très récemment non autonome et partie intégrante du Ministère de l'agriculture) et le Ministère de l'Agriculture[999]. Les liens entre le Ministère de l'Agriculture et le Ministère de la santé sont également limités, en ce sens que tout ce qui touche à la qualité des aliments relève du monopole du ministère de l'Agriculture[1000].

En Suisse, l'OFAG fait partie du Département fédéral de l'économie, de la formation et de la recherche alors que l'Office fédéral de la sécurité

---

995 Entretien n°2.

996 Entretien n°1.

997 AGNU, Le droit à l'alimentation, Michael Fakhri, op. cit..

998 Entretien n°9.

999 Entretien N°9.: … « But, what I wanted to say, is that I got a call after that from the Ministry of Environment and they were really lost, they said 'we don't have the competence, so we cannot do anything with the Ministry of Agriculture, they do whatever they do and it's not our competence, like tell us what we can do in our range of competence'. »… [concernant une lettre écrite au Ministère de l'environnement et suggérant la mise en œuvre de l'approche One Health].

1000 Idem.

alimentaire et des affaires vétérinaires est une composante du Département de l'intérieur et l'Office fédéral des questions environnementales est intégré au Département fédéral de l'environnement, des transports, de l'énergie et de la communication. Selon nos interlocuteurs de l'OFAG, ces acteurs auraient intégré la nécessité d'interagir et de préparer les réglementations ensemble.

> Ça veut dire qu'au niveau des différentes thématiques, on travaille ensemble, très proche. Par exemple, on est dans un processus de formuler un rapport pour la nouvelle politique agricole et quand on fait ça, on fait des groupes d'accompagnements et là-dedans on regarde toujours que l'on a des responsables des deux autres offices avec nous. Et avant d'aller dans une affaire avec le Conseil fédéral, on fait avec ces offices des séances toutes proches pour regarder si la stratégie est la même, ou il y a peut-être des différences. (…) Mais, il y a aussi des aspects où on ne se trouve pas et ça se sont des décisions à la fin politiques, au niveau du Conseil fédéral[1001].

Aussi, a été relevée l'importance du Sommet onusien sur les systèmes alimentaires en 2021 pour favoriser cette synergie. Une interlocutrice de la FAO confiait:

> Vous savez quand vous allez dans un pays, les pays n'ont pas de ministre des systèmes alimentaires. Et donc, le ministère de l'agriculture, le ministère du commerce, le ministère des finances, le ministère de la santé et de l'éducation peuvent tous être impliqués dans les systèmes alimentaires, donc il était utile de rassembler les gens pour qu'ils aient au moins un certain niveau de connaissances en termes de rôles différents dans ce que signifie travailler dans les systèmes alimentaires. S'ils réussissent à maintenir le dialogue, je pense qu'il peut être extrêmement important tant du point de vue d'une perspective d'une alimentation saine et d'une alimentation durable en maintenant simplement la conversation afin qu'elle ait le temps de gagner en force et de se traduire par les politiques et la réglementation qui sont nécessaires sur le long terme[1002].

Nous constatons ainsi, comme cela a été écrit avant nous, que

> Le contexte juridique n'est pas adapté à la sécurité alimentaire en raison de la fragmentation des négociations internationales qui interdisent de concevoir de manière concertée et cohérente une politique de sécurité alimentaire

---

[1001] Extraits de l'entretien n°12.

[1002] Entretien n°1.

qui tienne compte des effets du réchauffement climatique et des effets de l'application du principe de libre-échange aux produits agricoles[1003].

Selon cet auteur, la fragmentation des négociations explique leur échec.

Conclusion

Cette analyse de droit comparé révèle combien les tentatives isolées de retranscrire juridiquement les impératifs d'alimentation et production agricole durables ont relativement échoué. Si les intentions sont restées très générales et inopérantes, il nous semble que la raison doit être recherchée dans le fait qu'il n'y a pas eu de volonté politique de prendre au sérieux de tels impératifs et de penser les conséquences que cela impliquait en termes de redéfinition des politiques publiques. Les difficultés identifiées sont liées tant à la mauvaise gouvernance, au temps long de la soutenabilité opposé au temps court des logiques électorales, aux logiques partisanes particulièrement clivantes, au cloisonnement de nos disciplines et institutions et au refus de repenser une hiérarchie des valeurs.

Ce constat fait écho à celui émis par le rapporteur spécial au droit à l'alimentation pour qui « ce n'est pas l'insuffisance des denrées alimentaires qui cause la faim, la malnutrition et la famine. Le problème est que les personnes ont besoin d'un meilleur accès à une alimentation adéquate et que les limites auxquelles elles se heurtent sont le fruit d'échecs politiques et de lacunes dans la gouvernance »[1004].

Toutefois, nous souhaitons clore cette partie sur une note positive. D'une part, l'échec de l'approche par le droit objectif pour mettre à disposition des citoyens des aliments durables conforte le besoin d'une approche par les droits humains. D'autre part, cette approche par les droits humains commence à émerger, que ce soit par le droit à la santé, le droit à l'alimentation et/ou le droit à un environnement sain.

Au-delà de ces catégories individuelles traditionnelles souvent trop étriquées, nous assistons à la formalisation de nouveaux besoins sociaux et droits afférents, que ce soit avec le principe d'un droit à la souveraineté

1003 F. Collart Dutilleul, « D'une exception agricole vers une démocratie alimentaire », in A. B. de Raymond & D. Thivet (dir.), *Un monde sans faim*, Les Presses SciencesPo, 2021, pp. 279–297, p. 282.

1004 AGNU, Le droit à l'alimentation, Michael Fakhri, op. cit., para.63.

alimentaire (notamment avec le droit procédural à la participation citoyenne aux choix de politiques agro-alimentaires), d'un droit à la terre et/ou aux semences, de droits « bioculturels ». Toutes ces propositions ont pour point commun de retenir une approche par des droits collectifs de défense du Vivant comprenant les besoins humains appréhendés dans leur écosystème avec un volet procédural et substantiel.

CONCLUSION GÉNÉRALE[1005]

Cet ouvrage avait pour objet de faire l'état des lieux quant à une reconnaissance éventuelle d'un droit fondamental à une alimentation saine et durable en Europe. Il nous semble, au terme de cette étude, pouvoir affirmer qu'il existe des signaux assurément positifs indiquant que le droit à une alimentation saine et durable fait lentement son chemin et n'est pas purement théorique ou hypothétique. Toutefois, le constat est celui d'un droit en pointillé, avec des petits pas dans de rares Etats Européens ou dans les enceintes de certaines organisations internationales, le tout demeurant largement insuffisant[1006].

La valeur ajoutée de cet ouvrage réside probablement dans l'étude empirique en droit comparé, focalisée notamment sur le continent européen, ayant couvert tant des Etats occidentaux que des Etats d'Europe centrale et orientale, venant documenter une trajectoire très timorée pour une approche par les droits fondamentaux de l'accès à une alimentation saine et durable. Explorer les tentatives, fructueuses ou non, par l'analyse des normes et des travaux préparatoires afférents et par la réalisation d'entretiens avec une diversité d'acteurs, a permis surtout de dégager les leviers et obstacles à une telle approche.

Par des coups de projecteurs effectués sur des systèmes non européens, il nous est permis également de noter que l'approche européenne dominante peu perméable aux droits autres que les droits civils et politiques, attachée aux droits individuels et encore davantage à l'appréhension sous l'angle néo-libéral du Marché et des mangeurs vus comme des consommateurs libres de leurs choix, est loin d'être majoritairement partagée sur la scène internationale. Or, le détour par les politiques publiques d'encadrement des aliments (partie 3) a révélé les failles majeures de cette approche et la nécessité de changer de direction. C'est précisément ce constat qui a suscité la soumission en juillet 2023 d'une étude commanditée par FIAN

1005 Rédigée par Elisabeth Lambert.

1006 J. L. Vivero Pol, C. Schuftan, « No right to food and nutrition in the SDGs: mistake or success? », op. cit., 1–5, p. 5.

Belgique à la Commission européenne afin de guider les travaux actuels pour des systèmes alimentaires durables[1007].

Assurément, un nouveau droit fondamental à une alimentation saine et durable apparait comme un outil juridique (avec d'autres) et un remède potentiel aux dérives d'une industrie agro-alimentaire approchant l'aliment comme un bien ordinaire et non comme un fait socio-culturel. Placer les droits fondamentaux au cœur des actions publiques en matière d'alimentation permettrait, selon l'ancien Rapporteur aux Nations Unies, Jean Ziegler, d'éviter des mesures incohérentes[1008].

En premier lieu, une telle reconnaissance marquerait l'affirmation d'un intérêt supérieur, de besoins fondamentaux pour les êtres humains de pouvoir accéder à des aliments sains et durables, en lien aux concepts de dignité humaine, du droit à une vie digne[1009] et du concept One health. Les initiatives plurielles, plus ou moins heureuses pour la reconnaissance d'un tel droit ont fait face au modèle agro-alimentaire intensif soutenu par un maillage normatif solidement installé qui ne correspond pas aux critères d'aliments sains et durables. Reconnaitre un droit fondamental à des aliments sains et durables, en deuxième lieu, signifie l'opposabilité par des individus et collectifs d'une telle revendication à l'Etat, qui doit être le garant ultime d'un accès équitable à de tels aliments, et en deuxième ressort aux acteurs privés.

De même qu'aujourd'hui les juges admettent l'opposabilité d'un droit à respirer un air non pollué, l'heure doit être venue d'admettre la possibilité pour les individus de faire valoir un nouveau droit en justice. Reconnaitre un tel droit permettrait de faciliter la transition requise vers des systèmes alimentaires plus sains et durables s'inscrivant dans une logique One Health en faisant des citoyens, mangeurs comme producteurs, des acteurs et gardiens de cette mutation. L'approche par les

---

1007 M. Ramel, « Le droit à l'alimentation pour une transition juste vers des systèmes alimentaires durables », op. cit.

1008 UNGA, A/HRC/7/5, Report of the Special Rapporteur on the right to food Jean Ziegler, « Promotion and protection of all human rights, civil, political, economic, social and cultural rights, including the right to development », 10 January 2008, para.32.

1009 Idem, para.4.

droits fondamentaux offre ainsi une promesse d'action transformative, puisqu'en plus du volet de réparation des atteintes commises, tourné vers le passé, il s'agit surtout d'obliger l'Etat à prendre des mesures afin de permettre la concrétisation de ce droit pour prévenir les atteintes à la santé globale (santé de la biodiversité, des sols, des humains et non humains). Un tel droit doit permettre à des collectifs, tout au long de la chaine de production jusqu'à la distribution finale, de promouvoir un modèle de défense d'une alimentation saine et durable par l'exercice de leurs droits à participation et information, ce que traduit le concept de souveraineté alimentaire. Selon le Rapporteur spécial aux Nations Unies, David R. Boyd,

> l'approche fondée sur les droits humains, axée sur le droit à l'alimentation et le droit à un environnement sain, est un catalyseur essentiel pour accélérer la transformation des systèmes alimentaires non durables actuels dans la perspective d'un avenir où chacun bénéficiera d'une alimentation saine et durable, où les travailleurs seront traités équitablement et où les écosystèmes dégradés seront restaurés. C'est une obligation pour les Etats, pas une option.[1010]

Une fois admise la plus-value d'une reconnaissance d'un nouveau droit fondamental, reste à savoir comment ce droit doit être reconnu, qui en sont les détenteurs, à qui doit-il être opposé et avec quel contenu. Autant de questions auxquelles cet ouvrage a tenté d'apporter des éléments de réponses.

Or, ce nouveau droit, comme le droit à un environnement sain, bouscule nos repères habituels et met en cause le modèle global dans lequel il est censé s'inscrire. En effet, si le concept de droits subjectifs individuels est hérité des Modernes, reste à savoir si ce concept peut survivre de la même façon et être transposé ici. Cette reconnaissance d'un droit fondamental doit-elle être obtenue de l'Etat selon une conception héritée de l'Etat moderne mise en avant par Max Weber? Le « droit à avoir des droits », héritage précisément de la construction des Etats modernes, « droit politique par excellence dans la mesure où il est la condition d'acquisition et de préservation de tout droit déterminé »[1011], doit être repensé ici à l'aune des valeurs éthiques de la nouvelle ère géologique dans laquelle

---

1010 A/76/179, op. cit., para.89.

1011 C. Colliot-Thélène, « Pour une politique des droits subjectifs: la lutte pour les droits comme lutte politique », *L'Année Sociologique*, 2009/1 Vol. 59, pp. 231–258, p. 258.

nous sommes entrés, sous peine de « contribuer à cette désacralisation ultime du droit que signifierait sa réduction à une simple technique des instances de pouvoir, publiques et privées, dont la juxtaposition chaotique constitue la réalité de notre univers politique »[1012]. Nous voilà revenues à l'opposition entre la conception morale et la conception politique des droits humains rappelée en introduction de notre ouvrage.

Deux voies semblent s'offrir à nouveau, non opposées et d'ailleurs davantage complémentaires. Soit laisser le juge, tel Hercule, faire preuve d'une « clairvoyance morale exceptionnelle »[1013], mais un tel juge peut difficilement exister en Occident; pour preuve, la Cour européenne des droits de l'homme se refuse à reconnaitre de nouveaux droits, continuant à soutenir par exemple que le droit à un environnement sain n'existe pas. Tout au plus, peut on escompter une interprétation évolutive, novatrice à la lumière de nouveaux besoins sociaux. Reste alors la voie issue de la participation citoyenne; pourquoi ne pas mettre en place une convention citoyenne sur l'alimentation dont l'une des recommandations pourrait être l'adoption d'un nouveau droit fondamental à des aliments sains et durables. Ce qui implique aussi que de telles recommandations soient soumises à référendum ou reprises, sans modification, par le législateur.

Par ailleurs, les titulaires sont-ils les individus, les collectifs, l'Humanité? De plus, comment adapter les droits fondamentaux à partir du moment où nous tous devons agir comme gardiens des ressources naturelles? Non seulement le droit a été, pour l'Humain, « conçu à l'état d'isolement absolu, sans aucune espèce de relation avec ses semblables »[1014], mais aussi il a été conçu sans aucune relation avec les autres composantes du Vivant. Or, au nom d'une conception solidariste du droit inspirée de Durkheim, le droit doit être entendu comme une règle de conduite et non comme une propriété d'un sujet[1015]. Aujourd'hui, à l'ère de l'Anthropocène, c'est avant tout de solidarité

1012 Idem.

1013 J. Allard, « Dworkin: une philosophie critique du jugement », *Revue internationale de philosophie* (2005)3, n°233, 303–334.

1014 L. Duguit, *L'État, le droit objectif et les lois positives,* Paris, Dalloz, 2003, p. 141.

1015 C. Colliot-Thélène, « Pour une politique des droits subjectifs: la lutte pour les droits comme lutte politique », *L'Année Sociologique*, 2009/1 Vol. 59, pp. 231–258, p. 243.

entre Humains et non-Humains dont il s'agit. Ce concept de solidarité reste ainsi fondamental pour les juristes.

Aussi, dans cette configuration, ce sont les éléments de la terre, les écosystèmes qui disposent de droit à leur préservation, à leur usage durable et l'Etat comme les citoyens, mangeurs, producteurs, distributeurs ont des obligations en leur statut de gardiens. Nous avons ainsi des devoirs de préservation des ressources naturelles. En plus de l'appel au concept de devoirs, l'approche par les droits collectifs prend toute sa place puisque les mangeurs pourront user de leurs droits procéduraux notamment, droit de participation, droit à l'information et droit d'accès à la justice afin de faire progresser la cause du Vivant. Ces droits s'en trouvent même revigorés. Une différence est nécessaire ici entre les droits de solidarité et les droits de groupes: « les droits de solidarité incorporent l'idée que l'humanité toute entière est concernée par certains problèmes et amènent les droits de l'homme à envisager les défis sur le plan mondial », alors que « la notion de groupe ne véhicule pas cette dimension »[1016]. Parce que l'alimentation est en lien au concept One Health qui implique des enjeux sur le plan mondial, il serait plus approprié de parler en termes de « droits de solidarité ». Les « droits de solidarité » signifient aussi le besoin d'actions communes et de devoirs impliquant tous les acteurs, y compris les titulaires des droits. Pour Vasak, auteur du concept des droits de solidarité, le droit à respirer un air non pollué appartient à cette catégorie car sa réalisation suppose des actions communes de toutes les parties prenantes, publiques, comme privées[1017].

Un autre outil juridique consisterait en la reconnaissance du droit d'alerte comme un droit fondamental comme suggéré par Marion Larché[1018]. Ce droit n'est pas sans lien avec les droits procéduraux précédemment évoqués: « Information, participation, éducation et formation, même si l'on peut craindre leur faible effectivité, apparaissent, en pointillés, comme des objectifs indispensables à la concrétisation de

---

1016 P. Cullet, « Droits de solidarité en droit international », op. cit., p. 33.

1017 K. Vasak, « Le droit international des droits de l'homme », in *140 Collected Courses of the Hague Academy of International Law*, 1973, pp. 344–345.

1018 M. Larché, « Brèves réflexions sur la qualification de l'alerte éthique comme droit de l'homme », *Revue des droits de l'Homme*, n°10, 2016, pp. 1–17.

cette exigence de vigilance »[1019]. Ce droit d'alerte permet de consolider une approche préventive (par opposition à l'approche de victimisation) des droits fondamentaux; il suppose aussi que leurs auteurs soient protégés et puissent obtenir, en lien avec le principe de précaution, des mesures visant à prévenir la réalisation d'un risque ou dommage. Avec les droits à information et participation, le droit d'alerte fait écho à la logique sous-jacente de solidarité appelant des actions collectives et communes[1020].

De plus, en arrière-plan, notre étude a révélé combien (re)penser le droit à l'alimentation en période d'Anthropocène ne saurait faire l'économie d'une vision globale incluant les enjeux liés aux pratiques culturales, au commerce international[1021], à la détermination des prix, aux enjeux écologiques, à la question de l'accès à la terre, plus globalement au modèle économique capitaliste actuel[1022]. Renforcer le droit à l'alimentation selon une approche des droits fondamentaux aurait le mérite de clarifier les hiérarchies à définir entre valeurs concurrentielles poursuivies par les règles de droit, notamment avec celles du commerce international[1023]. Ainsi, Rhonda Ferguson conclut son ouvrage sur les rapports entre droit fondamental à l'alimentation et règles de l'OMC sur le fait que si le problème n'est pas tant celui du conflit de normes, il se situe sur le terrain du conflit des valeurs poursuivies par ces ordonnancements juridiques[1024].

1019 L. Fonbaustier, « Environnement et pacte écologique – Remarques sur la philosophie d'un nouveau 'droit à' », *Cahiers du Conseil Constitutionnel* n°15, janvier 2004.

1020 K. Cook, « Solidarity as a basis for human rights: Part 2: 'practical solidarity' », *European Human Rights Law Review*, 2012, 6, 654–672.

1021 Sur cet aspect, nous renvoyons à l'ouvrage édité par Rhonda Ferguson, *The right to food and the World Trade Organisation's rules on Agriculture, Conflicting, Compatible, or Complementary?*, Brill, Nijhoff, 2018, qui contribue, à l'opposé de la majorité des études récentes, à démystifier la conclusion trop rapide de systèmes conflictuels. Sans être compatibles, ces systèmes ne sont pas nécessairement conflictuels.

1022 R. van de Pas, « Global Health in the Anthropocene: Moving beyond Resilience and Capitalism », *International Journal Health Policy Manag.*, 2017, 6(8), pp. 481–486. D. Herd & S. Collis, « Making space for the human: Rights, the Anthropocene and recognition », *European Journal of American Culture* (2020), vol.39, n°1, pp. 13–27. Ces auteurs appellent à la définition d'un nouvel espace au-delà de l'Etat et du Marché/capital.

1023 R. Ferguson, *The right to food and the World Trade Organisation's rules on Agriculture, Conflicting, Compatible, or Complementary?*, op. cit., p. 271.

1024 Idem, p. 272.

Ceci nous ramène inévitablement au questionnement de départ: devons-nous faire reposer le droit à l'alimentation sur des idéaux communs à protéger et traduire cette priorité dans nos ordres juridiques? D'ailleurs, serait-ce contraire à la conception des Etats européens libéraux visant à faire coexister les libertés individuelles que de réaffirmer des valeurs supérieures à sauvegarder?[1025] Ce serait un mythe de croire que, par exemple, le système de protection des droits fondamentaux de la CEDH repose sur le but ultime des droits individuels, de façon neutre, sans référence à des valeurs idéologiques, politiques et économiques construites par les systèmes dans lesquels il opère. Placer comme boussole suprême le respect de la santé globale (santé humaine et de tout le Vivant) et de la dignité Humaine, ne saurait être interprété comme une atteinte aux droits individuels, mais au contraire, à la défense des droits vitaux. La voie du formalisme, opposée à la fondation axiologique du droit et consistant à la légitimation du droit par la voie procédurale, davantage mise en avant par la Cour européenne des droits de l'homme, doit ainsi être questionnée sous au moins deux aspects. Le danger de cette voie est double en ce que, premièrement, les procédures d'élaboration des décisions et normes dans nos Etats européens (même les plus démocratiques d'entre eux) ont clairement révélé leurs failles; le formalisme cristallise et valide même les inégalités de pouvoirs et conflits d'intérêt qui règnent en maitre dans les processus de décision. Il ne s'agit que d'une apparence de délibération collective, un mythe qui trompe de moins en moins de citoyens. Deuxièmement, en refusant de hiérarchiser et prioritiser, elle nie la réalité actuelle selon laquelle les Humains courent à leur propre destruction en suivant le modèle de domination et de surexploitation du Vivant. L'Anthropocène a été effectivement interprété comme « une crise des hiérarchies »[1026] si bien qu'une nouvelle délibération réellement inclusive et participative doit redéfinir les priorités. Comme l'écrit limpidement Laurent Fonbaustier,

> L'essentiel est de comprendre que la préservation des éléments vitaux du monde est une exigence incommensurable. Sa tiède mise en balance avec les droits et libertés classiques (propriété, libre entreprise, aller et venir, etc.) n'est plus appropriée car l'environnement est situé sur un plan différent : il est en effet la condition même de possibilité de tous nos droits en tant qu'il

---

1025 A. Tamion, *Droits fondamentaux et valeurs*, op. cit., p. 164.

1026 S. Adelman, « Human Rights in pursuit of climate justice », *Wisconsin International Law Journal*, vol.38, n°2, pp. 171–196, p. 174.

conditionne la vie, sans laquelle le droit lui-même deviendrait impensable. En réalité, un environnement équilibré, sain et protégé est la première et ultime garantie de nos libertés. [1027]

Ainsi, il semble qu'un chantier de grande ampleur se dresse devant nous: faire évoluer les droits fondamentaux sur le continent européen compte tenu de la bifurcation que requiert le monde d'aujourd'hui en faveur de la justice alimentaire et écologique[1028]. L'approche par les droits fondamentaux semble bien contribuer, en partie au moins, à permettre d'affronter les enjeux posés par l'Anthropocène[1029].

Or, les droits fondamentaux, tels que nous les connaissons encore aujourd'hui, ont marqué l'inscription dans la Modernité d'Humains, qui, parce que libres, avaient la capacité (ou au moins la perception de la capacité) agissante de dominer leur environnement. Avec les Modernes, « le droit n'est plus la part qui revient à soi en vertu du juste partage des choses, mais c'est la puissance sur soi et sur autrui et le monde extérieur, en même temps que l'expression de cette puissance qui indique en creux (fût-ce encore imparfaitement) la *qualité morale* de l'homme »[1030].

Cette approche requiert un changement radical, un retournement car ce sont en réalité les Humains qui sont vulnérables face à un environnement qui les domine. Comme l'écrit Alain Papaux, nous renouons avec la verticalité par nécessité, avec en surplomb la disponibilité des ressources, la diversité et richesse de la biodiversité[1031] (de laquelle dépend l'alimentation de demain…). Aussi,

> Une (re)hiérarchisation des droits et principes pointe alors, avec toutes les difficultés qu'elle suscite, mettant la protection très inclusive des conditions de vie sur Terre au centre des débats politiques, publics, si l'on ne veut pas être réduits (législateurs et juges en tête) à des logiques frustrantes, encore que légitimes d'un certain point de vue, de conciliation et de bricolage,

---

[1027] L. Fonbaustier, *Environnement*, Anamosa, Coll. Le Mot est faible, 2021, p. 68.

[1028] Selon Ellen Hey, une nouvelle lecture de la DUDH à l'heure de l'Anthropocène est possible : « The Universal Declaration of Human rights in 'the Anthropocene' », *ATIL Unbound*, 2018, vol.112 (2018), pp. 350–354.

[1029] L.J. Kotzé, « Human rights and the environment in the Anthropocene », *The Anthropocene Review*, 2014, vol.1, issue 3, pp. 252–275.

[1030] F. Girard, *La propriété, la Terre, les communs*, HDR 2023, p. 56.

[1031] A. Papaux (éd.), *Biosphère et droits fondamentaux*, LGDJ, Shulthess, Coll. Quid Juris, 2011, pp. 70 et s..

s'employant à réduire sans y parvenir les antagonismes naissance de ce télescopage[1032].

Le droit fondamental à une alimentation saine et durable en est une illustration exemplaire, dans la continuité de l'incorporation progressive d'un droit à un environnement sain et de la reconnaissance encore timide des droits des paysans[1033]. En effet, le droit à l'alimentation, comme d'autres droits, fait partie de ceux pour lesquels la surexploitation et destruction des ressources naturelles sont en cause. C'est avec Olivier De Schutter que le droit à l'alimentation est défini comme supposant des modes de production et de consommation soutenables. Il devrait être ainsi interprété en conformité avec le respect du droit à un environnement sain[1034]. Selon certaines approches déjà admises dans des Etats, nous avons vu aussi que le droit à un environnement sain peut être entendu largement comme incluant le droit à l'alimentation[1035]. Cette dernière position part pour postulat qu'un environnement non dégradé est la condition de réalisation d'autres droits que sont le droit à la vie, à l'alimentation, à la santé.

La bifurcation doit, en réalité, revêtir au moins une double dimension: d'une part reconnaitre de nouveaux droits et devoirs et réinterpréter et limiter des droits existants (tel le droit de propriété et la liberté économique), au nom de la priorité de la défense du vivant sous toutes ses formes. Un véritable droit à la participation citoyenne doit être reconnu comme droit fondamental. D'autre part, une bifurcation à l'intérieur du droit des droits fondamentaux, afin de repenser les valeurs à protéger et les moyens d'y parvenir: les limites des droits doivent être évaluées à la lumière des intérêts de l'habitabilité de la Planète (et non des seuls intérêts des Etats, comme inscrits aux paragraphes 2 des articles 8 à 12 de la CEDH). L'objectif n'est ainsi point de gonfler une tendance à l'ultra-individualisme et anthropocentrisme des droits fondamentaux,

---

1032 L. Fonbaustier, « Sur quelques paradigmes de l'écologie politique en tant que trublions des systèmes juridiques libéraux », *Revue française d'histoire des idées politiques*, 2016/2, n°44, pp. 209–239.

1033 C. Heri, « Justifying new rights: affectedness, vulnerability, and the rights ofpeasants », *German law Journal*, May 2020.

1034 A. Telesetsky, « Fulfilling the human right to food and a healthy environment: is it time for an agroecologial and aquaecological revolution? », *Vermont Law Review*, vol. 40, 79, pp. 791–812, p. 802.

1035 Idem.

c'est davantage l'inverse: comme l'action de certains affecte tous les autres, Alain Papaux appelle à « une unité substantielle des individus », à la revalorisation du concept de dignité Humaine (qui permet la protection de l'Humanité et non de l'Homme pris individuellement[1036]), « prémices d'un déplacement de l'individualisme juridique »[1037].

L'approche par les droits fondamentaux comporte toutefois un angle mort important à ce jour, à savoir l'impossibilité de poursuivre en justice les acteurs autres que l'Etat en dépit de « l'entreprisation » de notre monde[1038]. Sur cet aspect, des avancées considérables doivent être réalisées dans les prochaines années. Rien n'empêche d'imposer et de faire sanctionner des obligations aux acteurs privés en lien au respect des limites planétaires et à l'usage soutenable des ressources.

Ainsi, le chantier, à la fin de cet ouvrage, paraît encore plus titanesque que ce que notre imagination pouvait laisser croire au début de cette recherche. C'est un pan du « Great Work » annoncé par Thomas Berry[1039]. Penser le droit à une alimentation saine et durable doit s'accompagner de la réinvention de tout le système alimentaire, de la production à la distribution[1040]. En d'autres termes, un immense chantier.

Selon les tenants du courant des Critical Legal Studies, le maintien du statu quo est alimenté par le phénomène de reproduction des élites; aucun changement radical ne peut intervenir sans modifier profondément les acteurs décisionnaires, aux différentes strates du pouvoir. Le changement au niveau de l'establishment implique en amont des modifications dans les enseignements de droit. Notre étude empirique a effectivement mis en évidence les obstacles actuels liés aux modes de gouvernance.

1036 M. Fabre-Magnan, « La Dignité en Droit: un axiome », *RIEJ* (2007) 58, pp. 1 et s., pp. 15–16.

1037 A. Papaux (ed.), *Biosphère et droits fondamentaux*, op. cit., pp. 72–74.

1038 Y.-M. Abraham, « Réviser les droits de l'homme pour protéger l'humanité », *Revue internationale d'éthique sociétale et gouvernementale*, 2014, vol.16, n°2.

1039 T. Berry, *The Great Work: Our way into the future*, Broadway Books, San Francisco, 1999, p. 3: « to carry out the transition from a period of human devastation of the Earth to a period when humans would be present to the planet in a mutually beneficial manner ». Egalement, P. D. Burdon, « Special Conference Issue: New Thinking on Sustainability », *New Zealand Journal of Public and International Law*, 2015, 13, 157.

1040 P. Sevigne, *Nourrir l'Europe en temps de crise, vers des systèmes alimentaires résilients*, Babel, éd. Nature et progress, 2014.

Ce dont nous avons besoin, ce sont ainsi de nouveaux outils de gouvernance afin que les gardiens que nous sommes puissent agir collectivement pour la défense du Vivant. Ces outils doivent, en amont, s'inscrire dans une réelle démarche de gouvernance participative avec, par exemple, la mise en place d'une Chambre parlementaire composée de citoyens pour la défense du Vivant. Car « l'écologie politique bouscule l'espace-temps de l'élaboration du droit dans les démocraties libérales »[1041]; il s'agit d'agir sur le temps long, pour les générations présentes et futures, ce que les gouvernants, empêtrés dans des logiques de réélection, sont incapables de produire, comme illustré dans notre ouvrage par les cas d'études. L'autre suggestion (qui peut être combinée à la précédente) a trait à la mise en place de conventions citoyennes, telle celle ayant eu lieu en France sur le climat, mais en prévoyant son inscription et encadrement constitutionnel[1042]. Selon Léo Cohen, au cœur du processus de la convention citoyenne, cette plateforme présente de réels avantages, les citoyens n'étant pas englués dans des rivalités politiciennes et enjeux de réélection. Il parle en terme d' « atout citoyen » mais suggère de penser de telles conventions comme des procédures exceptionnelles, avec pour conséquence l'acceptation d'un transfert de pouvoir ponctuel en admettant que le pouvoir exécutif soit « lié par des propositions citoyennes »[1043]. Ces conventions devraient bénéficier de moyens à la hauteur de l'ambition de soumettre des réformes normatives et être réservées à des domaines particuliers: « (…) les futures conventions peuvent dessiner une nouvelle matrice de décision, façonnée pour relever le défi environnemental. S'il fallait poser une brique avant toutes les autres, ce serait celle-là »[1044].

Ainsi, en Suisse, l'initiative populaire pour des aliments équitables du 26 Novembre 2015 rencontra l'opposition du syndicat agricole majoritaire, avec en arrière-plan les clivages partisans habituels:

> Cette initiative, on a décidé de ne pas la soutenir, mais sans la combattre à la fin. Parce qu'il y avait des éléments qui plaisaient et des éléments qui déplaisaient par rapport à l'approche. Après si vous voulez il y a toute une

1041 L. Fonbaustier, « Sur quelques paradigmes de l'écologie politique en tant que trublions des systèmes juridiques libéraux », op. cit., pp. 209–239.

1042 L. Cohen, *800 jours au ministère de l'impossible, L'écologie à l'épreuve du pouvoir*, Les petits Matins, 2022, chap. 12.

1043 Idem, pp. 124–125.

1044 Idem, p. 129.

réflexion d'alliance politique, cette initiative venait des verts, et puis dans la situation agricole que l'on a en Suisse, on est plutôt proches de ce qu'on appelle les partis bourgeois que les partis de gauche et des verts[1045].

Une « gouvernance transparente, démocratique et responsable » des systèmes alimentaires figure d'ailleurs parmi le premier aspect couvert par les directives du CSA/FAO[1046] adoptées en 2021. Une focale est exercée sur l'importance d'asseoir les actions publiques sur les données scientifiques, de coordonner toutes les actions par une approche inclusive intégrant toutes les parties prenantes. Notamment,

> Les pouvoirs publics et les parties intéressées favorisent la participation entière et effective des peuples autochtones et des communautés locales, en particulier des femmes, des filles, des groupes marginalisés et des personnes handicapées, à la gouvernance des systèmes alimentaires et de la nutrition, par voie de dialogue, le cas échéant, de consultation, et par le renforcement des mécanismes communautaires qui encouragent une participation inclusive aux niveaux local, infranational, national et regional[1047].

Une étude récente a mis l'accent sur les inégalités générées par les modes de gouvernance actuels, « de façon consciente ou non »[1048] et conclut également à l'importance de l'étude des interactions entre les diverses échelles.

Assurément, le chantier reste énorme. D'éminents spécialistes du droit à l'alimentation avaient déjà prévenu: « Il faut patienter. L'Humanité n'en est encore qu'à la vapeur et aux roues dentées »[1049].

Loin d'avoir refermé une page, cet ouvrage, nous l'espérons, devrait en ouvrir bien d'autres.

1045 Entretien n°14.

1046 CFS 2021/47/7/Rev.1, 8–11 février 2021, pp. 18–19.

1047 Idem, p. 20.

1048 A. Thomas, A. Alpha, A. Barczak, N. Zakhia-Rozis, *Sustainable Food system for food security Need for combination of local and global approaches*, Versailles, Quae, 2022, p. 28.

1049 A. Bernard, et al., « Penser autrement le rapport du droit et de l'alimentation », op. cit., p. 19.

BIOGRAPHIES DE L'AUTRICE ET DES COLLABORATRICES

AUTRICE: Elisabeth LAMBERT

Directrice de recherche au CNRS (DR1) en droit, Fellow de l'Institut d'études avancées de l'Université de Strasbourg (Sept. 2020-Juin 2023), membre du Comité de pilotage de la FERED (Fédération de recherche en Environnement et Durabilité), membre du Comité de direction de la nouvelle collection aux PUS *Terre Environnement Soutenabilité (TES)*, Elisabeth Lambert est spécialiste de la Convention européenne des droits de l'homme (exécution des arrêts, accès à la justice, etc...). Elle mène ses recherches depuis plus récemment sur les questions de pesticides, de droit à un environnement sain et droit à une alimentation saine. Elle a régulièrement rendu des consultations pour le Conseil de l'Europe. Depuis septembre 2023, elle a rejoint le laboratoire Droit et Changement Social à Nantes.

COLLABORATRICES:

Lise ETIENNE

Diplômée d'une maîtrise de droits français et allemand des Universités de Cologne et de Paris 1 Panthéon-Sorbonne et d'un master 2 en Droit comparé de l'Université Paris 1, elle a travaillé comme ingénieure d'études à l'Université de Strasbourg au sein du laboratoire SAGE auprès d'Elisabeth Lambert, notamment sur le projet USIAS relatif au droit à une alimentation saine et durable en Europe. Aujourd'hui, elle est doctorante s'intéressant à l'exception agricole et alimentaire avec une approche de droit comparé, à l'Université de Pau et des Pays de l'Addour au sein du Centre de Documentation et de Recherches Européennes (CDRE) et en relation avec le réseau scientifique Centre Lascaux sur les Transitions (CELT).

AZILIZ LE BOURHIS

Aziliz Le Bourhis a effectué une licence de droit privé au sein de l'Université de Poitiers. Elle a poursuivi son cursus en Master 1 à l'Université de Cambridge. Engagée dans la défense de l'environnement, elle se spécialise en droit de l'environnement en réalisant un Master 2 à la Faculté de Droit de Strasbourg. Passionnée par la nutrition et le droit à une alimentation saine, elle participe au projet de ce livre dans le cadre de son stage de fin d'études. Voulant parfaire ses connaissances en Droit international de l'environnement, elle intègre le Centre de Justice Environnementale à Colombo (Sri Lanka). Elle est désormais référente environnementale au sein de la direction départementale des territoires de l'Oise.

Nous tenons également à remercier Isabelle FERGUSSON, étudiante nordaméricaine, en stage au laboratoire SAGE de mars à mai 2022 qui a aidé à la réalisation et transcription des entretiens avec le personnel de la FAO.

LISTE DES ENTRETIENS

Entretien anonymisé	INSTITUTION	DATE DE L'ENTRETIEN
E 1	Direction de l'Alimentation et Nutrition/FAO	21.04.2022
E 2	Education nutritionnelle, sensibilisation des consommateurs/FAO	25.04.2022
E 3	Direction systèmes alimentaires et sécurité alimentaire/FAO	28.04.2022
E 4	Direction juridique/FAO	05.05.2022
E 5	FIAN/Belgique	10.03.2022
E 6	Greenpeace/Hongrie	06.04.2022
E 7	Académique/Hongrie	07.03.2022
E 8	Académique et FIAN/ Belgique & Italie	20.04.2022
E 9	Trois Académiques/ Moldavie	20.04.2022
E 10	Consultant pour les gouvernements et la FAO/Portugal	08.04.2022
E 11	Les Verts/Suisse	05.04.2022
E 12	Deux représentants de l'OFAG/Suisse	28.03.2022

E 13	Uniterre/Suisse	23.03.2022
E 14	Union Suisse des Paysans/Suisse	07.03.2022
E 15	Académique/RU	03.06.2021
E 16	Sénatrice/France	17.05.2021

INDEX

Les numéros sont ceux des pages.

Series Titles

No. 1 – Antonella CAMPANINI, Peter SCHOLLIERS et Jean-Pierre WILLIOT (dir.), *Manger en Europe. Patrimoines, échanges, identités*, 2011.

No. 2 – Daniëlle DE VOOGHT, *The King Invites. Performing Power at a Courtly Dining Table*, 2012.

No. 3 – Josep L. BARONA, *From Hunger to Malnutrition. The Political Economy of Scientific Knowledge in Europe, 1918-1960*, 2012.

No. 4 – Giovanni CECCARELLI, Alberto GRANDI & Stefano MAGAGNOLI (eds./dir.), *Typicality in History. Tradition, Innovation, and Terroir / La typicité dans l'histoire. Tradition, innovation et terroir*, 2013.

No. 5 – Nicolas MARTY, *L'invention de l'eau embouteillée. Qualités, normes et marchés de l'eau en bouteille en Europe, XIXe-XXe siècles*, 2013.

No. 6 – Viktoria VON HOFFMANN, *Goûter le monde. Une histoire culturelle du goût à l'époque moderne*, 2013.

No. 7 – Jean-Pierre WILLIOT (dir.), *Du feu originel aux nouvelles cuissons. Pratiques, techniques, rôles sociaux*, 2015.

No. 8 – Olivier DE MARET, *Of Migrants and Meanings. Italians and Their Food Businesses in Brussels, 1876–1914*, 2016.

No. 9 – Maureen Chinyere DURU, *Diaspora, Food and Identity. Nigerian Migrants in Belgium*, 2017.

No. 10 – Jean-Pierre WILLIOT (dir.), *La restauration ferroviaire entre représentations et consommations. Consommateurs, images et marchés / Railway Catering Between Imaginary and Consumption. Consumers, Images and Markets*, 2017.

No. 11 – Claudio BESANA, Rita Maria Michela D'ERRICO & Renato GHEZZI (eds.), *Cheese Manufacturing in the Twentieth Century. The Italian Experience in an International Context*, 2017.

No. 12 – Matthieu LECOUTRE (dir.), *L'ivresse entre le bien et le mal. De l'Antiquité à nos jours*, 2018.

No. 13 – Corinne MARACHE, Philippe MEYZIE & Maud VILLERET (dir.), *Des produits entre déclin et renaissance (XVIe-XXIe siècle)*, 2018.

No. 14 – Marie-Pierre JULIEN, Nicoletta DIASIO (eds), *Anthropology of Family Food Practices. Constraints, Adjustments, Innovations*, 2018.

No. 15 – Antonella CAMPANINI, *Food Cultures in Medieval Europe*, 2019.

No. 16 – Josep Lluis BARONA VILAR, *Nutritional Policies and International Diplomacy The impact of Tadasu Saiki and the Imperial State Institute of Nutrition (Tokyo, 1916-1945)*, 2021.

No. 17 – Elisabeth LAMBERT, *Prendre au sérieux le droit à une alimentation saine et durable. Analyse comparée d'une histoire contemporaine et prospective juridique*, 2024.

www.peterlang.com

FSC
www.fsc.org
MIX
Papier | Fördert
gute Waldnutzung
FSC® C083411

Kolibri 360 GmbH
Ferdinand-Jühlke-Straße 7
99095 Erfurt, Deutschland
produktsicherheit@kolibri360.de

Druck:
CPI Druckdienstleistungen GmbH
im Auftrag der
Kolibri 360 GmbH
Ferdinand-Jühlke-Str. 7
99095 Erfurt